양육 딜레마

PRESSURED PARENTS, STRESSED-OUT KIDS
Copyright ⓒ 2008 by Wendy S. Grolnick and Kathy Seal.
Korean translation rights ⓒ 2011 Geuldam Publishing Co.
All rights reserved.
Korean translation rights are arranged with Prometheus Books, Inc. through Amo Agency Korea.

이 책의 한국어판 저작권은 아모 에이전시를 통해 저작권자와 독점 계약한 글담에 있습니다.
신저작권법에 의해 한국 내에서 보호를 받는 저작물이므로 무단 전재와 무단 복제를 금합니다.

Nurture Dilemma
어디까지가 참견이고 어디부터가 코칭일까?

양육 딜레마

웬디 S. 그롤닉 · 캐시 실 지음 | 전은지 옮김

글담출판사

추천사

부모라면 누구나 경쟁으로 인한 고민 때문에 판단이 흐려지는 순간을 경험하며, 자녀가 경쟁에서 뒤처질까 봐 끊임없이 고민한다. 이 책에서는 그럴 때 어떻게 대처하면 좋은지 유용한 조언을 제시하고 있다.

_《퍼블리셔스 위클리》

최고의 연구원들이 실시한 확실한 연구 조사를 기초로 한 이 책은 최선을 다해 자녀를 키우고 싶은 모든 부모가 읽어야 할 책이다. 자녀에게 진정으로 동기를 부여하는 것이 무엇인지에 대한 이 책의 통찰력에 많은 부모가 놀랄 것이고, 또 고마워할 것이다. 이 책은 읽기 편할 뿐만 아니라 과학적인 연구와 사례를 바탕으로 실질적이고도 핵심적인 정보를 아낌없이 제공한다.

_ 로렌스 볼터(뉴욕 대학 응용 심리학 교수)

이 책은 최고의 책이다. 스포츠팬인 나는 경쟁이 아이들에게 유익하다고 생각하지만, 그럼에도 불구하고 이 책이 지적한 바와 같이 다른 친구보다 앞서야 하는 순간, 더 잘해야 하는 순간이 아이들에게 건전하고 행복한 시간이 아니라는 건 인정할 수밖에 없다. 자녀를 남보다 잘 키우기 위해 고통의 시간을 보내야 하는 부모들, 자녀를 통해 성공하고 싶은 대리 욕구를 제대로 통제하지 못하는 부모들에게 이 책은 가장 합리적인 조언을 제시한다.

_ 제이 매튜(《워싱턴 포스트》 칼럼니스트)

웬디 S. 그롤닉과 캐시 실은 이 책을 통해 양육 스트레스에 시달리는 부모들에게 큰 도움을 주었다. 나도 내 아이들이 어릴 때 이 책을 만났더라면 얼마나 좋았을까, 하는 생각이 든다. 두 저자는 우리 아이들이 처한 '압력밥솥'과 같은 환경에 대해, 그리고 자기도 모르게 그런 환경을 조성하고 있는 부모들에 대해 거론하면서, 아이들이 스스로 속도를 조절하며 생활하고 학습할 수 있도록 도울 방법을 알려준다. 모든 부모가 이 책을 읽을 수 있기를 바란다.

_ 로버타 미치닉 골린코프(델라웨어 대학 교육학 교수, 『아이는 어떻게 말을 배울까』의 저자)

이 책은 왜 부모가 자녀를 그토록 몰아세우는지, 경쟁을 앞둔 부모와 자녀가 이를 어떻게 헤쳐나가야 할 것인지, 그리고 강압이 아닌 조언과 지도만으로도 자녀를 성공적으로 양육할 수 있음을 어떻게 확신할 수 있는지 잘 설명해주는 책이다. 엄마로서 부모의 심정을 누구보다 잘 이해하는 웬디와 캐시는 부모의 마음과 전문가로서의 조언을 적절히 조합하여 극도의 스트레스가 난무하는 우리 사회에서 자녀를 양육하는 모든 부모에게 꼭 필요한 책을 펴냈다. 이 분야의 권위 있는 전문가들인 이들의 도움을 받으면 자녀를 성공적이고 행복한 아이로 양육할 수 있을 것이다.

_ 스테이시 드브로프(MomCentral.com의 창시자)

점점 경쟁의 강도가 강해지는 사회에서 성공해야 한다는 압박감은 전국의 어린이들과 청소년들의 정신 건강에 심각한 해를 끼치고 있다. 이 책의 두 저자는 과학적 연구 조사에 바탕을 둔 현실적인 해결책을 제시하여 자녀가 이러한 압박감과 성공 사이에서 올바른 타협점을 찾을 수 있도록 돕고 있다.

_ 데보라 스티펙(스탠퍼드 교육대학 학장)

CONTENTS

추천의 말	경쟁 가운데 자녀를 성공적으로 키우는 법	10
웬디의 서문	자녀의 일에 간섭하면 나쁜 부모일까?	12
캐시의 서문	'강압'과 '자율' 사이에서 고민하는 부모들에게	18

Chapter 01 내가 부모 노릇을 제대로 하고 있는 걸까? 24

부모의 본능적인 불안감, 쫓기는 부모 현상·26 | 쫓기는 부모는 어디에나 있다·27 | 나도 나르시시즘에 빠진 부모일까?·29 | 내 불안감을 남에게 털어놓지 못하는 이유·31 | 다른 부모들은 다 아는데 나만 모르는 거 아닐까?·34 | 내 아이만 뒤처지면 어쩌지?·36 | 왜 부모는 그토록 자녀의 성공을 바랄까?·39 | 보호본능과 경쟁이 만나면 어떻게 될까?·41

Tip. 양육 스트레스를 느끼는 부모들의 증상·45

Chapter 02 부모가 느끼는 불안의 뿌리, 경쟁 48

왜 다들 경쟁에 집착할까?·49 | 경쟁은 자녀가 태어나는 순간 시작된다·51 | 매일 경쟁에 내몰리는 아이들·51 | 내 아이가 명문대에 못 들어가면 어쩌지?·54 | 경쟁이 아이에게 좋을까, 나쁠까?·57 | 경쟁이 정말 동기 부여에 도움이 될까?·59 | 경쟁은 아이들에게 어떤 영향을 미칠까?·65 | 경쟁 vs 협동 무엇을 선택할 것인가·67 | 아

이가 경쟁을 즐기게 할 수는 없을까? · 70 | 경쟁 때문에 공포를 느낄 때는 어떻게 할까? · 72 | 좌절에 대처할 수 있는 탄력성을 키우자 · 77

Tip. 치열한 경쟁을 앞둔 자녀를 격려하는 법 · 79

Chapter 03 불안한 부모는 언제 자녀를 강압할까? 82

자녀에게 강압을 행사하고 싶은 부모가 있을까? · 84 | 스트레스가 많으면 자녀를 통제한다 · 85 | 미래에 위협을 느끼면 자녀에게 강요한다 · 88 | 아이의 성향이 강압적인 부모를 만든다고? · 89 | 내 아이가 평가받는데 어떻게 가만히 있어요? · 91 | 자녀의 성공은 나의 성공, 자녀의 실패는 나의 실패 · 93 | 나의 가치는 내 아이에게 달려 있다 · 95 | 어떨 때 자녀의 삶에 간섭하게 될까? · 97 | 자녀의 성공에 너무 몰입하지 말자 · 99

Tip. 아이를 강압하고 싶어지는 마음을 안정시키는 방법 · 101

Chapter 04 아이의 열정에 날개를 달아줘라 104

아이들은 왜 놀이를 할까? · 105 | 아이의 동기를 자극해야 하는 이유 · 107 | 공부의 목적을 어디에 두는 게 좋을까? · 109 | 자기 삶에 만족하는 아이로 키우는 법 · 114 | 아이의 창의력을 키우려면 어떻게 할까? · 115 | 아이의 가슴을 뛰게 하는 일을 찾아

라 · 120 | 아이가 싫어하는 일은 어떻게 시킬까? · 121 | 스스로 행동하는 아이로 키우는 법 · 127 | 보상은 또 다른 형태의 통제다 · 128 | 보상이 아이들에게 미치는 영향 · 131 | 보상의 악영향에 대한 면역력 키워주기 · 136 | 무조건 칭찬만 하는 건 좋지 않다 · 139 | 자녀가 잘하든 못하든 변함없는 사랑을 표현하자 · 141

Tip. 자녀의 내적 동기를 키우는 법 · 145

Chapter 05 아이의 성공을 바란다면 자율이 답이다   148

엄마, 그냥 내 말을 들어주세요 · 151 | 간섭하지 않는 것이 자율일까? · 153 | 통제에 대한 거부감이 자녀의 삶을 망칠 수도 있다 · 155 | 부모로서의 '통제권'은 필요하다 · 158 | 자녀의 자율을 키워줘야 하는 이유 · 159 | 부모의 양육 방식은 아이에게 어떤 영향을 미칠까? · 162 | 아이가 스스로 숙제하게 만드는 법 · 163 | 도와줄 것인가, 직접 가르쳐줄 것인가 · 165 | 자율은 부모와 자녀 관계를 변화시킨다 · 167 | 자녀의 자율을 북돋는 현명한 방법 · 168 | 아이의 관점에서 바라보자 · 171 | 아이가 스스로 문제를 해결할 수 있게 돕자 · 177 | 아이에게 선택권을 주자 · 179

Tip. 아이들이 싸울 때는 자율을 어떻게 적용할까? · 187

Chapter 06 아이의 삶에 얼마나 개입하는 게 좋을까? 190

개입을 통해 자녀를 감정적으로 후원하라 · 190 | 부모의 개입이 자녀의 성취도에 미치는 영향 · 191 | 자녀의 학교생활에 개입하는 법 · 193 | 자녀가 성장할수록 적게 개입해야 할까? · 195 | 가정환경에 따라 개입의 정도도 달라야 할까? · 199 | 자녀가 지쳐도 꾸준히 시키는 게 좋을까? · 201 | 아이의 자율을 존중하며 개입하는 법 · 203 | 내가 너무 지나치게 아이의 삶에 개입하는 걸까? · 207 | 빡빡한 스케줄 속에서도 아이가 행복할 수 있을까? · 208

Tip. 자녀의 삶에 친근하게 개입하는 노하우 · 211

Chapter 07 규율을 통해 아이의 동기를 자극하라 216

규율은 아이의 자신감을 키워준다 · 217 | 규율과 통제는 다르다 · 219 | 아이와 함께 규율을 세워라 · 220 | 타협하는 것보다는 원칙을 지키는 게 나을까? · 223 | 규율을 어겼을 때는 어떻게 할까? · 225 | 규율을 세울 때는 마지노선을 정하자 · 226 | 아이의 동기를 자극하려면 어떤 피드백을 해줄까? · 228 | 모든 자녀에게 똑같은 규율을 정하는 게 좋을까? · 230

Tip. 규율을 통해 아이의 자율을 키우는 법 · 233

맺는 말 | 아이를 믿고 기다려라   234

추천의 말

경쟁 가운데 자녀를 성공적으로 키우는 법

'좋은 부모 되기'는 대한민국 모든 부모의 자연스러운 바람이다. 그러나 많은 경우 바람에 그치거나 꿈에만 머물러 있고, 어느 순간 자녀에게 비친 자신의 모습은 좋은 부모와는 거리가 멀다. 부모의 심정을 몰라준 채 불만과 분노에 가득 찬 자녀의 눈길을 바라볼 때면 화가 치밀어 오르기도 하고 한숨을 내쉬면서 자책하기도 한다.

어떻게 해야 좋은 부모가 될 수 있을까? 아이의 생각과 행동을 모두 받아줄 것인가, 아니면 적극적으로 개입해서 변화시킬 것인가. 자율과 방임, 감독과 간섭의 경계를 어떻게 구분 지을 수 있을까? 한마디로 '양육 딜레마'다.

클라크 대학의 심리학 교수이자 미국 최고의 육아 전문가인 웬디 S. 그롤닉과 육아 관련 저널리스트 캐시 실은 이러한 딜레마에 빠진 부모들에게 해답을 제시한다. 그것도 막연하게 경험만을 바탕으로 주장하는 것이 아니라 '자율'과 '개입'에 대한 과학적 근거를 들어서 설명한다. 즉 다양한 사례와 실험을 통해 자율의 필요성과 효과, 보상 및 통제의 부작용 등을 알기 쉽게 풀어 나간다.

오늘날 나날이 경쟁이 심해지는 대한민국의 사회 분위기 속에서 자녀를 성공적으로 키운다는 것은 점차 어려운 과제가 되고 있다. 이로 인한 부모의 스트레스 또한 위험 수준에 이르렀다. 소아청소년 정신과 의원을 운영하고 있는 전문의로서 경쟁, 스트레스, 도전, 좌절, 욕심 등의 굴레에서 벗어나지 못해 아픈 아이들을 많이 만나는데, 그런 아이들의 뒤에는 반드시 그러한 부모들이 존재하는 것을 매일 체험하고 있다.

스트레스로 고통 받는 부모와 아이들을 위한 유용한 치료 도구로 『양육 딜레마』를 권하고 싶다. 우리 아이들의 행복과 정신 건강을 지키기 위한 예방 차원에서도 모든 부모에게 이 책을 권한다. 한 번 읽는 것으로 그치는 것이 아니라, 손을 뻗어 닿을 수 있는 가까운 책장에 꽂아놓고 수시로 펼쳐 보기를 바란다. 아이의 자율성이 크게 자라나는 만큼 부모의 기쁨도 커질 것이다.

물론 그렇게 되기 위해서는 부모의 노력이 반드시 필요하다. 처음부터 저절로 아이의 자율성이 확립될 수는 없기 때문이다. 부모는 아이의 내적 동기를 키워주기 위한 양육 기술, 보상과 칭찬의 효율적인 적용, 적절한 개입의 방법, 아이와 함께 규율을 세우는 법 등을 터득해나가야 한다. 이 책을 순서대로 읽다 보면 자연스럽게 알게 될 것이다.

마지막으로 강조하고 싶은 사항은 '실천'이다. 읽은 내용을 머릿속에서 숙지한 다음에는 반드시 실제 생활에 적용해보라. 처음에는 어렵고 낯설고 어색하겠지만, 꾸준히 노력하다 보면 육아의 달인이 되어서 아이의 행복과 성공은 물론 뿌듯한 충족감에 미소 짓는 부모 자신을 발견할 것이다. '좋은 부모' 되기 전략! 이제 시작이다. 읽고 실천하라!

손석한(연세신경정신과 원장, 『헬리콥터 부모는 방향을 틀어라』의 저자)

웬디의 서문

자녀의 일에 간섭하면 나쁜 부모일까?

대학원에 입학한 후 첫 번째 여름학기 때, 나는 어머니들과 1살짜리 아기들이 여러 가지 모양의 블록을 갖고 노는 장면이 담긴 비디오를 '관찰'하다가 한 가지 의문이 떠올랐다.

'어머니들이 제각각 아기의 놀이를 도와주고 있는데, 어머니가 도와주는 방식은 아기에게 어떤 영향을 미칠까? 어떤 방식이 더 나을까? 아기에게 놀이방법을 알려줄 때 어머니가 고개를 끄덕이는 등 암묵적인 암시를 주는 방식이 나을까, 아니면 아기가 모양을 잘못 구분했을 때 호들갑을 떨며 맞는 모양을 구체적으로 알려주는 방식이 나을까?'

이후 어머니와 자녀에 관한 몇 가지 실험을 진행하는 동안 나는 어머니들이 서로 다른 방식으로 각자의 아기들과 관계를 맺고 있다는 점에 주목했다. 그리고 아기를 대하는 어머니의 태도와 양육 방식이 아기의 성격 형성에 어떤 영향을 미치는지 알고 싶었다.

로체스터 대학에 진학한 나는 몇 명의 심리학자들을 만나면서 동기에 관한 이들의 이론과 주장에 완전히 빠져들었다. 에드 데시 Ed Deci 와 리치 라이언Rich Ryan 역시 나처럼 보상과 형벌에만 관심을 기울인 행동주의 심리학자들의 이론이 옳지 않다고 생각했다. 데시와 라이언은 사람들이 어떤 행동을 할 때 왜 그렇게 행동하는지에 대한 깊이 있는 이론을 펼치고자 연구 중이었다. 그중에서도 특히 내적 동기 intrinsic motivation, 즉 오직 자신의 만족과 기쁨을 위해 어떤 행동을 하게 만드는 원동력과 에너지가 되는 동기를 집중적으로 연구하고 있었다. 이들이 조사한 연구 결과 중 일부는 지금까지의 통념과 반대되는 결과도 있었는데, 특히 그 부분이 흥미로웠다.

데시는 학생들에게 돈을 주면서 퍼즐 게임을 하게 했다. 그러자 학생들은 돈을 받지 않으면 재미있어도 퍼즐 게임을 하지 않았다. 반대로 돈을 받지 않고 똑같은 퍼즐 게임을 한 학생들은 돈에 상관없이 계속 퍼즐 게임을 했다. 이 실험을 통해 이들은 보상이 일종의 '통제'가 되어 내면의 열정을 저해한다고 주장했다.

또 데시와 라이언은 '자율은 인간의 기본적인 욕구이며 내적 동기 부여를 위한 선행조건'이라고 믿고 있었는데, 나 역시 그랬다. 누구나 스스로 원하는 일을 할 때 가장 잘하고 또 가장 행복해한다. 나는 어린 시절 부모님과 선생님들이 나를 통제하려 드는 게 항상 불만이었다. 또한 해야만 하는 일을 하거나 억지로 공부할 때보다 좋아하는 일, 관심 있는 일을 할 때 더 즐거웠다. 학교생활 역시, 이미 정해진 시간표대로 공부해야 하는 고등학교보다, 내가 원하는 과목을 선택할 수 있는 대학 생활이 훨씬 즐거웠다.

데시와 라이언이 성인을 대상으로 내적 동기 연구를 계속하는 동안, 나는 이를 부모와 자녀에게 적용해보고 싶었다. 아이들에게 "테니스 연습할까?" 또는 "과학박물관에 갈까?"라고 물었을 때, 왜 어떤 아이들은 "좋아요! 지금 할래요!"라고 대답하는 반면, 다른 아이들은 "싫어요, 안 할래요!"라고 대답할까? 부모라면 누구나 자녀가 성공하기를 바라는데, 그렇다면 부모는

배움에 대한 자녀의 욕망에 어떤 영향을 미칠까? 나는 이런 것들이 궁금했다.

이러한 궁금증을 해소하기 위해 나는 앞에서 말한 비디오테이프를 보며 어머니들이 아기가 노는 걸 도와주는 방식이 아기에게 어떤 영향을 끼치는지 알아보았다.

어떤 엄마들은 아기가 도움을 원할 때만 아기를 도와주었다. 장난감을 들고 가만히 있다가 아기가 달라고 하거나 관심을 보일 때 아기에게 건네주는 식이었다. 이런 아기들은 혼자 남았을 때 장난감을 가지고 계속 놀려는 경향을 보였다. 하지만 엄마가 모든 행동에 간섭하면서 놀이를 통제한 아기의 경우, 혼자 남았을 때 장난감을 갖고 놀겠다는 의지가 거의 없었고 좀 노는 듯 싶다가 이내 놀이를 포기해버렸다. 두 그룹의 아기들이 보인 반응의 상관관계는 명확했고, 차이점도 분명했다. **엄마가 아기의 자율성을 인정하고 혼자서 무언가를 하도록 격려할수록, 스스로 장난감에 대해 알아보고 놀려는 아기의 내적 동기도 강해졌다.**

이렇게 해서 부모의 양육 방식과 자녀를 대하는 태도가 자녀의 학습과 성장 발달에 어떤 영향을 미치는지에 관한 내 연구가 시작되었고, 이후 20년간 계속되었다.

하지만 아이를 낳고 기르게 되면서 내 이론은 난관에 부딪쳤다. 절대 그런 부모는 되지 않겠다고 맹세했던 바로 그 부모의 모습을 나 자신에게서 발견하기 시작한 것이다. 예를 들면 이런 식이다. 너무 늦어서 당장 출발해야 할 때 아이가 혼자 신발 끈을 묶으려고 하면 나는 얼른 아이 대신 신발 끈을 묶어주었다. 또 "엄마가 시키는 대로 해!"라고 말하는 횟수도 잦아졌다.

특히 시간 여유가 없을 때 아이들을 더욱 통제하려고 했다. 앨리슨이 3살 때의 일이다. 어느 날 아침 앨리슨이 옷을 입지 않으려고 했다. 남편과 나는 얼른 앨리슨을 놀이방에 데려다주고 출근해야 했다. 그런데 앨리슨은 자기 침실 바닥에 잠옷 바람으로 앉아서 판다 곰 인형을 끌어안은 채 심술궂은 표정을 짓고 있었다. 나는 당장 딸의 잠옷을 잡아당겨 벗기고 외출복으로 갈아입히고 싶었다. 설사 앨리슨이 옷을 갈아입는 내내 비명을 지른다 해도 상관없을 것 같았다. 나는 앨리슨에게 옷을 갈아입으라고 소리를 질렀다. 심리학자인 내가 3살짜리 딸아이에게 소리를 지른다는 사실이 믿어지지 않았다. 그 순간, 내가 지르는 고함소리가 너무 싫었고, 내가 소리치고 있다는 사실도 너무 싫었다.

결국 우리 부부는 앨리슨이 잠옷 위에 외출복을 입도록 허락했지만, 어찌나 화가 나던지 출근하는 동안 운전대를 잡은 두 손이 벌벌 떨렸다. 나도, 내 남편도 가끔은 화를 이기지 못해서 아이들에게 소리를 질렀다. 하지만 그렇게 성질을 폭발시킨 후에는 항상 후회했고, 아이들에게 사과한 적도 많았다. 시간이 흐르면서 나는 내가 왜 그렇게 행동하는지 궁금했다. 아이들에게 짜증을 내면서 통제하려는 태도를 없앨 수 있는 방법, 완전히 없애지 못한다면 최소한으로 줄일 수 있는 방법이라도 알고 싶었다.

뿐만 아니라 두 딸이 점점 나이가 들어가면서 이따금 나는 딸들이 해야 할 일들을 떠맡아 대신 해주고 싶은 충동을 느꼈다. 앨리슨이 학교에 입학한 후, 담임선생님께서 앨리슨을 똑똑한 학생이라고 생각하도록 앨리슨이 숙제를 제출하기 전에 내가 '봐주고' 싶은 충동을 강하게 느꼈다.

얼마 후 나는 내가 엄청나게 경쟁적인 감정에 사로잡혀 있음을 깨달았다. 처음에는 내 딸에 대해 단순히 자부심을 느낀다고 생각했다. 둘째 레베카가 8개월 반 만에 걸음마를 시작했을 때, 그게 대단한 일이 아니라는 건 잘 알고 있었지만 그래도 자랑하고 싶어서 입이 근질거렸다.

이러한 마음속 갈등과 분투는 계속 이어졌다. **아이들이 성장할수록 내**

아이들이 모든 면에서 남보다 더 뛰어나기를 기대했다.

그런데 나뿐만 아니라 내 친구들도 자녀가 경쟁에서 이기기를 바란다는 사실을 깨달은 후, 아기와 엄마에 관한 내 초기 연구가 문득 떠올랐다. 그때 나는 어떤 식으로든 실험에 참가한 아기들을 시험해보거나 순위를 매기지 않았다. 그런데도 대부분의 어머니가 나에게 이렇게 질문했다.

"제 아이가 잘한 건가요?"

내가 그동안 만난 부모들 대부분이 자기 자녀가 어떤 평가를 받았는지에 대단한 호기심을 보였다.

나처럼 경쟁에서 이기고 싶은 마음과 경쟁에서 이기지 못할까 봐 불안감을 느끼는 부모들이 생각보다 많다는 사실을 깨달은 후, 나는 자녀가 남보다 우수해지도록 강압을 행사하고 통제하는 부모를 더 이상 '나쁜' 부모라고 단정 지을 수 없었다. 이들 부모의 의도까지 나쁜 건 아니기 때문이다. 그저 자녀에게 최선을 다하고 싶을 뿐이고, 단 하나의 기회라도 놓치지 않게 해주고 싶을 뿐이다. 자녀에게 강압을 행사하고 싶은 충동에 사로잡힌 부모를 부정적으로만 바라보는 것은 옳지 못하다.

하지만 아직도 '불안한' 어머니를 비난하는 게 일반적인 현상이다. 심리학자들 역시 자녀에게 문제가 있을 때 그 원인을 어머니에게 돌리는 경향이 강하다.

자녀가 처한 경쟁적인 상황에 대한 불안감은 어머니들이 자녀를 억압하게 되는 한 원인이라고 할 수 있다. 자녀에 대해 느끼는 불안감이 해결해야 할 과제로 치부되는 이유는, '좋은' 부모는 그런 감정에 휩쓸리지 않는다고 다들 생각하기 때문이다. 심리학자들과 소아정신의학자들이 자녀를 통해 대리 만족의 삶을 살려는 어머니들을 비난하는 경우를 종종 본다. 하지만 '평범하고 정상적인' 부모들 역시 자녀에 대한 걱정과 경쟁 심리에 빠져 있다는 사실은 간과하는 경우가 많다.

그렇다면 부모의 근심은 어디에서 비롯되는 것일까? 자녀를 통제하려는 충동이 아이들에게 어떻게 영향을 미칠까? 만약 강압을 행사해도 별다른 효과가 없다면, 부모나 교사는 어떻게 해야 할까?

지난 20년간 내가 실시한 연구 조사 자료는, 내 아이들을 키우는 데 굉장히 큰 도움이 되었고, 또 이 책에서 소개할 대부분의 내용도 이를 기초로 하고 있다. 나는 이를 많은 사람과 함께 나누길 원한다.

이 책을 통해 여러분은 자녀에게 강압을 행사하고 싶은 충동의 원인을 알게 될 것이다. 또한 자녀에 대한 부모의 보호본능과 갈수록 치열해지는 우리 사회의 경쟁이 부모를 근심과 불안의 도가니로 어떻게 몰아가는지에 대해서도 알게 될 것이다. 이러한 걱정은 '좋은' 부모가 되지 못하도록 많은 부모를 위협하고 있다. 나는 이러한 근심과 불안을 잠재워서 자녀에게 강압과 통제를 행사하는 부모가 되지 않을 수 있는 방법을 알려주고자 한다. 또 걱정과 두려움을 떨쳐버리고 '좋은' 부모로 변화하는 방법도 소개할 것이다.

더 이상 '간섭할 것인가, 간섭하지 말 것인가!' '명령할 것인가, 자율에 맡길 것인가!'를 놓고 고민하지 않게 될 것이다. 그리고 자녀의 내적 동기를 자극하고, 자녀가 바라는 목표를 성취해서 남보다 앞설 수 있도록 도와주는 방법도 배우게 될 것이다. 뿐만 아니라 자녀의 자율을 인정하면서 동시에 자녀의 생활에 지혜롭게 개입하는 방법, 자녀가 유능한 성인으로 성장하기까지 자녀와 충돌하지 않고 가까운 사이를 유지하는 방법에 대해서도 알게 될 것이다.

웬디 S. 그롤닉

캐시의 서문

'강압'과 '자율' 사이에서 고민하는 부모들에게

나의 부모님은 자식들에게 자신이 누구인지, 자신이 좋아하는 것은 무엇인지 발견할 수 있는 기회를 주시고자 최선을 다하셨다. 배움에 대한 부모님의 이러한 태도에는, 자식들이 남보다 앞서길 바라는 암묵적인 기대감이 깔려 있었다. 부모님은 자식들이 단순히 사회에 적응하는 정도가 아니라 최고가 되어야 한다고 굳게 믿으셨다. 나는 교육에 대한 부모님의 열망은 이해할 수 있었지만, 압력을 가하는 것에는 강한 불만을 품고 있었다.

그러다 어느덧 나도 자녀를 낳아 기르게 되었다. 나는 잭과 제프를 너무나 사랑했고 최선을 다해 아이들을 보호하고 싶었다. 나의 부모님 역시 오빠와 나에게 동일한 감정을 느끼셨을 것이다. 부모님이 나에게 해주신 것처럼 나 역시 내가 할 수 있는 한 아이들에게 최대한 기회를 제공해주려고 노력했다. 나는 아이들을 과학박물관 특강, 테니스 레슨, YMCA 야외 캠프 등에 보냈다. 이 책을 집필하기 위해 만난 수많은 부모가 나에게 한 말처럼, 나 역시 "아이들이 행복할 때 나도 행복했다."

나도 내 부모님이 그러셨던 것처럼, 잭과 제프가 배움을 즐길 뿐만 아니라 노력해서 무언가 이루어내기를 원했다. 잭과 제프는 성적을 매기지 않는 대학 부속 초등학교를 다녔는데, 한번은 부모 참관 수업 때 담임선생님께서 잭의 작문을 크게 읽어주셨다. 그때 얼마나 기분이 좋았는지 이루 말할 수 없었다. 나는 아이들이 중학교와 고등학교를 다닐 때에도 대놓고 말하지는 않았지만 최고 점수를 받아오기를 기대했다.

동시에 나는 내가 좋은 부모인지 확신이 서지 않았다. 이 책을 집필하기 위해 만난 한 어머니 역시 이런 말을 했다. "제가 제대로 된 부모라고 100% 확신하지 못합니다." 나도 그렇게 느낄 때가 종종 있었다. 무한한 가능성을 보여주는 아이들을 보면서, '아이에게 어느 정도 강압을 행사하는 게 적당할까?' 자문할 때가 많았다. 하지만 잭이 속한 리틀 리그(초등학생에서 고등학생까지 대상으로 하는 국제야구기구 — 옮긴이)팀의 한 아버지가 아이들에게 홈런을 칠 때마다 5달러씩 주겠다고 제안했을 때에는 어이가 없었다. 그 정도로 부담을 주며 압력을 행사하고 싶지는 않았다.

아이들에 대한 근심과 걱정이 내 몸과 마음을 사로잡아서 견디기 힘들 때가 많았지만, 나는 양육에 관한 문제나 고민을 남에게 말한 적이 거의 없었다. 아이들이 처음 학교에 입학했을 때에는 낙제를 하거나 다른 아이들의 실력을 따라가지 못할까 봐 속으로 엄청 걱정했다. 거의 공포에 시달렸다고 해야 할 정도였다.

가끔은 쌓인 걱정이 폭발해서 아이들에게 고함을 치기도 했다. 하지만 나는 아이들에게 강압을 행사하고 싶지 않았고, 그렇게 하면 아이들이 죄책감을 느낄 뿐만 아니라 엄마와의 거리가 멀어진다는 것을 잘 알고 있었다. 나는 그저 '과민반응'을 보였을 뿐, 기분은 조금도 나아지지 않았다.

'사실 내가 아이들에게 강압을 행사하는 건 다 아이들을 위해서잖아. 그렇지 않나?'라는 생각도 들었다.

시간이 흘러 아이들이 대학 입학 원서를 준비할 시기가 왔을 때, 나는 아이들이 자신에게 잘 맞는 대학에 가게 되기를 바랐다. 하지만 마음 한구석에서는 다른 사람들에게 자랑할 수 있는 '명문대학'에 들어가기를 바랐다. 그래서 명문대학에 지원서를 넣으라고 강요하고 싶은 충동을 억누르느라 얼마나 애를 먹었는지 모른다.

나는 아이를 낳은 직후부터 프리랜서 작가로 일하며 육아에 대한 글을 쓰거나 여성 잡지에 실릴 글을 쓰게 되었다. 어느 날 기사에 쓸 자료를 얻기 위해 웬디와 인터뷰를 했는데, 그녀는 내가 전에 들어본 적이 없는 이야기를 해주었다. 그녀의 말에 의하면, 아이들은 규율이 필요하고, 규율 내에서 아이들이 선택할 수 있는 선택권이 주어지면 아이들의 자율을 독려할 수 있다고 했다. 또 웬디는 나에게 '자기결정이론 Self-Determination Theory'에 대해서도 설명해주었다. 즉 아이들은 무언가 배우려는 내적 동기를 타고나며, 부모는 세상을 탐험하고 자신의 능력을 키워갈 아이의 열정을 키워주어야 한다는 것이었다.

웬디의 말을 듣자 '바로 이거야!'라는 생각이 들었다. 고함치지 않고도 아이들을 올바른 길로 인도할 수 있는 방법, 아이들과 친근한 관계를 유지하고 바르게 인도하는 동시에 자신감을 북돋아 줄 수 있는 방법이 웬디가 말한 그 이론에 모두 들어 있었다. 그 이론대로라면 실제 생활에서 만나게 되는 양육에 관한 모든 문제를 해결할 수 있을 것 같았다. 연구와 조사를 통한 학문적인 결과와 부모로서의 경험이 조합된 웬디의 이론은 내 마음을 완전히 사로잡았다.

웬디와 함께 이 책의 저술 작업을 시작하면서, 내 안에서 휘몰아치던 감정들, 특히 자녀에 대한 부모의 사랑이라고 생각했던 감정과 정체 모를 감정의 덩어리들이 명확하게 설명된다는 사실에 나는 몹시 흥분했다.

아이에게 강압을 행사하는 대신 아이들의 자율을 존중해야 한다. 그렇다고 아이가 물에 빠지든 수영해서 살아남든 상관없다는 식으로 무작정 아이만 홀로 세상에 내보낸다는 뜻은 절대 아니다. 오히려 자녀의 삶과 생활에 부모가 깊이 개입하되, 동시에 자녀의 내적 동기와 열정을 키워주는 데 초점을 맞추어야 한다.

이 책의 집필 작업은 나의 부모님과 나 자신을 이해하는 데 큰 도움이 되었다. 그리고 오랫동안 나를 괴롭히던 여러 가지 의문점도 풀리게 되었다. 여러분 역시 이 책을 통해 나와 같은 경험을 하게 되기를 바란다.

캐시 실

이 책을 읽기 전에

저자가 두 명이다 보니, 이에 대한 혼란을 방지하고자 우리는 웬디의 두 딸인 앨리슨과 레베카, 그리고 캐시의 두 아들인 잭과 제프가 마치 한가족인 것처럼 기술했다. 본문에서 서술자인 '나'는 이 책의 연구 조사를 맡은 두 딸의 어머니 웬디일 수도 있고, 이 책의 저자이자 두 아들의 어머니인 캐시일 수도 있다. 우리 두 사람이 한목소리로 이 책을 기술하고 있다는 걸 독자들이 이해해주기를 바란다.

Nurture Dilemma

부모는 자녀에게 무엇이든 최고의 것을 해주기를 원하며, 자녀가 모든 면에서 다른 아이들보다 뛰어나기를 바란다. 그러지 못할 경우, 자신이 부모 노릇을 제대로 하지 못한다는 불안감과 근심 때문에 괴로워한다. 또한 두려움 탓에 아이들에게 강압을 행사하기도 한다. 이것은 부모라면 누구나 겪을 수 있는 당연한 현상이며, 전혀 부끄러워할 일이 아니다.

Chapter
01

내가 부모 노릇을
제대로
하고 있는 걸까?

내 딸 앨리슨이 수영 대표 선발 대회에 나갔을 때의 일이다. 나는 수영장 내에 마련된 관람석에 자리를 잡았다. 수영장을 둘러보니 앨리슨과 같은 수영 팀에 속해 있는 셋의 어머니 수전이 보였다. 수전은 오른손에 스톱워치를 들고 수영장 옆을 따라 달리면서 왼손을 응원하듯 힘차게 휘저었다. 그리고 아들 셋을 향해 몸을 굽혀 소리를 지르고 있었다.

"더 빨리! 더 빨리! 좀 더 힘을 내!"

내가 앉은 관람석까지 수전의 고함소리가 생생히 들렸다.

셋이 수영장 벽을 짚자마자 수전이 스톱워치의 버튼을 눌렀다. 시간을 확인한 그녀가 인상을 찌푸렸다. 그녀는 어깨를 앞으로 구부리고 혼잣말을 중얼거리며 내가 있는 관람석으로 다가왔다. 수영장의 습한 공기 속에서 여자 배영 경기가 시작되기를 기다리던 나는 수전에게 웃으며 말을 걸었다.

"축하해요. 셋은 정말 수영을 잘하네요."

하지만 초췌해 보이는 수전은 무표정한 얼굴로 대답했다.

"더 잘할 수 있었는데, 아쉬워요. 2초는 더 빠른 기록이 나왔어야 해요. 지난여름에 캠프에 보내지 말고 수영 연습을 더 시킬걸 그랬어요."

수전이 깊은 한숨을 내쉬었다. 잠시 후 셋이 수영장에서 물 밖으로 올라왔다. 셋은 긴장한 게 역력했다. 걱정스러운 표정으로 엄마를 힐끗 쳐다보는 셋이 안쓰러웠다. 그 아이가 수영을 즐기지 못한 게 분명했다.

하지만 나는 수전을 이해할 수 있었다. 셋은 수영에 재능이 있었다. 엄마로서 아들이 재능을 십분 발휘해서 최고의 수영 선수가 되길 바라는 건 당연한 일이었다.

마침내 앨리슨의 경기가 시작되었다. 순간 나도 수전처럼 앨리슨 옆에서 함께 달리며 더 힘을 내라고 몰아붙이고 싶은 충동을 느꼈다. 부모라면 누구나 이런 상황을 한 번쯤은 경험하게 된다. 자녀가 더 열심히 하도록, 남보다 더 잘해야 한다고 독려해야 할 때는 언제일까? 그리고 자녀를 그냥 놔두어야 할 때는 또 언제일까?

가끔 부모 노릇이 너무 힘들다는 생각이 든다. 자녀에게 최선의 것을 해주고 싶지만, 그게 정확히 무엇인지 알아내기 힘들 때도 있다. 수전에게 위로의 말을 해줄까 생각도 했지만, 무슨 말을 해야 위로가 될지 확신이 서지 않았다. 게다가 당시 수전은 누군가의 제안이나 위로의 말을 받아들일 수 있는 상태도 아닌 것 같았다.

그때 앨리슨이 물에 들어가서 스타팅 바를 붙잡는 게 보였다. 순간 속이 울렁이며 긴장되기 시작했다. '혹시 앨리슨이 맞은 벽을 칠 때 양손으로 쳐야 한다는 걸 잊어버리고 한 손으로만 치면 어쩌지?' 갑자기 공포가 엄습하면서 속이 뒤틀리는 것 같았다. 제발 앨리슨이 대표 선발 경기에 통과했으면 하는 바람뿐이었다. 수전처럼 수영장 옆을 같이 뛰며 힘을 더 내라고 응원해준 적은 없었지만, 그래도 내 아이가 남들보다 뛰어나기를 바라는 마음은 간절했다.

앨리슨은 대표 선발은 통과했지만, 작년 기록보다 1초 뒤진 기록을 냈다. 대표 선발에 통과했음에도 불구하고 기록을 본 나는 내심 실망했다. '좀 더 힘을 내서 속도를 내라고 몰아붙일걸…. 엄마라면 좋은 기록을 내도록 자녀를 격려하는 게 당연하잖아. 이제부터 나도 수전처럼 스톱워치를 사서 앨리슨이 훈련할 때 기록을 재줄까?'

그때 앨리슨이 물에서 나와 나에게 다가왔다. 앨리슨은 허리에 수건을 두르고 얼굴에는 미소를 띠고 있었다. 그런 딸의 얼굴을 보자 좋은 엄마에 대한 의구심이 사라졌다. '앨리슨은 수영을 즐기고 있어. 그리고 자기 자신에 대해서도 만족하고 있잖아. 더 이상 뭘 바라겠어?'

부모의 본능적인 불안감, 쫓기는 부모 현상

아이의 운동 기록이나 학교 성적에 기겁을 하거나 아이들을 키우는 양육 방식에 회의를 느낀 게 그때가 처음은 아니었다. 물론 마지막도 아니었다. 부모 노릇을 제대로 하지 못한다는 불안감과 근심 걱정 때문에 괴로웠던 게 한두 번이 아니었다. 하지만 나만 그런 게 아니라는 사실을 알게 되었다. 이런 종류의 걱정과 불안감은 중년층 부모 사이에 만연되어 있었는데 나는 이를 '쫓기는 부모 현상Pressured Parent Phenomenon' 또는 PPP라고 부른다.

이러한 현상은 오래전부터 있어 왔는데, 지난 10여 년 전부터 그 강도가 점점 세지고 있다. 우리의 자녀들이 감당해야 하는 경쟁의 강도가 전에 없이 거세지고 있다고 말할 수도 있다.

PPP는 부모가 본능적으로 느끼는 불안감으로, 갈수록 치열해지는 아이들 간의 경쟁을 그 원인으로 지목할 수 있다. 학업, 예체능, 사교 생활 등 자녀가 치르게 될 경쟁이 치열해지면서 부모의 생리학적 보호본능에 경고등이 켜지고, 쫓기는 부모 현상이 생기게 된다. 자녀를 보호해야 한다는 압박감이 너무 강해서 자녀가 안전하다고 느끼기 전까지 부모는 진정할 수 없다. 예를 들면 자녀가 명문학교에 합격하기 전에는 도저히 안심할 수가 없다. 특정 집단의 아이들로부터 자녀가 따돌림을 당하거나 놀림을 당하면 마치 자신의 일처럼 마음에 상처를 입기도 한다. 그런 상황에 닥치면, 무리를 해서라도 자녀를 고가의 학원에 보내는 등 전에는 자신이 그렇게 하리라 상상하지 못한 행동을 하게 된다.

PPP는 자녀에게 강압을 행사하고 싶은 충동을 일으키기 때문에, 자녀와 부모 사이를 멀어지게 하는 원인이 된다. 그렇게 되기를 바라는 부모는 한 사람도 없을 것이다. 대부분의 부모가 자녀를 위해 강압을 행사한다고 생각하지만, 자녀에게 강압을 행사하지 않으면 부모와 자녀 관계가 더 친근해지는 것은 물론이요 자녀의 성공까지 얻을 수 있으니 참으로 아이러니한 일이다.

그럼 지금부터 PPP에 대해 알아보자. PPP는 무엇이고 어디에서 기인한 것일까? 그리고 대다수의 부모가 PPP 경향을 보이는 이유는 무엇일까?

쫓기는 부모는 어디에나 있다

자녀가 처한 경쟁 상황 때문에 불안해하는 부모가 대단히 많다. 부모는 자녀의 나은 미래를 위해 자녀가 남들보다 뛰어나기를, 자신감을 갖고 행복하게 살기를 바란다. 부모는 자녀를 사랑하며 보호하고자 노력한다. 그리고 자녀가 무엇이든 최고의 것을 얻게 되기를 원한다.

그래서 자녀가 어떤 식으로든 경쟁을 하게 되면 부모는 긴장과 기대감, 불안과 초조함, 심지어 공포심에 휩싸이게 된다. 자녀가 갈수록 치열해지는 경쟁사회에서 살아야 한다고 생각하면, 부모는 가정과 사회생활에서 느끼는 긴장감보다 더 강하고 격한 긴장감을 느낀다. 부모는 아무리 노력을 기울여도 자녀의 성공을 돕는 데 부족한 것 같아서 근심에 빠진다.

양육 전문가들 중에는 이런 감정을 느끼는 부모를 비난하는 이들이 많다. 이들은 이렇게 조언한다.

"자녀의 주위를 맴돌며 자녀를 통한 대리 만족의 삶을 살려는 태도는 버려야 합니다. 또한 자녀가 이룬 성과와 성취에 따라 부모의 자존심이 좌우되어서도 안 됩니다. 자녀의 일거수일투족을 감시하며 감당하기 어려운 과도한 일정을 세워 강요하지도 마십시오. 자녀를 통해 부모 자신의 어린 시절을 다시 살 수는 없습니다. 그리고 자녀를 '완벽하게' 만들려고 하지 마십시오."

한 심리학자는 부모가 배우자나 직장을 통해 얻지 못하는 만족을 자녀를 통해 얻으려 하는 것은 자녀를 마치 우울증 치료제로 취급하는 것과 같다며 맹렬히 비난했다. 잡지 《뉴스위크》에서는 자녀의 대학 입학 문제에 '온갖 술수와 술책을 총동원하는 미친 짓'을 일삼는 부모들이 있다면서 "이는 남에게 자녀의 성공을 자랑하기 위한 자기만족적인 욕구에서 기인한 것"이라고 했다.

다들 목소리를 높여 부모들이 이제는 좀 자제하고 감정을 추슬러야 한다고 요구하고 있다. 사실 부모는 그런 부정적이고 강렬한 감정에서 벗어나야 한다. 할 수만 있다면 말이다.

하지만 부모는 그럴 수가 없다. 왜냐하면 그런 감정은 지극히 정상적이고 자연스러운 것이기 때문이다. 부모라면 누구나 자녀가 성공하기를 원한다. 이는 인간의 본질적인 욕망이다. 부모가 그런 욕망을 조금도 느끼지 않는다면, 다시 말해서 자녀가 더 열심히 하도록, 더 좋은 결과를 얻도록 자녀에게 압력을 행사하고 싶은 충동을 전혀 느끼지 않는다면 오히려 걱정해야 할 일일 것이다. '강압'이라는 감정이 자랑거리는 아니지만, 그런 감정을 느끼는 것은 단지 부모이기 때문이다.

그래서 전문가들이 어떤 비난을 퍼붓는다 해도 자녀에게 강압을 행사하는 부모를 말릴 수 없고, 부모의 불안감을 잠재울 수도 없다. 이러한 상황을 개선하는 데 도움이 될 만한 전략은 두 가지뿐이다. 첫째, 다 같이 모여서 제도 자체를 바꾸는 것이다. 즉 성적과 점수에 초점을 맞추는 학교 교육을 바꾸거나, 운동 경기 때 순위를 매기지 않게 하는 것이다. 둘째, 부모의 근심과 불안감을 긍정적인 양육 스타일로 바꿀 수 있는 자율, 개입(도움), 규율, 이 세 단계 과정을 훈련하는 것이다. 이에 관한 자세한 내용은 5~7장에 걸쳐 설명할 것이다.

나도 나르시시즘에 빠진 부모일까?

일부 부모의 경우, 심리적으로 자녀와 자기 자신을 분리하지 못하기도 한다. 이런 부모들은 오로지 자기 자신에게만 정신을 집중하기 때문에 자녀의 관점이나 생각은 조금도 고려하지 못한다. 또 자녀를 하나의 인격체로 보지 못하고 자신의 분신으로 여긴다. 게다가 자녀를 이용하여 부모 자신의 욕구를 충족시키고자 한다. 이러한 부모는 정신적 질환이 있는 환자로, PPP와는 완전히 다르다.

과거 심리학자들과 정신과 의사들은 부모가 자녀를 통제하려는 현상은 오직 심리적인 질환, 나르시시즘 narcissism(자기도취)이나 '가족 그물화 family enmeshment'(가족이 망처럼 과잉 밀착되어 있어서 가족 구성원이 서로에게 강력한 영향을 미치는 현상―옮긴이) 등이 원인이라고 생각했다.

촉망받는 수영 선수였던 아버지가 수영을 하는 딸에게 우승을 강요한다면, 그것은 자신이 누렸던 젊은 시절의 영광이 그립기 때문이다. 만약 자녀가 부모의 바람과는 상관없이 자기가 원하는 바를 추구한다면, 부모는 자녀가 이기적이고 부모의 은혜도 모른다며 비난하게 된다. 나르시시즘에 빠진 부모는 감정적으로 결핍된 상태로 자신만의 세계에서 헤어나지 못한다. 따라서 자녀를 위한 공감대를 형성할 만한 여유도 전혀 없다.

자녀를 통제하려는 부모가 가진 또 다른 병리학적 원인은 가정 내에서 찾을 수 있는데, 전문가들은 이를 '그물화 된' 상태라고 부른다. 이런 가정은 가족 구성원들 간의 관계가 매우 조밀하고 촘촘한 그물망 같거나, 아예 경계 자체를 찾을 수 없다. 물론 가족 구성원들이 제각각의 정체성을 가질 수도 없다. '자녀를 통해 대리 만족적인 삶을 살려는' 부모는 자기 자신을 위해 자녀의 감정을 느끼기 때문에 자녀가 스스로의 인생을 살도록 용인하지 않는다. 이런 부모는 자녀와 너무 가까운 동시에 너무 멀리 떨어져 있다고 할 수 있다. 자녀의 삶에 깊숙이 관여해 있는 것 같지만, 자녀가 가진 유일무이한 개성과 정체성은 인식하지 못하기 때문이다.

심리 치료 견습생 시절, 가족 치료에 참가한 적이 있었는데 그때 '그물화 된 가족'을 몇 번 만나보았다. 그때 내가 만났던 한 가정의 예를 소개하겠다.

5살 난 에이미는 유치원에 가지 않겠다고 고집을 부렸다. 엄마가 유치원에 데려다줄 때면, 아이는 안 가겠다며 길거리에 누워버렸다.

에이미의 어머니는 이렇게 말했다.

"왜 우리에게 이런 문제가 생겼는지 모르겠어요. 저희는 정말 대단히 친근한 관계를 유지하는 가족이거든요."

상담 치료사가 에이미 쪽으로 시선을 돌렸다. 그리고 침착하게 물어보았다.

"에이미, 유치원에 가는 게 무섭니?"

질문이 끝나기가 무섭게 얼른 엄마가 대답했다.

"아니요, 에이미가 유치원을 무서워하는 건 절대 아니에요. 저랑 에이미는 어디든 같이 가기 때문에 제가 잘 알아요. 놀이터, 쇼핑몰, 산에도 같이 갔었지요. 에이미는 유치원을 정말 좋아해요."

그래서 상담 치료사가 어머니에게 말했다.

"저는 에이미가 유치원을 어떻게 느끼는지에 대해 에이미의 대답을 듣고 싶습니다."

그러자 소파에 앉아 있던 어머니는 에이미 옆으로 더 가까이 다가가 앉으며 팔로 딸을 감싸 안았다.

"하지만 딸이 어떻게 느끼는지는 제가 잘 알아요. 저희 가족의 유대감은 아주 남다르거든요."

대부분의 부모는 나르시시즘에 빠져 있지도 않고, 대부분의 가정은 에이미의 가족처럼 그물화 된 가정도 아니다. 자녀를 보호하고 싶다는 느낌은 동일하지만, 부모 자신과 자녀를 구분할 수 있으며 부모의 분신이 아니라 독립적인 한 인격체로서 자녀를 인식할 수도 있다. 또 자녀의 감정, 희망과 꿈도 이해할 수 있다. 하지만 그렇다고 해서 PPP의 위험에서 완전히 벗어났다고 할 수도 없다.

내 불안감을 남에게 털어놓지 못하는 이유

대부분의 부모는 자녀가 치르는 경쟁으로 일어난 불안감에 대해 서로 터놓지 않는다. "아들의 제일 친한 친구가 쉽게 성공하는 걸 도저히 참을 수가 없어요."라고 말하는 사람은 많지 않다. 경쟁에서 이기고 싶어서 근심과 불안감이 생겼다는 사실을 다들 부끄럽게 생각하기 때문이다.

일반적으로 자녀를 잘 양육하고 삶의 모범이 되는 부모를 좋은 부모로 여긴다. 자녀들이 유치원에서 배우는 덕목, 예를 들면 친구와 잘 나누고 사이좋게 지내야 한다는 등의 예의와 덕목을 부모가 자녀에게 몸소 보여주어야 한다고 생각한다. 자기 자식만 경쟁에서 승리하고 남의 자식들은 패배의 쓴잔을 마시게 하는 엄마는 좋은 어머니상이 될 수 없다. 어떤 사람들은 자기 자식을 자랑하는 것을 대단히 부끄럽고 수치스러운 행위로 간주하는데, 그 이유는 자기 자식을 자랑함으로써 자랑거리가 없는 다른 부모를 부끄럽게 만들기 때문이다.

경쟁심 때문에 불안감을 느낀다는 사실을 다들 부끄럽다고 여기는 또 다른 이유는 그런 감정이 우스꽝스럽기 때문이다. 자녀가 우등반에 들어갈지 열등반에 들어갈지 몰라서 공포심을 느낀다고 남들 앞에서 말하기가 민망한 건 사실이다. 자녀를 낳아 키울 정도의 성인이 남들의 시선, 그것도 자녀의 어린 친구들의 시선에 불안해하고 초조해한다는 건 참으로 어이없는 일이다.

자녀가 이룬 사소한 성공은 이후 더 크고 중요한 다른 일들에 비하면 아무것도 아니다. 또 자녀의 인생에 별다른 영향을 미치지도 못한다. 이를 모르는 부모는 없다. 그렇기 때문에 대부분의 부모는 자신이 자녀의 사소한 일 하나하나에 목을 맨다는 사실을 남에게 알리기 꺼린다.

남에게 자신의 근심과 불안감에 대해 말하기 꺼리는 또 다른 이유가 있다. 상대를 믿고 솔직하게 털어놨을 때, 상대 부모가 자신은 자녀 문제로 공포심을 느낀 적이 한 번도 없다고 대답할 가능성 때문이다. 그럴 경우, 위로는 고사하고 도리어 자신의 처지가 더 우스워질 위험이 높다. 대화 상대가 눈치 없이 은연중에 은근히 비난하는 경우도 있다.

"저는 자식을 통해 대리 만족하는 삶은 살지 않으려고 해요."

어떤 부모는 심지어 자기 자식 자랑을 늘어놓아 경쟁심을 더 부추기기도 한다.

"저희는 아들이 너무 똑똑해서 아들 걱정은 한 적이 없어요. 굳이 걱정거리를 찾아낸다면, 아들이 학교 공부를 너무 지루해한다는 거지요."

이렇다 보니, 부모는 근심, 걱정에 속이 다 뒤틀리는 것 같아도 이를 시원하게 드러내지 못하고 속으로만 삭히게 된다. 대신 자녀의 경쟁에 대한 불안감과 근심을 간접적으로 표출한다. 이를테면 사실은 자신이 자녀에게 강압을 행사하고 있고 이를 부끄럽게 여기면서도, 자녀에게 강압을 행사하는 다른 부모들을 비난하는 식이다.

"저희 옆집 엄마는 하루 24시간, 일주일 내내 아들의 일정을 관리해요. 그 집 아들은 바이올린 학원과 유아 체능단에 다니는데, 좀 있으면 유치원 입학 시험 준비 학원에 갈 거래요. 그것도 모자라서 아들을 텔레비전 광고 오디션에까지 보낸다지 뭐예요. 이제 겨우 4살인데 말이에요. 아마 초등학교에 입학할 즈음이면 그 집 아들은 신경쇠약에 걸릴 게 분명해요."

자신도 자녀에게 강압을 행사한다는 사실을 인정하고 싶은 부모는 없다. 누구나 비난을 받으면 자신을 변호하기 마련이다.

"저는 애를 잡는 엄마가 아니에요. 요즘 세상에 이 정도도 안 하는 엄마가 어디 있어요?"

말하기 민망하지만, 나 역시 잭이 두 살이었을 때 글렌도만 방식으로 아들에게 읽기를 가르치려고 시도한 적이 있었다. 친정 엄마는 나에게 "뭐하러 그런 짓을 하냐?"고 물으셨다.

근심과 불안감을 마음속에 가둬둔 채 분출하지 않으면 걱정과 같은 부드러운 감정 아래 감춰져 있던 분노와 같은 강렬한 감정을 자극한다. 숙제를 하지 않는 자녀에게 분통을 터뜨리며 큰 소리로 야단을 치는 이유도 여기에서 찾을 수 있다.

자녀의 학교 선생님이나 자녀가 출전한 경기의 심판이 자기 자녀를 얕잡아 본다고 생각될 때, 부모가 이 어른들에게 분노를 폭발시키는 원인도 여기에 있다.

이와 같은 종류의 분노는 주기적으로 과격하게 폭발하는 경향이 있다. 따라서 이러한 감정을 이해하고 다루는 방법을 배우는 것은 대단히 중요하다.

다른 부모들은 다 아는데 나만 모르는 거 아닐까?

자녀에 대해 별 불만이 없었는데 다른 부모들과 생각 없이 수다를 떨다 없던 불만이 생긴 경험을 다들 한두 번씩 해보았을 것이다. 나도 그런 경험이 있다. 어느 날 나는 내 아이가 속한 축구팀의 경기를 관람하며 친구 엄마와 이야기를 나누었다. 그녀는 축구 이야기를 하다 슬그머니 화제를 돌렸다.

"벤저민은 요즘 일주일에 한 번 학습지 수업을 해요. 오보에 레슨에 스카우트 활동도 하기 때문에 시간을 못 낼 줄 알았거든요. 그런데 화요일 축구 훈련이 끝난 다음에 시간을 내니까 되더라고요."

"이번 성탄 휴가 때 무슨 계획이 있으세요?" 나는 쓴 침을 삼키며 물었다.

"벤저민을 브라질의 축구 캠프에 보낼까 해요. 그리고 여름 방학에는 지난해에 이어서 로드 트립을 갈 계획이에요. 중학교를 졸업하기 전에 50개 주를 모두 방문하려고 해요. 벤저민이 대학 입학 때 쓸 에세이 주제로 딱 맞을 것 같아서요."

'대학 입학 때 쓸 에세이 주제?'

숨이 콱 막히는 것 같았다. 당시 잭과 벤저민 둘 다 겨우 12살이었다.

경기 중간 휴식 시간을 알리는 호루라기 소리가 울렸다. 벤저민 엄마와의 대화가 내 경쟁심을 있는 대로 자극한 터라, 그 순간 내가 지금 내 아이를 제대로 키우고 있는지 의구심이 들었고 엄청난 불안감이 밀려왔다. 말도 안 되는 걱정으로 정신이 다 혼미해졌다.

'잭의 스페인어 성적이 B-니까, 아무래도 과외를 시켜야겠어. 음… 이번 여름 방학 계획도 지금부터 미리 세워야지. 잭은 대학 입학 원서를 낼 때 어떤 주제로 에세이를 쓰면 좋을까?'

제프가 중학교 2학년 때 학부모회의에 참석하려고 학교에 간 적이 있었다. 학부모들이 학교 측에 질문하는 시간이 있었는데, 하나같이 우열반에 관한 내용뿐이었다. 그런데 나는 학교에 우열반이 있는지조차 알지 못했기 때문에 기겁했다.

'어떻게 다른 부모들은 다 알고 있는 걸 나만 모르고 있는 거지? 다들 자녀 교육에 관한 정보를 발 빠르게 수집하고 있는데 나는 뭐하고 있는 거야? 교사회의에 참석해서 선생님께 제프를 상급반에 넣어달라고 요구해야 하나? 지금 당장 담임선생님께 면담을 신청할까?'

그때 나는 PPP의 손아귀에 단단히 붙잡혀 있었고, 내가 나쁜 엄마라는 끔찍한 공포심의 나락에 빠지기 일보직전이었다. 제프가 지원한 대학에서 모두 떨어지는 장면이 머릿속에 그려지기 시작했다. 결국 나는 제프가 지금 받고 있는 수업이 아이에게 가장 잘 맞는 수업이라는 사실을 상기하며 겨우 마음을 가라앉힐 수 있었다. 하지만 그날 학부모회의 때 내게 밀어닥친 불안감을 떨쳐버리는 건 매우 힘들었다.

부모들은 자녀를 건전하고 올바르게 잘 키우고 있는데도 괜히 근심과 불안감에 휩싸이기도 한다. 이런 현상은 사회 전반에 유행병처럼 번지기 때문에 이 광란의 도가니 속에서 다른 부모들이 다 하는 일을 혼자 하지 않고 버틴다는 게 생각처럼 쉬운 일은 아니다. 아마 이런 생각이 들 것이 분명하다.

'다른 부모들은 다 아는 걸 나만 모르면 어떻게 하지? 내 아이만 손해 보게 할 수는 없는데.'

내 아이만 뒤처지면 어쩌지?

지난해, 친구 레슬리로부터 이런 이메일을 받았다.

오늘 아침 마야의 중학교 졸업식에 참석했어. 학부모 좌석에 자리를 잡은 나는 마야가 졸업식 때 상 하나는 받을 수 있으리라 기대했어. 그럼 내 주변에 앉은 다른 학부모들에게 마야가 특별한 아이라는 걸 알릴 수 있으니까. 마야가 상을 타긴 했어. 3년 연속 우수반에 들어간 학생이 타는 상이었지. 그런데 마야와 같은 상을 탄 아이들이 무려 50명이나 되지 뭐야. 마야가 상을 탔는데도 왜 내가 만족하지 못했는지 알아? 그건 마야가 최고 수학 영재상을 타길 원했기 때문이야.

그래서 나는 이렇게 답장을 보냈다.

네 기분은 나도 잘 알아. 제프의 중학교 졸업식 때 나 역시 강당 가장자리에 앉아서 수상자 명단을 부를 때마다 제프 이름이 나오기를 간절히 기다렸어. 그런데 내 기대는 무참히 짓밟혔지. 토미 맥도널드가 거의 모든 상을 휩쓸었거든. 토미는 회장을 지낸 것도 모자라서, 졸업식 때 오케스트라에서 바이올린 독주까지 했단다. 오케스트라 무대에서 토미가 신이 나서 무대 아래로 펄쩍 뛰어내렸다가 다시 올라갔을 때 다들 엄청 웃었지만 나는 별로 웃지 않았어. 많은 사람의 주목을 받는 아이가 제프이길 바랐거든.

나중에 제프는 최고 우수 학생상을 받고 고등학교를 졸업했어. 졸업식이 끝난 후에도 3일 동안 하늘을 나는 것 같았지. 제프가 대학까지 졸업한 지금은, 그때 일을 거의 생각조차 하지 않고 살아. 지나고 보니까 중고등학교 때 받는 상들은 이후 아이들의 삶에 큰 의미가 없어. 그런데 왜 학교에서는 그런 상을 계속 주는지 모르겠어. 그리고 왜 우리 부모들은 아이들이 상을 타는 데 그렇게 신경을 쓰는지 모르겠어.

레슬리는 다시 나에게 답장을 보냈다.

맞아. 내가 그런 일 때문에 상심했다는 사실이 믿어지지 않아. 특히 마야의 졸업식 때처럼 강한 경쟁심을 느낀 적은 없었던 것 같아.

부모라면 누구나 레슬리와 내가 경험한 강렬한 감정에 한 번쯤은 휘말린 적이 있을 것이다. 그런 감정은 부모의 마음을 불편하게 만들 뿐만 아니라 부끄럽게 만든다. 그래서 혼자서 이런 자책감을 느끼기도 한다.

'나는 착하게 살려고 노력해. 또 다른 아이들이나 그 부모들이 잘못되기를 바란 적은 없어. 그런데 왜 이런 이기적인 경쟁심에 사로잡히는 걸까?'

자녀 앞에 놓인 경쟁이 기하급수적으로 늘어나고 있다는 현실을 감안할 때, 부모는 거의 매일 그러한 강렬한 감정의 소용돌이에 나름대로 대응하며 생활해야 한다.

로스앤젤레스에 거주하는 세 아들의 아버지인 데이비드는 이렇게 말했다.

"저희 부부는 아들 조시를 21개월부터 유아원에 보냈습니다. 저희가 원하는 특정 학교에 입학시키려면 그래야 한다고 주위에서 들었기 때문입니다.

지금 생각하면 그렇게 일찍 유아원에 보냈다는 게 너무 어이가 없습니다. 하지만 그때는 저도 제 아내도 그래야 한다고 믿었어요. 일찍 유아원에 보내지 않으면 아이에게 끔찍한 일이 일어날 것 같은 느낌이 들었거든요."

그는 주먹으로 자기 가슴을 치면서 말을 이었다.

"그때 무언가가 저를 죄는 것 같았습니다. 바로 여기 말입니다. 그게 무엇인지 알 수만 있다면 뭐든 할 수 있을 것 같았습니다."

자녀가 경쟁의 위험에 처할 때마다 부모의 몸과 마음은 최고 수준의 경계 태세로 바뀐다. 걱정이라는 경계경보가 울리면 부모는 자녀가 더 적극적이고 전투적으로 경쟁에 임하도록 자녀에게 압력을 가해야 한다는 충동을 느낀다. 성공적으로 압력을 가해서 자녀가 경쟁에 승리하면 부모는 기쁨과 안도감을 느끼고, 그러지 못할 때에는 자녀의 미래와 안전에 불안감을 느끼게 된다.

'만약 내 아이만 뒤처지면 어쩌지?'

이러한 불안과 경계심이 이해될 만하고 정당한 경우도 있지만, 때로는 도가 지나쳐 오히려 자녀에게 해를 끼치는 수준에 이르기도 한다.

사실 부모는 자녀에게 무슨 일이 생기면 즉각적으로 보호하려고 하며, 자녀의 행복한 삶을 간절히 소망한다. 부모는 매 순간 마음 깊은 곳에서부터 이런 감정의 강한 영향을 받기 때문에, 엄청난 돈과 에너지를 자녀에게 쏟아부으며 자녀를 위해서라면 어떤 희생도 마다하지 않는 마음의 준비를 갖추게 된다.

데이비드가 막 걸음마를 뗀 아들을 유아원에 등록시키도록 만든 원동력이 바로 보호와 사랑이다. 그의 마음 한구석에서는 '이건 미친 짓이야!'라고 외치며 저항했지만 보호와 사랑이라는 '원초적 본능' 앞에 결국 무릎을 꿇을 수밖에 없었다.

너무나 비이성적인 감정임에도 불구하고, 이는 지극히 정상적인 것이며 충분히 이해할 만한 감정이다. 단 치열한 경쟁이 난무하는 요즘, '아이의 행복을 위해서'라는 명목하에 그 감정이 너무 자주, 너무 과도하게 작동되는 것은 주의해야 할 일이다.

이제 그러한 감정의 원인을 알아보자. 주체할 수 없이 휘몰아치는 감정의 기원을 제대로 알면 좀 더 편안한 마음으로 이에 대처할 수 있고, 부모와 자녀 모두에게 이득이 되도록 그런 감정을 지혜롭게 다스리는 데에도 도움이 된다.

왜 부모는 그토록 자녀의 성공을 바랄까?

부모가 자녀에게 시간과 에너지를 투자하고 싶어하는 마음의 원동력은 바로 사랑이다. 자녀를 향한 부모의 강한 사랑은, 자녀가 필요로 하는 보호와 보살핌을 헌신적으로 제공하도록 부모를 자극한다.

아이가 태어나면, 부모는 주체할 수 없는 사랑으로 아기에 대한 강한 책임감을 느끼게 된다. 간혹 고학력의 유능한 여성들이 출산 후 어머니 노릇을 잘 하고 싶은 마음에 고액 연봉이 보장된 직장을 포기하거나 일시 중단하고 양육에만 집중하는 경우를 볼 수 있다. 이는 아기를 출산함과 동시에 자녀에 대한 본능적인 애정이 활발한 활동을 시작하기 때문이다.

부모는 자녀가 잘 성장하도록 돌보는 데서 기쁨을 느낀다. 사랑이라는 감정으로 인해 부모는 아이에게 먹이고 입히고 싶은 욕구를 느끼고, 그런 행위를 통해 행복감을 느낀다.

자녀가 사회에서 성공하고 잘 사는 모습을 보는 것은, 부모에게 말할 수 없는 기쁨이다. 부모는 자녀에게 최고의 것을 해주길 원한다. 자녀가 잘

배우고 훌륭하게 성장하는 데 도움이 된다면 어떤 기회든 다 제공해주고 싶은 게 모든 부모의 마음이다.

자녀가 어느 정도 성장해서 독립할 나이가 가까워졌다 해도, 부모는 여전히 자녀를 돌보는 데서 기쁨을 느낀다. 몇 년 전, 나는 심리학자 마이클 톰슨Michael Thompson이 고등학생 자녀를 둔 부모에 관해 강의하는 것을 들었다. 톰슨의 말에 의하면, 부모가 자녀의 대학 입학에 대해 불안감을 느끼는 한 원인은 자녀와 분리된다는 생각 때문이라고 한다. 톰슨은 딸이 플로리다 대학에 입학하고 1년을 보내는 동안 딸 걱정에 마음고생이 심했다며 자신의 경험을 들려주었다.

한번은 허리케인이 플로리다를 두 번이나 강타해 전력이 중단되는 사태가 발생했다. 그런데 어느 날 세 번째 허리케인이 플로리다에 접근한다는 뉴스를 들은 것이다. 톰슨은 딸에게 전화를 걸었지만 약 1,600km나 떨어져 있는 딸을 자신이 보호해줄 수 없다는 불안감에 휩싸였다. 딸이 전화를 받자 톰슨은 이렇게 물었다.

"너 손전등 있니?"

"아빠, 걱정 마세요. 기숙사 건물마다 비상 발전기가 있어요."

다음 날 톰슨은 기어이 딸에게 손전등을 사서 보냈고, 이 말에 강의를 듣던 사람들은 웃음을 터트렸다. 이렇듯 부모는 자녀를 보호하려는 본능적인 욕구를 평생 지니고 살게 된다.

자녀의 성공을 바라는 것은 사랑하기 때문이다

"나는 내 아이가 학교에서 좋은 성적을 얻었으면 좋겠어. 그래야 아이가 자신감을 갖고 행복해질 테니까."

이런 말을 하는 것은 부모가 자녀를 사랑하기 때문이다. 일부 전문가들은 자녀의 성공을 바라는 부모를 '남에게 자랑하고 싶은 이기적인 마음이 앞선 자기 도취자들'이라 비난한다. 그러나 실제로 대부분의 경우는 그렇지 않다. 자부심은 사랑의 감정에서 유래하는 것이다. 나는 내 딸 레베카가 8개월부터 걷기 시작했다는 사실을 모두에게 알리고 싶었다. '온 세상에 알리고 싶다!'라는 자부심 또한 사랑에서 비롯된 것이었다.

내 아이가 첫걸음을 뗐을 때, 첫 단어를 말했을 때, 부모는 파도처럼 밀려오는 기쁨을 느낀다. 본능은 자녀에게 아낌없이 투자하도록 부모를 자극하고, 대신 기쁨이라는 보상을 선사한다. 부모의 눈에 자녀는 한없이 똑똑하고 천진하고 명석해 보인다. 한마디로 부모에게 자녀는 놀라움 그 자체이다. 그러니 부모가 그 사실을 온 세상에 알리기 원하는 것은 당연한 일일 것이다.

자녀가 과도한 경쟁 속에서 생활해야 하는 요즘, 부모는 당연히 자녀의 승리를 바란다. 단순히 승리 자체를 바라는 것이 아니라, 자녀의 성공을 바라는 것이다. 물론 자녀를 사랑하기 때문이다.

부모의 보호본능과 사랑의 본능은 복잡하게 얽혀 있으며, 이 둘은 부모의 마음과 정신 속에 혼합되어 있다. PPP는 부모의 정신 속에 녹아 있는 보호와 사랑이라는 복잡한 감정이 만들어낸 작품이다. 경쟁에 돌입한 자녀를 볼 때 마음이 불안해지고, 자녀의 움직임 하나하나에 신경이 쓰이는 이유, 자녀가 잘하면 환호하고 그렇지 못하면 근심에 휩싸이는 이유 모두 여기에서 그 원인을 찾을 수 있다.

보호본능과 경쟁이 만나면 어떻게 될까?

엘렌 가필드와 남편 스티브 가필드는 처음으로 담임선생님과 면담하기 위해 아들 잭의 학교로 향했다. 1학년인 잭은 담임선생님을 좋아하는 것 같았고, 학교에 갈 때만 해도 이들 부부는 특별히 어떤 희망이나 두려움을 느끼지 않았다. 엘렌과 스티브는 교실 밖의 좁은 복도에 마련된 작은 의자에 앉아서 차례가 되기를 기다렸는데, 기다리면서 둘러보니 잭이 다니던 유치원보다 이 학교의 1학년 분위기가 좀 더 경쟁적이라는 것을 알 수 있었다. 잭은 평범한 유치원을 다녔었다. 기다리면서 두 사람은 알 수 없는 불안감에 휩싸이기 시작했다.

마침내 차례가 되어 선생님과 마주 보고 앉았다. 선생님은 잭의 수학 시험지 몇 장과 잭이 쓴 글을 책상에 펼쳐놓았다. 선생님이 1학년 기간 동안 어떤 교육 목표로 수업을 진행할 것인지 설명하는 동안, 엘렌은 팽팽한 긴장감을 느꼈다. 묻고 싶은 것이 있었지만, 설명 중이라 참아야 했다. 참는 게 쉽지 않아서 엘렌은 주의를 집중할 수 없었다. 그런데 어느 순간, 자신이 왜 그렇게 안절부절못하는지 깨달았다. 엘렌은 웃으며 당시 상황을 이렇게 회상했다.

"그때 선생님 앞에서 '제 아들이 천재인가요, 아닌가요?'라는 질문이 나도 모르게 튀어나올까 봐 얼마나 긴장했는지 몰라요."

남편 스티브도 아내의 말을 인정했다.

"저는 잭이 꽤 특별한 아이라고 생각했어요. 잭의 담임선생님께서 잭의 남다른 유머 감각에 대해 뭐라 한 말씀 하시지 않을까, 기대했지요. 게다가 잭은 왼손으로 드리블을 할 수도 있었거든요."

다행히 선생님은 잭의 독서 능력에 대해 칭찬했고, 교실 안에 있는 수족관과 거북이에 잭이 큰 관심을 갖고 있다고 말했다. 그리고 한 여자 친구의 할머니께서 돌아가셨을 때 친구를 위로해줬다는 이야기도 해주었다. 엘렌과 스티브는 마주 보며 미소를 지었다. 선생님이 아들을 진심으로 칭찬하고 있다고 느꼈기 때문이다.

하지만 그 기쁨이 오래가지는 않았다. 선생님이 잭의 첫 진단평가 결과지를 꺼냈기 때문이다. 엘렌의 심장은 마치 메트로놈을 알레그로로 맞추어 놓은 듯 빠르게 뛰기 시작했다. 선생님이 잭의 수학 실력은 94%, 언어 능력은 89%라고 설명할 때까지도 엘렌의 심장 박동 속도는 느려지지 않았다. 4학년 때 잭이 영재반을 신청해도 될 것 같다는 말을 들었을 때에야 엘렌은 안도의 숨을 내쉴 수 있었다.

아이가 하나만 부족해도 최악의 사태를 떠올린다

면담을 하며 부모와 선생님의 관심이 자신의 자녀 한 명에게 집중될 때, 부모는 아이가 다른 학생들과 비교할 때 성적, 사교성, 예체능 면에서 어느 정도의 위치에 있는지 알고 싶은 마음이 간절해진다. 자기 자녀의 행동에 대해 선생님이 한마디라도 부정적인 기미를 보이거나, '추가적인 도움이 필요하다'는 식의 표현을 하는 순간, 가슴이 콱 막히며 순식간에 근심의 강도가 커지기 시작한다. 만약 선생님이 즉각적으로 다른 칭찬거리를 말해주지 않는다면, 부모는 좌절의 나락으로 추락하게 된다. '어쩌면 내 아이가 학습 지진아일지도 몰라!'

일부 부모들은 담임선생님 면담 시간을 자신의 어린 시절을 회상하며 당시 아쉬웠거나 상처받았던 마음을 위로받는 기회로 삼으려 하기도 한다. '내 아이가 학교에서 인기가 있다고 말씀해주셨으면…. 내 아이가 모범생이라고 말씀해주셨으면….'

선생님과의 면담 때 자녀의 명석함과 우수함이 확인되기를 기다리는 과정에서 자녀에 대한 사랑과 보호본능에 불이 켜졌다가 곧 걱정으로 이어진다.

현대 사회에서 갈수록 치열해지는 경쟁을 피할 수는 없다. PPP를 야기하는 것은, 경쟁이나 부모의 보호본능 그 자체가 아니다. 경쟁과 부모의 보호본능이 결합될 때, PPP는 불꽃 튀는 자극을 받게 되고, 부모는 근심과 불안의 손아귀에 잡혀 꼼짝하지 못한다. 그러면 쉽게 흥분하고 비이성적인 집착을 보일 뿐만 아니라 최악의 사태를 떠올리며 두려워하게 된다. 2장에서는 부모가 불안을 느끼는 가장 큰 원인인 경쟁에 대해 알아보자.

양육 스트레스를 느끼는 부모들의 증상

PPP에 빠진 부모는 자녀가 경쟁을 치를 때 좋은 결과를 얻기를 열망한다. 단순히 열망하는 정도가 아니라, 무슨 수를 써서라도 성공하기를 바라며 마치 자녀의 인생이 위태해지기라도 한 것처럼 불안감을 느낀다. 입술이 바싹 마르고 심장이 미친 듯이 뛰며 근육도 긴장한다. 심지어 공황에 빠지는 사람도 있다. 당신은 어떤가?

놀랄 정도로 격렬한 감정을 느낀다
내 아이보다 뛰어난 아이들을 보며 평소와 다른 맹렬한 질투심을 느껴봤는가? 내 안에 그런 감정이 있었나 생각할 정도로 흠칫 놀란 적은 없는가?

가끔은 자녀보다 더 분노한다
특정 사건에 대해 당사자인 자녀보다 더 분노한 적이 있는가? 친구들 사이에서 무시당한 일, 시험에서 떨어진 일 등을 자녀는 오래전에 잊었는데 오히려 부모인 당신은 그 사건이나 감정을 잊지 않고 마음에 담아둔 적이 없는가?

갑작스러운 불안감에 어쩔 줄 모른다
아이의 성적표가 들어 있는 봉투를 열면서 자기도 모르게 손을 벌벌 떤 적이 있는가? 평소 아이가 무엇이든 열심히 하고, 즐겁게 공부하고, 착하게만 자라주면 더 이상 바랄 게 없다고 진심으로 생각해왔는데도, 다른 집 아이가 명문대에 합격했다는 소식을 듣자 경쟁심으로 인해 온몸에 갑작스러운 전율을 느낀 적이 있는가?

예상치 못한 행동을 한다
경쟁에서 이기고 싶은 욕망 때문에 자신은 절대 하지 않으리라 생각한 행동을 할 때가 종종 있는가?
남에게 피해를 주면서까지 원하는 걸 얻으려는 사람들을 경멸했는데, 어느 날 갑자기 자녀를 남보다 유리한 고지에 올리기 위해 무슨 짓이든 서슴지 않는 자신의 모습을 발견할 때가 있는가?

Nurture Dilemma

많은 부모와 아이들이 경쟁을 부추기는 문화 때문에 삶을 행복하게 즐기지 못하고 있다. 경쟁에서 이기고 남보다 뛰어난 사람이 되어야 한다는 부담감이 우리 아이들을 좌절하게 한다. 하지만 경쟁의 패배가 인생의 실패를 의미하지는 않는다. 부모는 자녀가 실망과 좌절도 배움의 기회로 삼을 수 있도록 도와주어야 한다.

Chapter
02

부모가 느끼는 불안의 뿌리, 경쟁

지나 켈리의 큰딸 다니엘르는 13살이다. 다니엘르는 지난봄 전미 아마추어 경기 연합이 후원하는 주 대표와 전국 대표 농구팀 선수 선발 경기에 나갔다.

지나는 딸의 시범경기 내내 관람석을 떠나지 않았다.

"경쟁이 보통이 아니더군요. 다니엘르는 레이업을 두 번 놓쳤어요. 또 어떤 선수가 경기 중에 다니엘르를 완전히 묵사발 만들었어요."

다니엘르는 주 대표로 선발되었지만 경기를 끝내고 자동차에 올라탔을 때 울음을 터트렸다.

"왜 그러니?" 지나가 물었다.

"전국 대표로 선발되고 싶었어요." 다니엘르는 흐느껴 울었다.

"저도 엉엉 울고 싶은 기분이었지요. 딸아이가 얼마나 농구를 좋아하는지 잘 알고 있었으니까요. 그래서 다니엘르가 우는 걸 볼 때마다 저는 아이를 안고 위로해주었어요. 다니엘르는 진심으로 전국 대표로 선발되기를 원했고, 저는 딸이 행복하기를 간절히 바랐어요."

아이들의 주위에는 각종 표준화된 시험이 넘쳐나고 있다. 수많은 시험과 대회가 아이들을 경쟁의 회오리 속으로 정신없이 밀어넣고 있다. 아이들의 삶 구석구석에서 치열한 경쟁이 펼쳐지기 때문에, 부모는 아이들의 학업, 예체능 활동, 심지어 미래의 직업까지 미리 계획하고 전략을 짜는 등 아이들의 삶을 '관리'해야 한다는 압박감을 느낀다.

왜 다들 경쟁에 집착할까?

많은 사람은 경쟁이 경제를 부강하게 만든다고 믿고 있다. 경쟁을 통해 소비자 가격이 낮아지고, 끝없이 혁신을 거듭할 수 있으며 더 나은 품질의 제품이 탄생한다고 생각한다.

빈부의 격차는 있지만 경제 성장과 함께 경제 수준이 급속도로 높아지면서 경쟁도 그만큼 더 치열해졌다. 수입이 늘어난 부모들은 여분의 자금을 자녀의 과외 공부에 쏟아붓고 있다. 게다가 가족당 자녀의 수가 줄어드는 추세라서 부모가 각 자녀에게 지출하는 금액도 점점 많아지고 있다.

또한 몇십 년 전만 해도 일부 상위권 학생들만 명문대 진학을 목표로 삼았지만 요즘은 상위권이 아닌 학생들도 명문대 진학을 목표로 준비하는 추세다. 그러다 보니 학교 성적은 물론이요, 예체능 활동 심지어 봉사활동에 이르기까지 남보다 우수하고 특출해야 명문대에 진학할 수 있다. 다시 말해서 대학 입시 경쟁의 강도가 대단히 강해지고 있는 것이다. 입시철이면 수많은 입시생들이 동시에 명문대에 몰리는 일도 심심치 않게 볼 수 있다.

이러한 광적인 경쟁의 원인 중 하나로 엄청난 경제 변화를 꼽을 수 있다. 중공업은 대규모로 축소되었지만 최첨단 기술과 서비스업은 대규모로 확대되었다. 또한 많은 기업이 생산기지를 해외로 이주하면서 전문직을 포함해서 많은 일자리가 해외로 빠져나가는 현상이 심화되었고, 이에 따라 대다수 젊은이들이 부모 세대보다 훨씬 더 불안정한 일터로 내몰리고 있다.

반면 건강보험료, 대학 교육비, 주택 자금은 엄청나게 높아졌다. 전에 없이 경쟁적이고 개인주의적인 세상이 되고 있다는 뜻이다. 그러다 보니 전에는 대학 졸업장이 젊은이들에게 마치 보험 증서 같았지만, 요즘 같은 경쟁시대에 대학 졸업장만으로는 턱없이 부족하다.

또한 재정적인 불확실성은 특히 빈곤층 가족을 더욱 힘들게 하고 있다. 저소득층 가정은 생존을 위한 경쟁을 치르느라 자녀가 치르는 경쟁을 걱정할 만한 여력이 없다.

하지만 가진 게 많지 않은 부모라고 해서 자녀에 대한 희망도 낮은 것은 아니다. 부모는 자식이 자신보다 안락하고 여유로운 삶을 누릴 수 있기를 간절히 소망한다. 문제는 자녀가 안락하고 여유롭고 행복한 삶을 살기 위해서는 부유한 가정의 자녀들보다 더 많이, 더 치열하게 경쟁에 임해야 할 가능성이 높다는 것이다. 그들에게 주어진 기회가 부유한 가정의 자녀들이 가진 기회보다 현실적으로 적기 때문이다.

개인에 따라 치르는 경쟁은 다르겠지만, 강도 높은 경쟁을 앞둔 자녀를 바라볼 때 부모가 느끼는 부담은 비슷할 것이다. 부유한 가정이든 먹고살기 빠듯한 가정이든, **대부분의 부모가 불확실한 자녀의 미래를 가장 확실하게 보호할 수 있는 길은 자녀가 남보다 우수해지는 길뿐이라고 생각한다.** 부모는 자녀가 가능한 한 많은 돈을 벌어서 부를 축적할 수 있도록 어려서부터 유능하고 경쟁력 있는 사람으로 교육하는 것이 당연한 본분이라고 믿는다.

이러한 믿음이 우리 사회에 더욱 강도 높은 경쟁문화가 자리 잡는 데 한몫하고 있다.

경쟁은 자녀가 태어나는 순간 시작된다

경쟁심은 자녀의 출생과 동시에 시작된다. 아이가 기거나 걷거나 말하기 시작할 때면 부모는 가슴 벅찬 자부심을 느낀다. 심지어 아이가 처음 몸을 뒤집은 순간, 이는 모두에게 알려야 할 대단한 뉴스거리가 된다. 그러다 아이가 성장하면서, 누구네 아기가 언제 어떤 행동을 먼저 했는지 알아보기 위해 경쟁적으로 자식 자랑을 시작한다. 예를 들면 이런 식이다. 아이 돌잔치 때 또래 자녀를 둔 엄마들이 모였다. 그중 한 엄마가 이런 말로 대화를 시작한다.

"데본은 7개월 때 '다– 다–'라는 말을 처음 했지요. 매튜는 몇 개월 때 일어나 앉기 시작했어요?"

이런 질문은 모인 엄마들 사이에서 꼬리에 꼬리를 물고 계속 이어진다. 그러면서 어느 아이도 유난히 뛰어나거나 우수하지 않다는 사실이 드러나게 된다. 차츰 가장 자신감에 넘치던 부모라 할지라도 자기 아이가 남보다 뒤처지지 않나 내심 걱정하기 시작한다. 왜냐하면 자기 아이는 잘 기지도 못하던 시기에 다른 집 아이는 걸어 다녔기 때문이다.

매일 경쟁에 내몰리는 아이들

아이들은 공식적인 학교 교육을 준비하는 유치원에 들어가면서부터 바로 경쟁에 돌입하게 된다. 특히 1학년 때 배우게 될 읽기와 셈하기 수업이 시작되면 경쟁은 더욱 가속화된다.

유치원 어린이들은 아직 경쟁을 제대로 인식하지 못한다. 또 친구들 사이의 경쟁 구도에서 자신이나 남을 예리하게 판단하지 못한다. 그래도 이기는 것과 지는 것의 차이점을 알고 있으며, 자신과 다른 친구를 비교할 수는 있다. 사실 유치원 아이들에게 반에서 몇 등이냐고 물어보면 많은 아이가 자신이 자기 반에서 제일 똑똑하다고 대답한다. 그 이유를 물어보면 대부분 이렇게 대답한다.

"왜냐하면 저는 알파벳을 다 알거든요."

"왜냐하면 저는 100까지 셀 수 있으니까요."

아이들이 이렇게 대답하는 이유는, 이 나이 또래의 아이들은 어떤 내용을 학습해서 습득하는 자기 나름의 목표에 도달하는 것을 '성공'으로 생각하기 때문이다. 게다가 아이들은 '똑똑한 아이'를 결정할 때 '성적이나 학습 능력'만 보는 게 아니라 사교성, 리더십 등을 모두 고려하는 경향이 있다.

사실상 5살짜리 아이들은 누가 더 똑똑한지 가려내기 위해 경쟁하지 않는다. 노력과 능력의 차이를 구분하지 못하기 때문이다. 어린아이들은 명석함을 고정된 자질로 인식하지 않는다. 또 아이들은 결과를 보고 누가 얼마나 똑똑한지 결정하는데, 열심히 노력해서 좋은 결과를 얻은 사람과 별로 노력하지 않았지만 좋은 결과를 얻어낸 사람 간의 차이를 구분하지 못한다.

하지만 7~8살 정도가 되면, 자신과 다른 친구들을 적극적으로 비교할 수 있게 된다. 1학년에 올라가면 한 반의 학생 수가 유치원 때보다 더 많아진다. 또 소그룹이나 개별적으로 학습하기보다는 반 전체가 함께 공부하고 활동한다. 따라서 다른 아이들의 성적과 자신의 성적을 비교하기도 수월해진다. 10~11살이 되면 다른 친구들과 자신을 비교할 수 있는 건 물론, 능력의 개념을 구체적으로 정립하게 된다. 그래서 이 나이의 아이들은 다른 친구들의 실적과 성적을 통해 자신의 능력을 판단하기 시작한다. 바로 이때부터 학교 공부에서 경쟁이 본격적인 활동을 시작한다.

교사들은 상이나 보상의 한 방편으로 학생들에게 칭찬 스티커를 준다. 또한 학생이 과제물을 제대로 해오지 않으면 빨간색 X 표시를 하거나, 학생들의 학교 활동에 '노력 요함', '보통', '잘함', '매우 잘함' 등의 평가를 매기고 이를 기록한다. 마음이 약한 학생들이 상심하지 않도록 부정적인 평가는 내리지 않고 '거의 비슷했음', '시도는 훌륭함', '지속적으로 노력하기 바람' 등의 평가를 써주거나, 최대한 밝은 미소를 지으며 고개를 끄덕여 보이는 것으로 평가를 대체하기도 하지만, 이런 얄팍한 수에 넘어가는 학생은 거의 없고, 자신이 평가에서 실패했음을 대부분 알아차린다. 학생들에게 학습 동기를 부여할 목적으로 교사들은 제일 잘한 작문, 미술 작품, 100점짜리 받아쓰기 시험지 등을 교실 게시판에 붙여놓기도 한다.

이 외에도 덜 노골적으로 학생들의 우열을 가려낼 수 있는 방식은 얼마든지 많다. 선생님은 과연 누구에게 심부름을 시킬까? 어느 학생에게 다른 친구를 도와주라고 할까? 수업 중 교육감이 들어왔을 때 누구에게 발표를 시킬까? 아무리 무딘 아이라도 이런 힌트를 통해 누가 공부 잘하는 우등생인지, 누가 선생님의 사랑을 받는 모범생인지 대번에 알아차릴 수 있다.

게다가 교사들은, 그냥 발표를 시도한 아이보다는 맞는 답을 발표한 아이를 칭찬하기 시작한다. 교사가 질문을 던지면 아이들은 질문에 대답하기 위해 손을 든다. 이때 아이가 생각한 답은 맞을 수도 있고 틀릴 수도 있다. 정답을 맞히지 못한 아이는 마치 자신이 바보가 된 양 책상 밑으로 기어들어가고 싶은 심정이 된다. 또 정답을 아는 아이는 친구들이 정답을 몰랐으면 하는 기대를 갖는다.

학년이 올라갈수록 학교는 성적을 더 중요시 여긴다. 심지어 점수가 제일 좋은 순서대로 시험지를 나누어주는 교사도 있고, 1등의 시험지를 나누어줄 때는 이름을 큰 소리로 부르는 교사도 있다. 아이들은 이렇게 다양한 방식으로 이루어지는 순위 매기기를 통해 친한 친구나 미워하는 친구와 자신의 성적을 비교하게 된다.

　11~12살이 되면 남과 자신을 비교해서 판단할 수 있는 능력을 완전히 갖추게 되고, 능력의 개념에 대해서도 더 잘 이해하게 된다. 이와 함께 서열체계도 등장하는데, 이 나이에는 서열체계를 인식하는 능력도 상당한 수준에 이른다.

　일부 아이들은 성적에 목매는 학생이 되기도 한다. 최근 사립 고등학교를 졸업한 한 학생은 나에게 이런 이야기를 들려주었다.

　"제 친구들 대부분은 시험 성적이 조금만 잘못 되어도 절대 그냥 넘어가지 않았어요. 실제로 B+가 A-로 바뀌는 경우가 종종 있었어요. 학교에서 시험을 치르고 나면 매번 학생들은 성적 논쟁을 벌이며 선생님께 더 높은 점수를 달라고 요구했어요."

　중고등학교에 올라가면 경쟁의 강도는 더욱 격해진다. 우등생 명단이나 학급 성적 순위, 수학경시대회, 글짓기대회, 그 외 각종 시상식은 아이들과 부모 모두가 의식적, 무의식적으로 동기들 사이에 순위를 매기도록 부추기고 있다. 게다가 이런 시험과 수상제도 덕분에 학부모는 다른 아이와 자기 자녀를 더 잘 비교할 수 있게 되었다. 결과적으로 부모가 자녀에게 압력의 강도를 높이는 원인이 된 것이다.

내 아이가 명문대에 못 들어가면 어쩌지?

　점점 더 많은 부모들이 자녀가 치르는 경쟁에서 한몫을 차지하고 있는데, 그중 가장 큰 경쟁 분야로 대학 입시 전쟁을 들 수 있다. 대도시의 경우, 대학 입학이라는 장거리 마라톤을 유치원 때부터 부모가 준비하기 시작한다.

부모들은 자녀가 명문 유치원을 못 다니면 명문대에 못 들어가기라도 할 것처럼 명문 유치원에 입학시키기 위해 많은 돈을 들이고 열을 올린다. 분위기가 이렇다 보니 그다지 부유하지 않은 부모들도 값비싼 소수 정예 명문 유치원에 보내려면 만만치 않은 경쟁을 해야 한다는 현실의 벽을 절감하게 된다.

문제는 유치원을 졸업한 이후 입학 경쟁이 더 치열해진다는 사실이다. 이에 따라 교육비 역시 무섭게 상승한다는 점도 무시할 수 없다. 학군이 좋은 지역은 집값도 매우 비싸다. 자녀가 더 나은 교육을 받을 수만 있다면 대부분의 부모는 소수의 학생만 선발하는 특수학교 입학을 위해 자녀를 경쟁에 투입한다. 이는 거의 복권당첨과 비슷한 수준이다. 입학 지원서를 배부하는 날이면 그 전날부터 학교 앞에 진을 치고 밤을 새워가며 줄을 서서 기다리는 부모를 흔히 볼 수 있다.

명문 사립학교 입학 경쟁 역시 만만치 않다. 입학 시즌이 되면, 사립학교 입학 담당 직원에게 선물을 들고 찾아가는 것은 물론, 심지어 소설에나 나올 법한 전략을 짜서 입학을 시도하는 부모도 있다.

두 딸의 어머니인 정신요법 의사 로레타 카슨은 두 딸 모두 로스앤젤레스의 명문 가톨릭 학교를 졸업시켰다. 그녀는 나에게 이렇게 털어놓았다.

"저는 완전히 사기꾼이었어요. 아이들에게 세례를 받게 하고 가족 모두 정기적으로 미사에 참가했지만, 그건 순전히 학교를 속이기 위해서였지요."

부모들이 이러는 것은 그저 자녀에게 좋은 교육을 받게 해주고 싶어서지만, 사회학자 데이비드 라바리 David Labaree는 이를 우려할 만한 현상으로 보았다. 즉 많은 아이가 열심히 공부하고 여러 가지 상을 받고, 우수한 성적으로 명문 학교에 진학하지만, 오늘날의 교육이 '유익한 지식을 습득'하는 데 중점을 두지 않고, 이후 사회에서 경쟁할 때 유리한 고지를 점령할

수 있는 갖가지 상과 졸업장을 획득하는 데 치우치고 있다는 것이다.

자녀가 최고 명문대에 진학하는 게 자녀의 삶에 지대한 변화를 일으킬 가능성이 얼마나 될까? 아이가 유치원을 다닐 때부터 명문대만을 목표로 공부를 시키는 게 아이의 삶에 정말 도움이 될까?

에린 웩슬러는 자신이 원하는 명문대에 들어가지 못해 대학 입학 후 얼마 동안 상당히 우울했다. 마치 인생의 패배자가 된 것 같았고, 자신의 지성과 성격에 근본적인 결함이라도 있는 것 같아서 괴로웠다.

에린은 당시 심정을 이렇게 회상했다.

"마치 제 이마에 '불합격'이라는 도장이 크게 찍힌 것 같은 기분이었습니다."

하지만 첫 학기의 중반부를 지낼 때 즈음, 에린은 자신이 다니는 대학이 점점 마음에 들기 시작했고 5월이 되었을 때는 모교를 대단히 사랑하게 되었다.

그 후 에린은 고등학교에 다니는 후배들에게 이런 조언을 해주었다.

"대입을 준비하는 학생들이 반드시 이해해야 할 점이 있습니다. 대학이 여러분을 거부한 게 아니라는 사실입니다. 대학에 지원하는 학생은 전국적으로 대단히 많습니다. 저 역시 원하던 대학에 떨어진 후 오랫동안 그 대학이 나를 미워했다는 생각이 들어 괴로웠습니다. 하지만 결과적으로 오랫동안 괴로웠을 뿐 저에게 득이 된 건 하나도 없었습니다. 명문대학이라는 이름에 너무 신경 쓰지 말기 바랍니다. 이름은 그렇게 중요하지 않습니다. 자신에게 꼭 맞는 대학에 왔다는 사실을 깨닫기만 하면 그곳이 어디든 행복하게 대학 생활을 즐길 수 있습니다. 대학은 졸업장에 나온 이름이 전부가 아니라, 환경과 배움의 터전이기 때문입니다."

자녀의 나이가 들수록, 명문대를 향한 경주도 갈수록 힘들어진다. 이를 감당해야 하는 아이는 마치 거친 물줄기를 거슬러 수영하는 것처럼 느껴질 것이다. 만약 자녀가 힘들어도 학업과 활동에서 나름대로 재미를 느끼며 즐긴다면 상관없지만, 자녀가 힘들어하고 짜증을 낸다면 다음과 같은 말로 자녀의 마음을 진정시켜줄 필요가 있다.

"세상에는 좋은 대학이 아주 많아. 너에게 잘 맞고 네가 즐거운 시간을 보내면서 많은 것을 배울 수 있는 대학이 많다는 걸 잊지 마."

"정말 중요한 건 네가 열심히 노력하는 것과 네 관심 분야가 무엇인지 알아내는 거야."

부모가 대학 입시 전쟁 때문에 근심에 싸인 자녀에게 줄 수 있는 가장 중요한 해독제 중 하나는 명문대 입학과 자녀의 자존심은 별개임을 알려주는 것이다. 물론 열심히 공부해서 자신이 원하는 길을 찾아 명문대에 진학하는 것은 자녀에게 좋은 일이다.

하지만 굉장히 열심히 준비하고도 원하는 대학에 들어가지 못하는 학생은 무척 많다. 자격과 능력이 충분히 있는데도 불합격하는 경우가 있다. 이럴 때는 불합격했다는 사실에만 집중할 것이 아니라 아이가 자존감을 잃지 않고 인생의 큰 목표를 향해 다시 달릴 수 있도록 격려해줘야 한다.

경쟁이 아이에게 좋을까, 나쁠까?

지나 켈리는 승마에 푹 빠져 있는 큰딸 다니엘르에 대해 이렇게 이야기했다.

"지난여름 다니엘르는 승마 경기에 나갔어. 경기가 있는 날이면 새벽 4시 30분에 일어났지. 하지만 한 경기 때는 너무 긴장한 나머지 점프할 때 상처를 입었고, 코치가 다니엘르를 대기석으로 불러들였어. 승마를 배울 때나 훈련을 할 때도 다니엘르는 점프를 아주 잘했는데 말이야. 경기를 막 끝낸 다니엘르는 온몸이 땀에 흠뻑 젖어 있었어. 다니엘르는 혹시 실수해서 창피를 당할까 봐 너무 걱정하는 것 같았어. 막상 경기에 나가면 승마를 조금도 즐기지 못하는 거야. 나는 실수해도 상관없다고, 실수는 승마를 배우고 경기에 임하는 한 과정일 뿐이라고 말해주었지만, 경기에 나가기만 하면 예외 없이 다니엘르의 손이 부르르 떨리는 게 눈에 보여."

어느 날, 경기를 마치고 돌아오는 길에 지나가 다니엘르에게 물었다.

"승마 경기가 재미있니?"

"아니."

"그럼 경기에 왜 나가는 거야?"

"코치 선생님이 시키시니까."

둘 다 잠시 아무 말도 하지 않았다. 그러다 지나가 먼저 입을 열었다.

"경기에 나가서 경쟁하고 싶지 않다면 나가지 않아도 돼. 엄마는 전적으로 네 편이야."

엄마의 말에 다니엘르의 표정이 금세 밝아졌다.

"나는 경기에 나가고 싶지 않아. 싫으면 안 나가도 된다는 생각은 못 했네."

이듬해 여름, 다니엘르는 승마 수업을 받고 딱 한 번 경기에 출전했다. 그 경기에 대해 지나는 이렇게 말했다.

"그 경기는 정말 대단했어. 또 재미있었지. 경기 전이면 다니엘르가 항상 긴장감과 스트레스에 시달렸는데, 그때는 심하지 않았거든. 아이가 운동은 좋아하는데 경기에 나가기만 하면 실수를 한다고 생각해봐. 부모 마음이 얼마나 끔찍하겠어? 게다가 아이는 경기 전 스트레스를 이기지 못해서 엄청 심술을 부린다고. 그 경기 후에 나와 남편은 다니엘르에게 이렇게 말했지. '네가 좋아하는 활동을 재미있게 하면 그걸로 된 거야. 꼭 대회에 나가서 이길 필요는 없어. 그냥 승마를 즐기다 보면 실력도 늘지 않겠니?' 이후 나도, 내

딸도 승마에 대한 스트레스와 부담이 확실히 줄어들었어."

지나와 다니엘르의 경우처럼 많은 부모와 아이들이 극도의 경쟁을 부추기는 문화 때문에 삶을 행복하게 즐기지 못하고 있다. 그래서 어떤 부모들은 자녀가 경쟁의 스트레스에서 벗어나 지금보다 더 느긋하게 삶을 즐길 수 있게 해주어야 한다고 강력하게 주장한다.

경쟁이 정말 동기 부여에 도움이 될까?

경쟁이 아이의 동기를 강화시킨다고 믿는 사람이 많지만, 연구 결과에 의하면 전혀 그렇지 않다. 의외로 경쟁이 학습 동기와 승부욕을 떨어뜨린다는 것이다.

경쟁과 의욕의 관계에 대해 심리학자 에드 데시Ed Deci와 그의 동료들은 1981년, 그가 재직하던 로체스터 대학에서 한 실험을 실시했다. 경쟁이 동기를 더 강화시키는지, 아니면 무언가 해보려는 열정에 찬물을 끼얹는지 알아보기 위한 실험이었다.

데시는 소마SOMA 퍼즐에 참여할 대학생들을 모집했다. 소마 퍼즐은 서로 다른 모양의 7가지 조각을 하나의 큐브 모양으로 맞추는 꽤 재미있는 퍼즐이다.

데시는 실험에 자원한 학생들을 자기 파트너와 함께 탁자 앞에 앉게 했다. 그리고 학생들 중 반에게는 최대한 빨리 퍼즐을 맞추라고 말하고, 나머지 반에게는 자기 파트너보다 빨리 맞추라고 말했다. 학생들은 자기 파트너로 지정된 사람들이 가짜 파트너라는 것을 알지 못했다. 데시는 가짜 파트너들에게 짝이 된 학생들과 비슷한 속도로 퍼즐을 맞추되 아슬아슬한 차이로 상대

학생이 이기게 하라고 미리 지시를 내렸다.

20분 후, 데시는 학생들에게 실험이 끝났다고 알려주었다. 물론 학생들 모두가 자기 파트너보다 빨리 맞추어서 게임에 승리했다. 학생들이 상대 파트너를 이기기 위해 최선을 다했든 안 했든, 모두가 승리했다는 사실에 긍정적인 기분을 느끼고 있었다.

그러고 나서 데시는 몇 분 동안 실험실을 나갔다. 그는 자신이 나간 사이 학생들이 퍼즐을 계속 할 수 있도록 퍼즐과 잡지 같은 읽을거리를 방에 두고 나갔다. 그러고는 다른 방에서 실험실을 볼 수 있는 거울을 통해 남겨진 학생들을 관찰했다. 데시가 나간 후 누가 다시 퍼즐을 하나 살펴보았더니, 파트너와 경쟁하도록 지시받았던 학생들보다 단순히 최대한 빨리 퍼즐을 풀어보라고 지시를 받았던 학생들이 더 많이 퍼즐을 했다.

데시는 이 실험에 대해, 경쟁의 부담감, 즉 자기 파트너보다 빨리 맞춰야 한다는 부담감이 퍼즐을 즐기려는 내적 동기를 떨어뜨린 것이라고 해석했다.

피아노 교사인 로지타 망의 이야기는 과도한 경쟁이 아이에게 어떤 영향을 미치는지 잘 보여준다.

피아노를 잘 치는 8살 여자 아이가 있었습니다. 그 지역에서 개최된 대부분의 대회를 휩쓸 정도였죠. 아이의 부모님은 자동차 안에 키보드를 두고 아이가 학교를 오가는 길에 차 안에서 피아노 연습을 할 수 있게 했습니다. 학교가 끝나고 집에 돌아왔을 때, 아이는 텔레비전, 컴퓨터 게임은 물론, 밖에서 친구들과 놀 시간조차 없었습니다. 일단 집에 돌아오면 아이는 학교 숙제를 끝낸 후 6시간 동안 피아노 연습을 했어요. 그 덕분에 아이가 수많은 대회를 석권하긴 했지만 아이와 대화를 나누어보면 영혼이 슬픔에 잠겨 있고 어딘가 공허하다는 걸 느낄 수 있었습니다.

많은 사람이 수업 시간에 학생들에게 경쟁을 시키는 교사가 잘 가르치는 교사라고 생각한다. 왜냐하면 단순하고 간단한 경쟁을 통해 학생들이 재미있게 배울 수 있다고 믿기 때문이다.

아이오와 대학의 연구원 마거릿 M. 클리포드는 다음과 같은 실험을 해보았다. 그녀는 5학년 학생들에게 공부해야 할 단어 목록을 주었다. 그리고 학습 동기를 자극하고자 경쟁적인 게임을 통해 단어를 공부하게 했다.

클리포드는 '예상을 완전히 뒤엎는 결과'를 발표했다.

"경쟁을 부추기는 게임은 학생들의 학습 능력을 향상시키지도 못했고, 올바른 철자를 오래 기억하는 데도 도움이 되지 않았습니다. 경쟁적인 게임 형식이 학생들의 흥미를 자극하긴 했지만, 경쟁에 흥미를 보인 학생 대부분은 게임에서 이긴 학생들이었습니다."

경쟁은 패배감을 심어준다

로지타 망이 소개한 8살 아이의 경우처럼, 경쟁으로 아이의 정신과 마음이 해를 입을 때 구체적으로 어떤 부작용이 생기는 것일까?

에드 데시의 실험이 있은 뒤 3년 후, 심리학자 부부인 캐럴 아메스Carole Ames와 러셀 아메스Russell Ames는 다수의 관심을 끌던 연구 주제인 '경쟁'에 관해 연구해보기로 결심했다. 그때까지 아무도 경쟁이 어린이들에게 미치는 영향에 대해서는 연구한 바가 없으며, 경쟁이 모든 연령대의 사람들에게 어떤 영향을 미치는지에 관해서도 아직 연구 조사가 이루어지지 않았음을 깨달았다. 캐럴은 이렇게 이야기했다.

"경쟁은 부정적인 감정을 일으키기 때문에 어린이들이 경쟁적인 상황에서 용기가 꺾일 수도 있다는 생각이 들었어요."

캐럴과 아메스는 경쟁이 야기하는 부정적인 감정이 정확히 어떤 것인지도 알고 싶었다.

그들은 5학년과 6학년 어린이 약 100명을 모았다. 데시가 그랬던 것처럼 아메스 부부도 어린이들을 두 그룹으로 나누었다. 그리고 한 그룹에게는 "제일 많은 퍼즐을 푸는 사람이 승리자가 되는 거예요."라고 말하고, 또 다른 그룹에게는 "가능한 한 많은 퍼즐을 풀어보세요."라고 말했다.

경쟁에 초점을 맞추어 실험을 했다는 것은 데시의 실험과 동일하지만, 아메스 부부의 실험은 데시의 실험 방법과는 조금 달랐다. 아메스 부부는 몇 명의 어린이에게는 대단히 쉬운 퍼즐을 주었고, 또 몇 명의 어린이에게는 아무도 풀 수 없는 어려운 퍼즐을 주었다. 그래서 각 그룹마다 가장 많은 퍼즐을 푼 어린이와 전혀 풀지 못한 어린이가 반드시 나오도록 했다.

실험이 끝난 후, 아메스 부부는 '패배자'가 된 어린이들, 즉 경쟁적으로 퍼즐을 풀어야 했지만 퍼즐을 하나도 풀지 못한 어린이들과 면담을 실시했다. 이 어린이들은 실패의 원인을 자신의 무능력 탓으로 돌리려는 경향을 보였다. 심지어 일부 어린이들은 설문조사 때 '나는 멍청하다'는 문항에서 '그렇다'에 동그라미를 그렸다. 재미있는 사실은, 자신을 비난한 어린이들은 이 실험 전에 자신이 똑똑하다고 생각했던 어린이들이었다는 점이다. 경쟁적이지 않은 상황에서 퍼즐을 푼 그룹의 경우, 퍼즐을 풀었든 하나도 못 풀었든 자기 자신에 대해 실망하거나 낙담하지 않았다.

무언가에 실패했을 때 자신의 무능력을 비난하지 않기란 쉽지 않다. 그리고 자신이 무능력하다고 느끼고 싶은 사람은 아무도 없다. 하지만 아메스 부부가 지적한 것처럼, 경쟁은 거의 매번 최소한 한 명의 실패자를 만들어 낸다. 이는 경쟁이 가진 또 다른 문제점이라 할 수 있다. 실패자는 자기 자신에 대해 실망하고 좌절하기 때문이다. 이러한 부정적인 감정이 다시 퍼즐 게임을 할 때 퍼즐을 해보려는 동기를 꺾었다는 건 자명한 일이다.

승리에 대한 압박감이 문제다

사람들은 승자와 패자를 나누는 스포츠 게임을 대단히 좋아한다. 그냥 좋아하는 정도가 아니라 광적으로 몰입한다.

아메스 부부의 경쟁과 동기 실험 후 12년 정도 지났을 때, 데시는 경쟁의 '좋은' 면에 대해서 알아보고 싶었다. 그는 경쟁에 득이 되는 점은 없는지 궁금했고 '이득이 없더라도 최소한 동기를 방해하지 않을 수도 있지 않을까?' 하는 의문이 들었다. 어쩌면 '이겨야 한다는 압박감'과 같은 경쟁의 특징이 사람들에게 동기를 부여하거나 의기소침하게 만드는 것 같았다. 1981년 실험에서, 그는 실험에 참가한 '모든' 학생에게 이겨야 한다는 압력을 행사했다. 어쩌면 당시 '경쟁' 자체보다는 '경쟁에서 이겨야 한다는 압박감'이 학생들의 내적 동기를 저해했을지도 몰랐다.

이 질문에 대한 답을 얻기 위해 데시와 동료 존마셜 리브Johnmarshall Reeve는 실험에 참가할 학생 100명을 모아 '해피 큐브(여섯 조각으로 이루어진 다양한 색깔의 입체 퍼즐)' 실험을 실시했다. 해피 큐브를 하려면, 일단 틀에서 조각을 모두 떼어낸 뒤 완전한 정육면체 모양으로 맞추고 다시 분해해서 각각의 조각을 틀에 끼워 넣어야 한다.

이번에도 데시는 참가자들에게 가짜 파트너를 붙여주었다. 실험은 모두가 퍼즐을 두 번씩 연습하면서 시작되었다. 데시는 가짜 파트너들에게 첫 번째 연습 때는 3분 안에 퍼즐을 맞추지 말고 두 번째 시도에서는 1분 안에 퍼즐을 끝내라고 미리 지시했다. 실험에 참가한 학생들이 자신과 가짜 파트너들의 실력이 비슷하다는 생각을 갖게 하기 위해서였다. 그래야 큐브 시합에서 이겼을 때 학생들이 진정한 승리감을 느낄 수 있기 때문이다. 연습이 끝난 후, 데시는 학생들에게 각자 퍼즐을 맞추되, 학생들과 가짜 파트너들이 각각 분리된 방에서 퍼즐을 맞추게 했다.

데시는 일부 학생들에게 "좋은 결과가 나오도록 최선을 다하세요."라고 말했다. 그리고 또 다른 학생들에게는 "파트너보다 더 빨리 퍼즐을 맞추어서 파트너를 이겨보세요."라고 말했다.

그런 다음 데시는 자신이 '경쟁하도록 유도한' 학생들 중 반에게 또 이런 지시를 내렸다.

"이번 퍼즐 게임에서 가장 중요한 점은 누가 경쟁에서 이기는가 하는 것입니다. 그러니 승자가 될 수 있도록 정신을 집중해서 게임에 임하시기 바랍니다."

경쟁적으로 게임을 할 학생들 중 반에게는 반드시 이겨야 한다는 추가적인 압력을 행사한 것이었다.

모든 준비가 끝난 후 학생들은 네 번의 퍼즐게임을 했다. 게임이 한 회씩 끝날 때마다 데시는 게임이 벌어지는 방에 들어가서 어느 학생이 이겼는지 물어보았다.

1981년 실험에서처럼, 데시는 실험이 모두 끝난 후 자기가 돌아올 때까지 하고 싶은 일을 하라는 말을 남기고 방을 나갔다. 그리고 다시 다른 방에서 실험실의 학생들을 관찰했다. 과연 어떤 학생들이 데시가 나간 후에도 계속 퍼즐을 했을까?

결과는 복잡하면서도 흥미로웠다. 경쟁에서 이겨야 한다는 압력을 받았던 학생들보다, 경쟁은 했지만 이기라는 압력은 받지 않았던 학생들 중에서 데시가 나간 후에도 해피 큐브를 계속한 학생들 수가 더 많았다. 한마디로 '경쟁에서 이겨야 한다는 압박감'이 학생들의 내적 동기를 저해했다고 해석할 수 있다.

한편, 데시는 앞의 실험과는 다른 조건에서 경쟁하는 그룹과 경쟁하지 않는 그룹으로 나누어 연구를 실시했다. 그리고 경쟁한 학생들 전부와 경쟁하지 않은 학생들 전부를 비교해보았는데, 실험 후 데시가 방을 나간 후에 이 두 그룹의 학생들이 계속 퍼즐을 즐긴 시간은 평균적으로 큰 차이가 없었다. 이 실험 결과는 경쟁 자체가 즐거움이나 의욕, 관심을 저해하는 건 아니라는 사실을 보여준다. 반면 경쟁에서 이겨야 한다는 '압박감'은 참가자들이 승리와 패배에 관심의 초점을 맞추게 만들어 결과적으로 내적 동기를 꺾는 원인이 되었다.

이 연구와 이후 실시된 수많은 연구 결과를 보면, 많은 이들의 예상과는 달리 경쟁 자체가 어떤 일을 하고자 하는 동기와 흥미를 결정짓는 핵심 요인은 아니라는 것을 알 수 있다.

만약 승리만을 강조하여 반드시 최정상에 올라야 한다는 압박감을 느끼며 경쟁을 치른다면, 그 일에 대한 흥미를 잃을 가능성이 높고 무언가를 배우고 즐기는 데서 느끼는 기쁨도 줄어들기 쉽다. 반대로 승리보다는 대회나 시험 자체에 관심의 초점을 맞춘다면, 다시 말해 자신이 그동안 훈련하거나 공부하며 준비한 기량을 발휘하는 그 순간을 즐긴다는 데 초점을 맞춘다면, 경쟁을 하더라도 내적 동기와 흥미가 묵살되지는 않을 것이다.

경쟁은 아이들에게 어떤 영향을 미칠까?

경쟁 때문에 대회나 경기에서 얻을 수 있는 교훈과 즐거움의 가치에 소홀해지는 경우가 많다. 경쟁은 근심을 낳고, 근심은 교훈을 얻는 데 방해가 되기 때문이다. 아이러니하게도 경쟁이 낳은 근심은 우승을 하는 데도 방해가 된다.

나 역시 중학교 3학년 때 이와 비슷한 일을 겪었다. 중학교 졸업식 날 밤, 나는 영어 과목 최우수자에게 수여되는 '친목의 잔'을 꼭 받고 싶었다. 친목의 잔을 받으려면 시험을 잘 봐야 했는데, 어찌나 긴장했는지 온몸이 부르르 떨릴 정도였다. 나는 1등을 하고 싶다는 욕심이 너무 강했고 그래서 마지막 답안을 확인할 때 꽤 많은 답을 바꾸었다. 그렇게 고친 답이 모조리 틀리는 바람에 기대치에 한참 못 미치는 낮은 점수가 나왔다.

마찬가지로 운동선수가 오로지 우승에만 집중할 때 오히려 좋은 경기를 보여주지 못하는 경우를 종종 볼 수 있다. 한 가지에만 과도하게 정신을 집중하면 몸과 마음이 조화롭지 못해서 자기 기량을 발휘하는 데 방해가 되기 때문이다.

나중에 다시 논의하겠지만, 전문가들은 경쟁보다는 내적 동기가 수행 능력을 더 높여주고, 학습 효과도 높인다는 사실을 알아냈다. 작가 알피 콘 Alfie Kohn의 말처럼, "우리는 무슨 일이든 즐겁게 할 때 가장 잘할 수 있다."

경쟁에 대한 압박감이 속임수 문화를 만든다

로스앤젤레스의 비영리 기관인 조셉슨 윤리학회 Josephson Institute of Ethics에서 2005년과 2006년에 5,000명 이상의 고등학교 운동선수를 대상으로 설문조사를 실시했는데, 야구 코치가 자기 팀 투수에게 상대편 타자를 향해 고의로 공을 던지도록 지시하는 게 괜찮다고 대답한 선수가 거의 50%나 되었다.

경쟁으로 인한 압박감은 윤리의식마저 훼손시킨다. 조셉슨 윤리학회에서 2006년에 3만 5,000명 학생들을 대상으로 설문조사를 한 결과, 60%의 학생들이 1년 이내에 학교 시험에서 커닝을 한 적이 있다고 대답했다. 한 번 이상 커닝을 했다고 대답한 학생도 35%나 되었다.

로스앤젤레스의 정신요법 의사인 디 셰퍼드-룩 Dee Shepherd-Look은 이렇게 말했다.

요즘 아이들은 커닝, 거짓말, 속임수와 같은 부정행위를 아무렇지도 않게 받아들입니다. 이전 세대도 학교에서 커닝을 하거나 부모님께 거짓말을 하긴 했지만, 이 정도로 심하지 않았습니다. 요즘 아이들은 그런 부정행위를 스스로 합리화시키고 있습니다. '이렇게 경쟁이 심할 때 대학원에 합격하려면 커닝은 기본이지.' 또는 '학자금을 대출받거나 장학금을 타야만 하는 상황인데, 점수를 못 받으면 학교를 갈 수 없잖아. 난 무슨 일이 있어도 장학금을 타서 학교에 다녀야 해.'라고 생각하는 학생들이 많습니다. 심지어 "다들 커닝한다는 사실을 모르세요? 커닝하지 않으면 좋은 성적을 받을 수 없다고요."라고 말하는 학생도 있습니다.

10대 청소년 중에는 대학 입학 지원서를 작성할 때 성적과 자기소개서에 거짓말을 보태는 학생도 있다. 간혹 말이 안 되는 수준의 거짓말을 써 넣는 경우도 있는데, 이는 치열한 대학 입시로 인한 히스테리가 커닝과 거짓말을 조장한다는 사실을 보여주는 증거라고 할 수 있다. 미국과 캐나다의 경제대학원 32곳에서 5,000명 이상의 학생들을 대상으로 설문조사를 한 결과, 전년도 학기 때 최소한 한 번의 커닝을 했다고 인정한 학생이 무려 56%였다. 학생들이 커닝을 하는 이유는, 좋은 성적을 받는 다른 학생들에게 뒤지지 않기 위해서라고 했다. 우리 아이들이 경쟁에서 이기기 위해 옳지 않은 방법까지 쓰고 있는 안타까운 현실이다.

경쟁 vs 협동 무엇을 선택할 것인가

아이들이 경쟁으로 인한 과중한 부담에 시달릴 때, 부모는 어떻게 해야 할까? 한 가지 좋은 방법은 가능한 한 언제, 어디서나 협동하라고 장려하는 것이다. 여러 연구 결과에 의하면, 경쟁보다 협동하면 목표를 더 잘 달성할 수 있다. 협동은 불안감은 낮추어주고 자부심을 높여주며, 인간관계를 더 친근하게 만들어줄 뿐만 아니라 자발적인 동기 유발에도 도움이 된다.

배구, 농구, 축구 등 단체로 하는 스포츠는 어린이들에게 협동의 장점을 경험하고 배울 수 있는 기회를 제공한다. 여럿이 한 팀이 되어 경기하는 스포츠는 성공과 실패를 함께 맛보기 때문에, 선수들은 모두 잘하도록 서로를 격려한다.

학교 공부도 예외는 아니다. 서로 대적하고 경쟁하라고 부추기기보다는 협동해서 공부할 수 있는 분위기를 조성하는 게 학습에 더 큰 도움이 된다. 미네소타 대학의 심리학자 데이비드 존슨David Johnson은 학교에서 경쟁과 협동의 결과를 비교한 수백 건의 연구 자료를 조사했다. 그의 조사에 따르면, 351건 중 316건에서 학생들이 협동하며 공부할 때 학습 성취도가 훨씬 더 높은 것으로 드러났다.

아이들이 한 팀이 되어 서로 협력할 때, 그 팀이 공정하게 잘 조직된 팀이라면, 협동을 통해 팀원 모두가 우승할 수 있는 기회를 동등하게 얻게 된다. 또한 적대감보다는 우정과 사랑을 중요시하는 팀워크 덕분에 아이가 느끼는 불안감도 줄어든다.

학교에서 학생들을 팀으로 묶어 함께 과제를 수행하도록 제시하면 이를 반대하는 부모들이 종종 나온다. 그들은 다음과 같은 반응을 보인다.

"그렇게 하면 항상 한두 명의 아이들이 과제 준비를 다 하고 나머지 아이들은 아무것도 하지 않으면서 거저 점수를 얻게 됩니다."

이에 대한 해결 방법은 있다. 모든 팀원이 과제 수행에 동참하고 각자 자기 책임을 완수해야 공동과제를 마칠 수 있도록 교사가 각 팀원에게 자료 조사,

발표 준비 등을 잘 분배해서 맡기는 것이다. 예를 들어 수학 문제 해법을 팀별로 발표하는 과제가 있다고 하자. 교사는 팀원 중 한 명이 대표로 발표하겠지만, 수학시간 전까지는 팀원 중 누가 발표하게 될 것인지 알려주지 않는다. 그러면 아이들은 팀원 모두가 그 해법을 숙지할 수 있도록 서로 도우며 함께 공부한다. 그래야 누가 발표자로 선정되든 제대로 발표할 수 있고, 발표를 잘 해야 팀원 모두가 좋은 점수를 받을 수 있게 되기 때문이다.

팀을 나눌 때 '똑똑한' 아이들과 '좀 느린' 아이들을 섞지 않고 따로 묶어야 수준 차이가 나지 않아서 좋다고 생각하는 사람들이 많지만, 사실은 그렇지 않다. 잘하는 학생이 모르는 친구의 공부를 도와주면, 잘하는 학생은 남에게 설명하는 과정에서 자기 생각을 일목요연하게 정리할 수 있는 기회를 얻는다. 한 팀이 되어 같이 공부하면, 먼저 팀원 모두가 다 아는 부분과 모르는 부분을 알아보고 모르는 부분이 있다면 이를 아는 학생이 모르는 학생을 가르쳐주게 된다. 모르는 학생은 배워서 좋고, 아는 학생은 이미 아는 바를 다시 한 번 확실하게 정리할 수 있어서 좋다. 이런 식으로 공부하면 모든 팀원이 서로에게 도움을 받게 된다.

이런 방식의 또 다른 유익은, 서로 가르쳐주고 배우면서 의사소통이라는 중요한 사회적 능력을 키울 수 있고 의견 충돌이 생길 때 이를 해결하는 방법까지 배울 수 있다는 점이다.

산타크루즈 캘리포니아 대학의 심리학자 엘리엇 애론슨Elliott Aronson은 이렇게 말했다.

학생들이 서로 협력하지 않으면 좋은 성적을 받을 수 없는 학습 방식이 일단 정착되고 나면, 서로 경쟁할 때는 발견하지 못했던 친구들의 장점이 보이기 시작합니다. 그러면 학생들이 서로를 대할 때 선입견이 서서히 사라지는 효과를 기대할 수 있습니다.

많은 부모들이 자녀가 경쟁에서 승리하는 방법을 배우는 것을 중요시 여긴다. 하지만 다양한 그룹에서 다양한 사람들과 함께 일하는 능력을 익히는 게 더 중요할 수도 있다. 둘 이상의 분야 사이에서 발생하는 시너지 효과가 중시되는 요즘 추세를 감안할 때 더욱 그렇다. 실제로 어느 한 분야보다는 여러 분야가 힘을 합쳐 새로운 기술을 개발하는 사례가 점점 많아지고 있다.

요즘 아이들은 경쟁의 홍수 속에서 살아가는데, 그중 어떤 경쟁은 정말 신나고 재미있는 것들도 있다. 하지만 어른들이 우승과 점수만 강조하고 중요시한다면, 경쟁이 아이의 열정에 찬물을 끼얹고 불안감만 가중시키는 결과를 낳을 수밖에 없다. 나아가 우승과 점수만 강조된 경쟁은 아이들이 배우고 기술을 연마한다는 경쟁의 궁극적인 목적과도 거리가 멀다.

지나친 라이벌 의식은 인간관계에 적대심을 불어넣지만, 협동은 우정을 조성한다. 알피 콘은 "경쟁은 다른 사람을 파트너가 아닌 적으로 만들고, 잠재적인 친구를 라이벌로 만든다."고 지적했다. 부모와 교사들은 경쟁이 아이들의 학습과 훈련 동기를 자극한다는 잘못된 통념을 재검토하고, 협동을 장려할 수 있는 방법을 찾아보아야 한다.

아이가 경쟁을 즐기게 할 수는 없을까?

사회 전반적으로 경쟁보다는 협동을 장려하는 분위기를 만드는 것이 가장 좋겠지만 현재 상황에서는 아이들이 경쟁을 피해 가기는 힘들다. 그렇다면 아이가 경쟁을 즐기게 할 수는 없을까?

내 딸 앨리슨의 경험담을 소개해보겠다. 12살 때 앨리슨이 축구에 대한 흥미를 잃을 즈음, 때마침 필드하키를 즐기던 한 친구를 사귀게 되었다. 그 친구는 앨리슨보다 몇 살 언니였다.

앨리슨은 나와 남편에게 그 언니와 같이 근처 지역 대학에서 열리는 하키 캠프에 가도 되는지 물었고, 우리 부부는 흔쾌히 허락해주었다.

캠프 첫날, 앨리슨을 데리고 캠프에 도착해보니 깔끔하게 깎인 잔디에 이슬이 맺혀 있었고, 신선한 풀내음이 느껴졌다. 푸른 잔디 위에서 하키 스틱으로 흰 공을 "탁" 하고 시원하게 치는 소리를 들으니 괜히 마음이 들뜨는 것 같았다. 잠시 후 14~15살 정도 된 선수들이 스틱을 교환하기 시작했는데 다들 굉장히 노련해 보였다. 순간적으로 긴장되면서 목이 콱 막히는 것 같았다. 한눈에 봐도 앨리슨이 상대하기에 이 하키 캠프 참가자들의 수준은 너무 높았다. 앨리슨 역시 겁을 먹은 표정이었다. 자신보다 훨씬 잘하는 언니 선수들 틈에서 기가 죽은 게 확연했다.

나는 앨리슨의 귀에 이렇게 속삭였.

"하키를 이제 막 시작한 너 같은 초보생들이 갈 만한 다른 캠프나 프로그램을 찾아보는 게 좋겠다."

그러자 앨리슨이 펄쩍 뛰었다.

"아니에요. 그럼 안 돼요, 엄마. 저는 여기에서 잘 배울 수 있어요."

앨리슨은 준비 운동을 하는 언니 선수들을 진지한 표정으로 바라보면서 이렇게 대답했다.

캠프에 다니는 동안, 앨리슨은 그날 배운 것을 집에 와서 열심히 설명했다. 하키에 대한 앨리슨의 열정은 날이 갈수록 뜨거워졌다. 4년이 지난 후에도 앨리슨은 여전히 하키를 즐기며 좋아했다. 특히 새로운 전술을 성공적으로 시도한 날은 대단히 즐거워했다.

경기에서 지고 온 어느 날에도 앨리슨은 즐거워하며 이렇게 말했다.

"저희 팀이 지긴 했지만 최고의 경기였어요. 저희 패스는 진짜 끝내줬잖아요. 팀원 모두가 하나가 되어 좋은 경기를 했어요. 이렇게 멋진 경기를 해보긴 처음이에요. 너무 재미있었어요."

아이가 부담을 느끼지 않고, 우승보다는 즐거움과 기술 연마에 더 큰 가치를 둔다면 경쟁도 즐길 수 있다. 이렇게 도와주는 역할은 부모의 몫이다.

경쟁 때문에 공포를 느낄 때는 어떻게 할까?

자녀가 경쟁 상황에 처했을 때 부모가 느끼는 불안감은 자녀 본인의 불안감보다 강할 때도 있다. 그러한 불안과 근심을 긍정적인 방향으로 전환하는 데 성공한 가정의 이야기를 소개하겠다.

루시 폴라드와 남편 리치는 어려서부터 운동을 잘했다. 이들 부부는 아들 트라비스를 축구클럽에 보냈다. 트라비스가 11살이었을 즈음, 루시는 축구클럽에서 두 팀으로 나누어 훈련할 때, 각 팀의 주장이 자기 팀 선수를 뽑는 과정에서 트라비스는 항상 맨 마지막에 뽑힌다는 사실을 알게 되었다. 전직 교사였던 루시는 당시를 이렇게 회상했다.

"심장이 터질 것처럼 마구 뛰었습니다. 트라비스가 매번 그런 상황을 참고 견뎌낸다는 사실에 마음이 너무 아파서 딱 죽고 싶은 심정이었죠."

주말이면 축구클럽은 로스앤젤레스 전역을 순회하며 축구 경기를 했지만, 트라비스는 경기가 끝나기 전 10분이라도 뛸 수 있으면 그나마 다행이었다.

어느 날 밤 축구클럽 학부모 모임이 있었다. 코치는 학부모들에게 선수들 모두 매 경기 때 최소한 전체 경기 시간의 반 정도는 나가서 뛸 수 있도록 선수 기용을 조절한다고 말했다. 이를 들은 루시는 참을 수가 없어서 자리에서 벌떡 일어나 큰 소리로 설명했다.

"트라비스는 그렇지 않던데요? 저희 아들은 경기에서 거의 뛰지 않잖아요."

그러자 코치가 대답했다.

"트라비스는 걸음에 문제가 있습니다. 두 다리를 조직적으로 잘 움직이지 못합니다."

루시는 이 부분을 나에게 이야기할 때 울음을 터트렸다.

"그때는 도저히 눈물을 멈출 수가 없었어요. 부모로서 그런 말을 들어야 한다는 건 감당할 수 없는 고통이었고 너무 창피했어요. 트라비스가 안쓰러워서 울기도 했지만, 마치 저한테 문제가 있는 것처럼 부끄러웠어요."

집에 돌아온 루시는 트라비스가 거실에서 텔레비전을 보고 있을 때 남편 리치를 부엌으로 불렀다. 그리고 작은 소리로 남편에게 속삭였다.

"트라비스에게 축구클럽을 그만두라고 해야겠어요. 코치가 트라비스에게 얼마나 못되게 구는지 몰라요. 더 이상은 못 참겠어요."

리치의 의견은 루시와 달랐다.

"트라비스는 그만둘 생각이 없는 것 같던데. 지금 트라비스의 축구 수업에 대해 불만이 있는 건, 트라비스가 아니라 우리인 것 같아."

결국 루시와 리치는 주말이면 축구 경기가 열리는 경기장까지 먼 길을 운전해서 트라비스를 데려다주기를 계속했다.

루시는 정말 괴로운 시간이었다고 회상했다. 그렇게 차 안에서 주말을 보내기보다는 가족이 단란하게 소풍이나 등산을 가는 게 더 낫다고 생각했기 때문에 더 힘들었다. 게다가 트라비스는 여전히 축구 경기에 거의 나가지 못하고 있었다. 이상한 것은 트라비스 본인은 그런 상황을 그다지 기분 나쁘게 여기지 않는다는 사실이었다. 루시는 이렇게 말을 이었다.

"트라비스나 남편 리치보다 제가 훨씬 더 감정적인 반응을 보였어요. 어찌나 화가 나던지 코치를 죽이고 싶었으니까요. 저를 정말 화나게 한 건, 코치가 트라비스의 걸음 문제를 해결할 방법을 찾아보자고 말하지 않았다는 점이었어요."

루시와 리치 부부는 코치에게 더 이상 아무 말도, 아무 요구도 하지 않았다.

"남편도 저도 고등학교와 대학 운동부에서 선수로 뛰었어요. 저희 둘 다 운동을 좋아했고 훈련 없이 좋은 선수가 될 수 없다는 사실을 잘 알고 있었지요. 스포츠에서 좋은 성적을 거두는 건 선수 본인이 노력해야 이룰 수 있지, 선수의 부모가 코치에게 무슨 요구를 하거나 불평을 한다고 해결할 수 있는 문제가 아니라는 걸 저희도 잘 알고 있었어요. 게다가 코치가 말하는 문제가 정확히 무엇인지 몰랐어요. 코치에게 물어본다 해도 코치가 알려주지 않으리라 생각했지요."

결정적으로 트라비스 본인이 이를 원치 않았다.

루시와 리치는 트라비스에게 경기에 나가서 뛰는 시간이 적어서 불만이라는 말은 한 번도 하지 않았다. 또 더 좋은 축구 선수가 되려면 어떻게 해야 한다고 지시한 적도 없었다. 다만 루시는 트라비스가 잘한 부분을 찾아서 잘했다고 격려해주려고 항상 노력했다.

다음 해, 축구 코치는 학부모 모임에서 아이들이 학교 활동보다 축구를 더 중요하게 여겨야 한다고 말했고, 그 때문에 몇몇 부모는 아이를 축구클럽에서 탈퇴시켰다. 탈퇴한 자녀의 아버지 중 한 명은 그렇게 탈퇴한 아이들을 모아 새 팀을 만들어 자신이 코치를 맡겠다는 의사를 밝혔다.

학부모 모임을 마치고 집으로 돌아오는 길에, 리치가 트라비스에게 어떻게 하고 싶은지 물었다. 그러자 트라비스는 잘 모르겠다고 대답했다.

"너는 계속 지금 축구클럽에 있고 싶니? 아니면 다른 아버지가 코치를 맡을 새 팀으로 가고 싶니?"

"지금 축구클럽에 그냥 있고 싶어요. 하지만 경기에 나가서 뛸 수 있는 기회가 적긴 해요."

"그럼 새 축구팀으로 옮기면 되잖니?"

"잘 모르겠어요." 트라비스는 무언가 혼란스러운 것 같았다.

"미국 청소년 축구 기구 AYSO에서 축구를 할 수도 있어." 루시가 말했다.

"트라비스, 어떤 결정을 하든 우리는 네 결정을 존중해. 지금 축구클럽에 있든, AYSO에 가든, 아니면 축구를 일 년 정도 쉬든 우리는 네가 원하는 대로 널 도와줄 거야. 네가 무엇을 하든 우리는 네 편이야."

며칠 뒤 학교에 가는 길에 트라비스는 아버지에게 학교 친구 중 몇 명이 AYSO에서 축구를 한다며 AYSO에 들어가고 싶다고 말했다. AYSO는 축구클럽보다 수준이 더 낮아서 솔직히 리치는 내심 실망했다. 하지만 아들에게 실망감을 드러내지는 않았다. 리치가 루시에게 이 사실을 전하자, 루시는 반색을 했다. AYSO가 축구클럽보다 수준이 낮으니 트라비스가 경기장에 나갈 기회가 더 많아지리라 기대했기 때문이었다. 루시는 트라비스의 결정을 대환영했다.

"축구클럽을 떠나기로 한 건 트라비스가 정말 잘 결정한 거예요. 그 축구클럽의 거친 분위기와 수준이 트라비스에게 마음의 상처를 주고 있었으니까요. 얼마나 상처 입었으면 예전에 활동했던 AYSO로 다시 돌아가겠다는 결정을 내렸겠어요."

트라비스는 축구클럽에서 항상 공격수를 맡았었는데, AYSO 코치는 트라비스를 공격수에서 수비수로 바꾸었다.

이후 트라비스의 축구 실력은 몰라보게 향상되었고 루시도 날이 갈수록 실력이 좋아지는 트라비스를 보며 기뻐했다. 트라비스는 AYSO 토너먼트에서 고정 선발선수로 활약했고 좋은 친구도 많이 사귀었다.

고등학교에서도 학교 대표팀에 들어갔고 축구 선수로 명성을 날렸다. 그러자 이전 축구클럽 코치가 자기 팀으로 돌아올 것을 제안했고, 트라비스는 이에 동의했다. 전과는 달리 경기에 나가 뛰는 시간이 많았다. 뿐만 아니라 학교 배구팀에도 들어가 활약했고, 졸업반 때는 올해의 선수상까지 수상했다.

현재 26살의 대학원생인 트라비스는 그래픽 아티스트로 활동하고 있다. 그는 대학시절 내내 축구클럽에서 선수로 뛰었고 지금은 고등학교 동창들과 같이 축구팀을 만들어 주말에 축구를 즐기고 있다.

최근 루시는 나에게 이런 말을 했다.

"어제 트라비스에게 전화를 걸어서 어렸을 때 운동한 게 어땠는지 물어보았지요. 그랬더니 트라비스는 정말 즐거웠다더군요. 또 자기가 고등학교 시절 야구를 그만두었을 때 아버지가 실망했다는 걸 눈치 채긴 했지만, 부담이나 스트레스는 받지 않았다고 했어요. 트라비스가 운동을 즐길 수 있었던 건 스스로 원하고 재미를 느꼈기 때문이었어요."

리치와 루시 부부는 정신적으로 상당한 고통을 겪었지만, 아들의 입장에서 아들이 원하는 바에 초점을 맞추고자 노력했다. 그들은 아들의 자율을 존중했다. 그래서 아들에게 축구클럽을 그만두라고 요구하지 않았고 대신 아들의 결정을 지지하고 격려해주었다.

"우리가 그렇게 할 수 있었던 건 아이가 원했기 때문이에요. 말하자면 우리 부부는 아이가 하자는 대로 잘 따른 것뿐이지요."

우리의 자녀들이 살아야 할 세상은 경쟁이 날로 격해지고 있다. 리치와 루시 부부의 이야기는 치열한 경쟁사회에서 부모가 느끼는 불안과 공포를 어떻게 해야 효과적으로 대처할 수 있는지 잘 보여주는 예라고 할 수 있다.

좌절에 대처할 수 있는 탄력성을 키우자

이 세상의 어떤 아이도 실패와 좌절을 피해 갈 수는 없다. 요즘 같은 무한 경쟁사회에서는 하루에도 몇 번씩 좌절을 겪을 수 있다. 자녀에게 경쟁과 시련이 닥치면, 많은 부모가 근심과 걱정에 휩싸인 나머지 시련을 통해 자녀가 배우고 얻는 바를 보지 못한다. 하지만 경쟁의 패배가 인생의 실패를 의미하지는 않는다. 오히려 실패를 극복하는 경험을 통해 인내심이 길러지고 정신력이 강해져서 더 큰 성공을 맛볼 수 있다. 또한 다른 사람에 대한 이해심도 많아진다.

캘리포니아 헌팅턴 비치Huntington Beach에 위치한 인지 치료 센터의 공동 설립자이자 심리학자인 크리스틴 A. 파데스키Christine A. Padesky는 이렇게 말했다.

> 젊은 심리 치료자들은 어려움을 겪는 사람들을 볼 때마다 너무나 마음 아파합니다. '저 사람들을 고통에서 벗어나게 해주고 싶어!'라고 다짐하지요. 하지만 20년 정도 경험이 있는 치료자들은, 모진 고통과 시련이 당사자에게 유익한 약이 되기도 한다는 걸 깨닫습니다. 그들은 어려움에 처한 사람들을 만나면, 어려움에서 벗어나게 해주기보다는, 그들이 당면한 어려움을 통해 강한 정신력과 의지를 키울 수 있도록 도와줍니다.

자녀가 탄력성을 키우는 데 부모의 역할은 대단히 중요하다. 부모는 자녀가 실망과 좌절을 배움의 기회로 삼을 수 있도록 곁에서 도와주어야 한다. 부모가 침착성을 잃지 않고 힘든 고비를 새로운 관점으로 바라보며 해결책을 모색하는 모범을 보여주면, 자녀는 독립한 후에도 부모로부터 배운 대로 난관에 슬기롭게 대처할 수 있게 된다.

어떤 일에 차질이 생겼을 때, 무작정 실망하고 좌절할 것이 아니라 다른 대안은 없는지 살펴보고, 어떻게 하면 올바른 결정을 내릴 수 있는지 배우는 좋은 기회로 삼을 수 있도록 자녀를 지도하자.

치열한 경쟁을 앞둔 자녀를 격려하는 법

우리 아이들은 원하든, 원하지 않든 경쟁을 치를 수밖에 없다. 이럴 때 자녀에게 어떤 말을 해주는 것이 좋을지 예를 들어 살펴보자.

아이가 경쟁적인 경기에 참가할 때
경기를 앞둔 자녀는 승리에 대한 부담감에 불안해할 수 있다. 이럴 때는 경기 참가의 목적을 우승에 두지 말라고 다독여서 안정감을 찾게 해준다.
경기 후에도 "이겼니, 졌니?"라고 물으며 이겨야 한다는 압력을 가하는 대신, "경기는 어땠니?" 또는 "재미있었니?"라고 물어야 아이가 경쟁 스트레스도 즐길 수 있게 된다.

아이가 학교에서 돌아왔을 때
"오늘 쪽지 시험에서 몇 점이나 맞았니?"라고 묻기보다는 "오늘 학교에서 재미있는 거 배웠니?"라고 물어보는 것이 좋다.

아이가 대회에 나갈 때
아이들은 대회를 통해서 더 열심히 연습할 기회, 무언가를 완성하기 위해 노력할 기회를 얻을 수 있다. 아이에게 이렇게 말해보자.
"이번 대회는 너에게 좋은 경험이 될 거야. 심사위원들의 의견은 너에게 꼭 필요한 조언이야. 이런 기회를 통해 더욱 성장할 수 있으면 좋겠지? 상을 받느냐, 못 받느냐는 중요하지 않아. 대회는 그동안 갈고닦은 네 실력을 보여줄 수 있는 좋은 기회의 장이라고 생각하자."

Nurture Dilemma

심한 스트레스를 겪고 있거나 자녀의 미래에 위협을 느끼는 부모일수록 자녀를 통제하거나 자녀의 일을 대신 해주려는 경향이 강하다. 그럴 경우 아이 혼자 성취하려는 욕구도 사라지고, 창의력을 키우는 데도 나쁜 영향을 미친다. 자녀에게 강압을 행사하지 않고도 유능한 아이로 성장하도록 도울 수 있는 다른 방법을 끊임없이 생각해야 한다.

Chapter
03

불안한 부모는
언제 자녀를 강압할까?

내 아들 잭이 9살일 때, 나와 잭은 매일 자전거를 타고 같이 등교했다. 어느 날 아침, 잭의 자전거 안전모가 어디 있는지 찾을 수 없었다. 잭이 학교에 늦을까 봐 나는 조바심이 났다.

"오늘만 이걸 쓰고 가야겠다."

나는 옷장 한구석에 숨어 있던 우스꽝스러운 다스 베이더(영화 〈스타워즈〉에 나오는 캐릭터) 헬멧을 찾아 꺼냈다. 그 헬멧을 쓰니까 잭이 꼭 〈스타워즈〉 영화의 의상실에서 막 튀어나온 것처럼 보였다.

"알았어요." 잭은 쳐다보지도 않고 헬멧을 얼른 받아 들어 머리에 썼다.

잭과 나는 화창한 11월 가을의 차가운 공기를 가르며 학교를 향해 자전거 페달을 밟았고, 일단의 학생들을 지나쳐 학교에 도착했다. 잭이 자전거를 보관대에 세우고 있는데, 입학 때부터 잭을 곧잘 놀리던 벤이라는 아이가 보였다. 벤은 교문 앞에 서서 우리를 쳐다보고 있었다. 그러고는 잭에게 이렇게 소리쳤다.

"잭, 너 완전 바보 같다!"

그 말을 듣자 자전거에 자물쇠를 채우던 잭이 긴장한 얼굴로 고개를 홱 쳐들었다. 순간 나는 잭이 쓰고 있던 헬멧을 당장 벗겨서 등 뒤에 감추고 싶었다.

내 심장이 거세게 뛰기 시작했고 속에서 분노의 불길이 활활 타올랐다. 별 볼 일 없는 저 따위 아이가 어떻게 소중한 내 아들에게 고통을 줄 수 있단 말인가? 나는 뒷주머니에 양손을 찔러 넣고 벤 앞으로 걸어갔다. 그렇게 하지 않으면 당장이라도 양손으로 벤을 거칠게 밀쳐버릴 것만 같았다.

"그런 식으로 말하면 못 쓴단다."

나는 최대한 분노를 억누르며 말했다. 벤은 어깨를 으쓱해 보이더니 학교 안으로 들어가버렸다.

"엄마!"

외침 소리에 뒤를 돌아보니 얼굴이 붉어진 잭이 나를 쳐다보고 있었다. 잭의 눈을 보니 나 때문에 마음에 상처를 받았다는 게 역력했다. 잭은 고개를 휙 돌려 학교 안으로 걸어 들어갔다.

"이를 어째! 내가 괜한 짓을 했잖아."

너무 당황한 나머지 눈물이 흘러내렸다. 당장 잭에게 달려가 미안하다고 사과하고 싶었지만, 그러면 상황이 더욱 나빠지리라는 걸 잘 알고 있었기에 그럴 수는 없었다.

자전거를 타고 집으로 돌아오는 길 내내 나는 슬픔에 잠겨 가을 날씨를 만끽할 수도 없었다. 아침 사건이 자꾸 떠올라 일에 집중할 수도 없었고 종일 우울했다. 잭의 문제를 해결해주기는 고사하고 나 때문에 잭의 화만 더 돋우었기 때문이었다.

이런 식으로 누군가가 내 아이에게 위협을 가하는 사건이 발생했을 때, 싸울 것인지 도망갈 것인지 결정하기에 앞서 부모는 불안감과 걱정에 휩싸인다. 자녀가 감당해야 할 사건이나 문제를 부모가 대신 맡아서 해결해주고 싶은 욕구가 가끔은 거부할 수 없을 만큼 강할 때도 있다. 그러면 부모는 아이가 당면한 문제의 원인을 제거하고 아이를 구출해내야 온몸으로 느끼던 불안과 긴장감을 줄일 수 있다.

자녀에게 강압을 행사하고 싶고, 무슨 일을 언제, 어떻게 해야 하는지 말해주고 싶은 충동, 심지어 아이가 보지 못하는 배후에서 몰래 영향력을 행사하고 싶은 충동이 점점 강해진다.

부모의 보호본능에 사랑, 두려움, 강압이라는 감정이 가미되고, 거기다가 부모 자신의 사회생활로 인한 스트레스까지 더해지면, 부모는 무슨 일이 있어도 자녀의 삶에 간섭해서 통제하고 싶은 대단히 강렬한 욕구를 느끼게 된다. 사실 자녀의 숙제를 빼앗아서 틀린 부분을 직접 고쳐주고 싶은 충동을 단 한 번도 느낀 적이 없다고 말할 수 있는 부모는 한 명도 없을 것이다.

하지만 그런 식으로 자녀의 일을 부모가 도맡으면 예상과는 반대의 결과를 초래하게 된다. 아이에게 강제적으로 무언가를 시키거나, 아이가 할 일을 아예 부모가 떠맡으면 아이 스스로 성취하려는 욕망은 질식당한다. 또 아이의 창의력을 저해할 뿐만 아니라 아이와의 관계에도 심각한 악영향을 미친다.

이 분야에서 실시된 많은 연구 결과가 공통적으로 지적하는 바가 있다. 자녀의 자율을 억압하고 강압을 행사하면 많은 문제가 발생하는데, 그중 하나가 바로 내적 동기가 줄어든다는 점이다.

자녀에게 강압을 행사하고 싶은 부모가 있을까?

대부분의 부모는 본능과 욕구 사이에서 전쟁을 벌이고 있다. '자녀에게 강압을 행사하고 싶은가?'라는 질문에 그렇다고 대답하는 부모가 거의 없다는 것만 봐도 이를 알 수 있다. 로체스터 대학의 대학원생 시절, 심리학자 리치

라이언과 나는 뉴욕 댄스빌에 거주하는 부모들을 대상으로 자녀에게 거는 기대에 대한 설문조사를 실시했다. 거의 모든 부모가 대답한 내용의 골자는 이것이었다.

"나는 내 자녀가 무슨 일이든 자신이 즐기는 일을 하며 행복하게 살기를 원한다."

작가 알피 콘 역시 텍사스와 미네소타의 사립학교에서 부모들에게 자녀의 장기적인 목표에 대한 설문조사를 실시했다. 콘의 연구 결과에 의하면, 부모들은 자녀가 행복한 사람, 균형 있고 독립적이고 생산적이며 신뢰할 만하고 책임감 있고 제 할 일을 알아서 잘하는 사람, 친절하고 사려 깊고 사랑스러우며 탐구심이 강하고 자신감 있는 사람이 되기를 바랐다. 그 조사에서 '우승, 명문대학, 노벨상' 같은 단어는 찾아볼 수 없었다.

그럼에도 불구하고 오늘날 경쟁으로 인한 엄청난 부담은 부모가 자녀에게 강압을 행사하도록 부추기고 있다. 자녀가 자기 인생을 개척해나가기를 진심으로 바라는 부모라 할지라도 치열한 경쟁으로 가득한 환경에서는 자녀에게 강압을 행사하고 싶은 유혹을 완전히 떨쳐버리지 못할 때가 종종 있다. 부모 자신도 경쟁적인 사회생활 속에서 스트레스를 받는 데다 자녀가 치러야 할 경쟁까지 신경 써야 하기 때문에 때때로 강압의 유혹을 강하게 느끼는 것이다.

스트레스가 많으면 자녀를 통제한다

PPP의 해로운 특징, 이를테면 자녀의 삶을 통제하고 싶은 충동 같은 것을 이해하기 위한 대표적인 예로 양육으로 인한 스트레스의 영향을 들 수 있다.

PPP와 마찬가지로 부모가 사회생활을 통해 받는 스트레스는 자녀의 문제를 떠맡아 직접 해결하고 싶은 충동의 한 원인이 된다.

스트레스 때문에 더 나은 판단을 하지 못하게 되는 경우는 얼마든지 찾을 수 있다. 급하게 어딘가 가야 하는데, 아이가 신발을 잘 못 신으면 "아가야, 신발 끈이 또 풀어졌구나. 다시 묶어보겠니?"라고 말하기보다는, "얼른 이리 와. 엄마가 신발 끈 매줄게."라고 말할 가능성이 훨씬 높다. 삶 속에서 받는 스트레스가 자녀의 자율을 용납하지 않는 부모로 만든 것이다.

부모가 직장에 다니거나 자원봉사 활동 등 집안일 외에 다른 일을 할 경우에는, 특히 이른 아침에 서둘러 자녀를 학교에 보내는 게 힘들고 고단하다. 아침 일찍 일어나서 아이들 도시락을 싸고, 아침상을 차리고, 설거지를 하고, 빨래를 널고, 아이의 선생님께 쪽지도 써야 한다면? 게다가 출근할 채비까지 해야 한다면? 오전 10시로 예정된 회의 생각에 정신없는 와중에 하필 친정어머니 엉덩이뼈가 부러졌다는 소식을 듣게 된다면? 보나마나 아침 시간은 완전히 난장판이 되기 십상이다. 이럴 경우 전문가들이 추천하는 최고의 양육법대로 아이를 대한다는 건 사실상 불가능하다.

이렇게 한바탕 전쟁을 치르며 아이들을 학교에 데려다주고 회사에 출근하긴 했지만, 그날 밤 퇴근한 엄마는 다시 중압감에 시달리게 된다. 잠자리에 들기 전, 해야 할 일이 산더미같이 쌓여 있기 때문이다. 저녁 식사를 준비하고 아이들 숙제를 봐주고, 가정통신문을 읽어보고, 며칠 뒤에 있을 학교 휴교일에 아이들을 봐줄 사람에게 미리 연락을 해야 한다. 당연히 자신을 위해 투자할 여유란 있을 수 없다.

매일 이런 식으로 생활해야 한다면 자녀 양육 방식으로 자율보다는 통제를 선택할 가능성이 매우 높다. 스트레스는 부모의 시선을 편협하게 만든다. 자녀 교육과 미래에 대해 좀 더 폭넓은 시각으로 보지 못하고, 당장의 목표에만 급급하게 만들기 때문이다. 이를테면 등교 시간이 늦었는데도 빈둥거리며 학교 갈 준비를 하지 않는 아이를 일단 대문 밖으로 밀어내는 일, 숙제를 하도록 강요하는 일 등이다. 스트레스에 시달리는 부모의 입에서 "당장 방에 들어가서 수학 숙제 끝내!"라는 고함 소리가 나오는 건 그다지 이상한 일이 아니다. 특히 두 시간째 게임에 매달려 있는 아이를 게임기와 떨어뜨려 놓으려고 실랑이를 벌이던 중이었다면, 오히려 고함치는 게 당연하다고 생각될 수도 있다.

내가 동료들과 함께 실시한 연구 조사 중 하나는, 부모가 받은 스트레스의 양에 따라 그 부모가 자녀에게 강압을 행사하는 정도를 예측할 수 있음을 밝혀냈다. 우리는 13~18살의 자녀를 둔 부모 91명과 면담 조사를 실시했다. 이들에게 집에 있을 때 무엇을 하며 시간을 보내는지 광범위한 경우와 상황을 예로 들어가며 질문했다.

"자녀의 성적표를 받았을 때 어떻게 반응합니까?" "귀가시간 약속을 어기고 자녀가 밤늦게까지 집에 들어오지 않으면 어떻게 합니까?" "가장 최근에 자녀와 불화를 빚은 사건은 무엇이었습니까?"

이 외에도 최근 3개월 동안 죽음, 질병, 경제적인 어려움 등 스트레스가 될 만한 일을 겪은 적이 있는지도 물었다. 조사 결과, 어머니들이 심한 스트레스를 겪으면 겪을수록, 자녀를 통제하려는 경향 역시 강해진다는 것을 알 수 있었다. 스트레스가 심한 부모들의 경우, 자녀의 성적이 나쁠 때 이에 관해 자녀와 대화를 나누기보다는 소리를 지르는 방식으로 반응했다. 또 왜 귀가시간 약속을 지키지 못했는지 자녀에게 이유를 들어보지도 않고 부모 마음대로 통금 시간을 앞당겨버리거나, 어떤 벌을 받을지 아무런 통보나 대화를 나누지 않고 무조건 "이제부터 2개월 동안 외출 금지야!" 같은 극단적인 벌을 내린 경우도 있었다.

아버지들은 보통 스트레스가 심하면 심할수록 자녀와 보내는 시간이 줄어드는 경향이 있다는 조사 결과가 나와 있다. 아버지들은 스트레스가 심할 때 자녀와 떨어져 자기만의 시간을 보낼 수 있는 경우가 많지만, 대부분의 어머니는 그런 여유를 부리기 힘들다. 그렇다 보니 어머니들은 계속 자녀와 부대끼며 자녀를 통제하는 방식에 의지하게 된다.

미래에 위협을 느끼면 자녀에게 강요한다

'외부 세계'로부터 오는 스트레스, 예를 들어 경제적, 정치적 문제에서 받는 스트레스 역시 부모의 양육에 상당한 영향을 미친다.

나는 동료 연구팀과 함께 부모를 대상으로 설문조사를 실시했다. 자기 자녀가 사는 세상은 어떤 세상이라고 생각하는지, 이에 대한 부모의 생각이 부모와 자녀 관계에 어떤 영향을 미치는지를 연구 조사했다. 자녀가 사는 세상이 불안정하고, 취업이 힘든 혹독한 세상이라고 생각하는 부모는 그렇지 않은 부모와 비교했을 때 자녀에게 통제권을 더 많이 행사할까, 적게 행사할까? 우리는 40명의 어머니들에게 다음과 같은 문항에 얼마나 동의하는지 질문했다.

- 요즘 아이들이 상당한 위험에 노출되어 있다고 생각하면 너무 긴장되고 걱정된다.
- 품위 있는 삶을 사는 게 점점 더 힘들어지고 있다.
- 미래에 우리 아이들이 살아갈 세상에 대해 생각하면 무서운 생각이 든다.

우리는 위의 질문에 응답한 어머니들에게 다른 실험도 실시했다. 각 어머니들은 자신의 자녀가 지도를 보고 위치를 알려줄 수 있도록 가르쳐줄 것을 지시받았다. 그리고 자녀가 4행시를 짓는 것도 도와주어야 했다. 4행시를 지을 때는 첫째 행과 셋째 행의 마지막 단어, 둘째 행과 넷째 행의 마지막 단어는 발음이 비슷한 단어로 끝나도록 지어야 한다.

다들 예상했겠지만, 미래 세상에 위협을 느낀다고 대답한 어머니들은 위협을 덜 느낀 어머니들에 비해 자녀가 맡은 일을 대신 해주려는 경향이 강했다. 또 아이에게 어떻게 해야 할지를 일일이 지시하려는 경향도 강했다. 어떤 어머니들은 아예 자기 앞에 종이를 펼쳐놓았고, 어떤 어머니들은 실험 지시문을 아이 대신 큰 소리로 읽어주기도 했다. 하지만 미래 세상에 대해 덜 비관적인 어머니들은 비교적 침착한 태도로 아이가 스스로 지시문대로 시도해보도록 놔두다가 아이가 도움을 요청할 때에만 도와주었다.

우리가 사는 세상은 절대 수월하지 않다. 험난한 세상은 부모의 보호본능을 강하게 자극하고 자녀에게 강압을 행사하도록 부모를 몰아세운다. 부모의 그런 반응은 이해는 되지만, 자녀에게 도움이 되지는 않는다.

아이의 성향이 강압적인 부모를 만든다고?

어쩌면 이렇게 생각하는 사람이 있을지도 모르겠다.

"내 아이는 통제가 필요해. 어떻게 해야 할지 구체적으로 지시를 내리면서 시키지 않으면, 뭘 해야 하는지 전혀 모르거든."

틀린 말은 아니다. 사실 한 명 이상의 아이를 둔 부모라면 아이에 따라 양육 방식도 달라야 한다는 것은 잘 알고 있을 것이다. 양육 방식을 결정짓는 가장 큰 요소는 당연히 아이의 성향과 성격이다. 수저로 접시를 치다가 엄마가 그만두라는 말을 하자마자 그만두는 아이도 있지만, 수저를 뺏기 전까지는 엄마가 무슨 말을 하든 계속 접시를 치는 아이도 있다. 그러니 아이들의 서로 다른 행동 양식이 부모의 양육 방식에 영향을 미치지 않을 수 없다.

부모가 받는 스트레스가 양육에 영향을 미치듯, 아이들의 서로 다른 성향은 부모가 자녀에게 강압을 행사하고 싶은 욕구를 유발시키는 한 요인이다. 이러한 욕구는 PPP와도 관련이 있다. 인디애나 대학의 심리학자 존 E. 베이츠John E. Bates는 이에 대한 믿을 만한 증거자료를 제공하고 있다.

그는 많은 어머니가 6~13개월 사이의 아기에게는 성향이 다르다 해도 다른 방식으로 대응하지 않는다는 사실을 알게 되었다. 하지만 아이가 2살이 될 즈음이면, 성격이 유한 아이를 둔 어머니보다는 그렇지 않은 어머니들이 자녀에게 통제권을 강하게 행사하려는 경향이 높았다. 아이가 큰 소리로 울거나, 관심을 가져달라고 징얼대거나, 툭하면 변덕을 부리거나, 엄마와 약속한 규칙을 지키지 않으면, 이 어머니들은 성격이 유순한 아이를 둔 부모보다 야단을 치고 엉덩이를 때리며 장난감을 빼앗는 등의 횟수가 잦았다.

다른 연구에서도 활동적인 아이들이 조용한 아이들보다 부모와 알력 싸움을 벌일 때가 더 많은 것으로 나타났다. 다시 말해서 육아는 양방향으로 작용하기 때문에, 부모가 자녀의 행동에 영향을 미치는 동시에 자녀 역시 부모의 양육 방식에 영향을 미친다.

이러한 현상은 10대의 자녀와 부모들 사이에서도 동일하게 작용한다. 10대 자녀를 둔 가족 연구에서, 우리는 부모들에게 설문지를 나누어주며 각 문항에 등급을 매기도록 부탁했다. 예를 들어 '내 아이는 성격이 침착하고 변덕이 심하지 않다'라는 문항 옆에 '매우 그렇다'에서부터 '전혀 그렇지 않다'까지의 등급을 정해놓고 선택하도록 했다.

이 조사를 통해 우리는 부모가 10대 자녀를 이해한다는 게 얼마나 어려운

지 알 수 있었다. 또한 면담 조사를 통해 부모가 10대 자녀에게 동기를 부여하고 훈육하는 것도 대단히 어렵다는 사실을 확인할 수 있었다. 어머니가 자녀를 다루기 힘들다고 대답한 가정일수록, 그 가정의 양육 방식은 더 통제적이라는 결과가 나왔다.

물론 부모가 자녀를 통제하려 들 때 서로를 자극하는 악순환이 원인인 경우가 종종 있다. 아이가 엄마에게 "싫어!"라고 말하면 짜증이 난 엄마는 아이에게 "뭐야? 그래도 해!"라고 응수하게 된다. 이러한 엄마의 반응은 아이에게 더 심한 거부반응을 일으키고 악순환이 계속되는 것이다.

내 아이가 평가받는데 어떻게 가만히 있어요?

매일 겪는 스트레스와 불확실한 미래에 대한 걱정이 자녀에게 강압을 행사하고 자율성을 짓밟게 된다는 건 이해하기가 어렵지 않다. 그러나 PPP가 부모에게 미치는 영향은 좀 더 미묘하고 복잡하다. 직장에서 받는 스트레스나 사회적인 문제, 경제적인 어려움 같은 '외부 요인'에서 초래된 스트레스와는 달리 PPP는 '내부 요인' 때문에 생긴 스트레스이다.

하지만 앞서 '부모는 자녀에게 강압을 행사하거나 부담감을 주길 원하지 않는다'는 사실을 확인한 바 있다. 그렇다면 부모가 자녀에게 압력을 행사하게 만드는 원인이 바로 PPP라는 사실을 어떻게 증명할 수 있을까?

경쟁과 평가가 부모에게 주는 압박감

나와 내 실험실 동료들은 경쟁적인 상황이 부모에게 스스로 세운 목표를 파기하도록 압력을 가한다는 사실을 증명했다. 우리가 실험에 참가하려고 모인 부모들 사이에 치열한 경쟁 분위기를 조장하자, 대부분의 부모가 자녀에게 통제권을 행사하려고 했다.

우리는 공립학교에 다니는 60명의 4학년생들에게 '자기 자신'에 대한 설문지를 주며 답안을 작성하도록 했다. 설문지의 문항에는 "형제, 자매가 몇 명 있는가?" "주말에 하는 좋아하는 활동은 무엇인가?" 등이 있었다.

우리는 이 어린이들의 어머니들 중 반에게 다른 어린이 그룹이 그들의 자녀를 만나게 되리라 말해주었다. 그리고 새로 만난 친구들이 그들의 자녀를 얼마나 좋아하는지에 대해 등급을 매길 텐데, 자녀들이 '자기 자신'에 대해 작성한 설문을 기초로 할 것이라고 말해주었다.

그리고 나머지 반에 해당하는 어머니들에게는 새로운 그룹의 어린이들이 자녀를 만날 텐데, 새 친구들은 설문지를 그냥 읽어보기만 한다고 말해두었다. 이 어머니들에게는 새 친구들이 자기 자녀의 등급을 매기리라는 말은 전혀 하지 않았다.

부모라면 누구나 다른 아이들이 자기 아이를 좋아하는지 여부에 큰 관심을 갖고 있다. 그래서 우리는 혹시 남이 자기 자녀를 거부할 조짐이 조금이라도 감지되면, 부모의 사랑과 보호본능이 자극받고 따라서 자녀에게 강압을 행사하게 될 가능성이 높으리라 예상했다. 즉 새 친구들이 자기 아이의 등급을 매긴다는 사실을 아는 부모는 자녀가 설문지를 작성할 때 자녀를 통제하려 들 수도 있었다. 실제로 이 실험에서 많은 어머니가 자녀에게 설문지 작성에 대한 지시를 내렸고, 자기 말대로 쓰도록 압력을 행사했다.

등급을 매긴다는 사실을 전혀 알지 못하는 어머니들은 아이들이 설문지에 적는 모습을 그냥 지켜보기만 했고, 아이가 도움을 요청할 때에만 도와주었다.

질문 중에는 사회생활 중에 빠질 수 있는 딜레마에 대한 것들도 있었다.

- 한 친구와 놀고 있는데, 다른 친구가 와서 놀자고 하면 어떻게 하겠는가?
- 두 친구가 싸운 후, 둘 다 나에게 와서 싸운 친구와 말하지 말 것을 부탁했다. 이런 상황이라면 어떻게 하겠는가?

이런 질문에 '적당한' 대답을 하기가 쉽지 않다. 그렇다면 '압박감을 받은 부모' 그룹은 이렇게 까다로운 질문을 읽었을 때 어떻게 대답해야 할지 몰라서 불안감과 근심을 느끼게 될까? 조사 결과 '그렇다'고 나왔다. 누군가 자기 아이를 판단한다는 데 압박을 느낀 어머니들은 다른 질문보다 사회적, 친교적인 문제를 묻는 질문에 더 적극적으로 자녀의 답안 작성에 개입했다. 그들은 자녀에게 어떤 식으로 하라고 지시를 내리거나, 심지어 부모 본인이 원하는 답을 쓰도록 자녀에게 노골적인 힌트를 주기도 했다.

한 어머니는 불안감을 그대로 드러내며 딸에게 이렇게 말했다.

"아니, 아니야. 친구를 그냥 놔두고 가버리면 안 되지. 새로 놀자고 온 친구에게도 같이 놀자고 말을 해야 해. 그렇지 않니?"

그 어머니는 이렇게 말하면서, 마지막 말을 할 때는 눈썹을 치켜뜨고 딸아이를 거의 노려보다시피 쳐다보았다.

이번 실험 결과, PPP는 부모가 더 나은 판단을 하는 데 대단한 영향을 미칠 뿐만 아니라 자녀의 자율을 억누른다는 사실을 명확히 확인할 수 있었다.

자녀의 성공은 나의 성공, 자녀의 실패는 나의 실패

아이들의 성적표가 집에 도착하면 나는 성적표를 매우 꼼꼼하게 살펴본다. 내가 이렇게 아이의 성적에 집착하게 되리라고는 상상도 못했다. 마찬가지로 앨리슨이 동네 수영팀에서 수영을 시작한 후, 시간이 흐를수록 앨리슨의 기록에 대한 내 관심은 점점 강해졌다. 물론 같은 수영팀에 속한 다른 선수들의 기록 역시 내 관심의 대상이었다.

잭이 4학년 때 학부모 공개 수업에 참가했는데, 잭의 담임선생님은 누가 쓴 글인지는 밝히지 않고 잭이 쓴 무서운 귀신 이야기를 교실 가득 메운 학부모들 앞에서 잘 쓴 이야기라며 읽어주었다. 그때 나는 자리에서 벌떡 일어나 모두가 들리도록 큰 소리로 "저건 제 아들 잭이 쓴 글이에요!"라고 외치고 싶었다.

나는 아이의 자율은 반드시 보장되어야 한다고 굳게 믿고 있었지만, 직접 아이들을 키워보니 아이들의 생활과 활동에서 부모인 내 자아를 배제하는 게 대단히 어렵다는 사실을 인정하지 않을 수 없었다. 그렇긴 하지만 심리학자들이 '자아관여 ego involvement'라고 명명한 현상의 깊은 구덩이에 빠질 필요는 없다.

자아관여는 자신의 자부심이나 자아를 자신이 이룬 성공이나 실패와 연관하려는 경향을 뜻한다. 심리학자들에 의하면, 일반적으로 자신에 대한 감정은 본인이 성취한 바에 좌우된다고 한다. 예를 들어, 내가 이 책의 성공 여부에 내 자아를 관여시킨다고 치자. 만약 아무도 이 책을 사서 읽지 않으면 나는 나 자신을 가치 없는 인간으로 여기게 되는 식이다. 또한 사람은 자신과 매우 가까운 관계에 있는 다른 누군가의 성공과 실패에 자신의 자아를 관여시키기도 한다. 부모가 자녀의 성취에 자신의 자아를 관여시키는 것도 이 때문이다. 마찬가지로 자녀의 성공과 실패가 부모의 성공과 실패를 반영한다고 생각하는 경우도 있다.

자녀가 명문대에 들어가거나 따기 힘든 자격증을 따거나 전국 대회에서 상을 받으면 모든 부모가 자랑스럽게 생각할 것이다. 어쩌면 자녀에게 그런 일이 생기면 자신을 '좋은 부모'라고 여기면서, 자녀에게 강압을 행사한 덕분에 그런 업적을 성취하게 되었다고 믿게 될지도 모르겠다.

자아관여는 부모의 자부심이 아이의 성취 정도에 좌우되도록 조장한다. 따라서 *부모는 자녀가 얼마나 많은 것을 잘 이루어내느냐에 자신의 자아를 걸고 도박을 하게 된다.* 남들이 자신의 양육 방식을 어떻게 생각할지 걱정될 때, 즉 아이가 숙제를 제대로 해가지 않으면 담임선생님께서 자신을 어떻게 생각하게 될지 걱정된다면, 그것이 바로 자아관여이다.

그럴 때는 타인의 의견에 민감해진다. 자아관여의 늪에 빠진 부모는 남들의 판단과 생각에 좌우되고, 따라서 부모 자신의 자부심도 이에 따라 툭하면 오르락내리락을 반복하게 된다. 이에 동반되는 감정의 기복은 부모의 마음을 불편하게 할 뿐만 아니라 양육 능력까지 취약하게 한다. 왜냐하면 자녀에게 해주어야 할 것에 온전히 정신을 집중할 수 없게 되기 때문이다.

예를 들어보겠다. 자녀의 학교 성적에 굉장히 신경 쓰는 엄마가 있다고 하자. 자녀의 점수에 신경 쓰는 이유가 자녀의 성적에 따라 남들이 자신을 어떻게 볼 것인지 결정된다고 믿기 때문이라면, 그런 엄마는 시험 당일에 자녀의 마음을 안정시키기 힘들다. 물론 자녀가 자신감을 갖고 시험을 볼 수 있도록 용기를 북돋아 주기도 힘들다. 만약 아이가 시험을 못 봤다면, 그래서 부모가 자신을 가치 없는 사람으로 생각하게 된다면, 다음 시험을 준비해야 하는 아이를 지혜롭게 도와주기도 힘들어진다.

나의 가치는 내 아이에게 달려 있다

자녀의 생활에서 경쟁이 증가할수록 부모의 자아관여 역시 증가한다. 앞서 부모가 자녀에게 지도를 보고 길을 알려주는 법과 4행시 짓는 법을 가르치는 실험을 소개했다.

  그때 우리 연구원들은 어머니들 중 반에게는 아이의 성취도를 평가할 예정이라고 말하면서 아이의 성취 정도가 특정한 기준에 부합되는지 여부는 부모의 책임이라고 말했다. 자아관여를 조장하기 위해서였다.

  "여러분의 역할은 여러분의 자녀가 '시 짓는 법을 확실히 배우게 하는 것'입니다. 저희는 나중에 아이들이 오늘의 임무를 '충분히 잘 수행할 수 있는지' 확인 테스트를 실시할 예정입니다."

  나머지 반의 어머니들에게는 기준 등은 전혀 언급하지 않았고, 자녀의 수행 능력에 대한 책임이 어머니에게 있다는 암시도 전혀 주지 않았다.

  "여러분의 역할은 아이들이 시 짓는 법을 배우도록 돕는 것입니다. 나중에 저희가 아이들에게 질문은 하겠지만, 아이의 수행 능력을 '등급을 매겨 평가'하지는 않을 겁니다."

  자아관여를 은근히 조장한 첫 번째 그룹에 속한 어머니들은 이에 상당한 영향을 받은 것으로 드러났다. 어머니들 중 상당수가 무엇을, 어떻게, 언제 하라는 식의 지시를 내리며 자녀가 할 일을 본인이 떠맡으려는 경향을 보였다. 일부 어머니들은 자녀에게 직접 모범답안을 알려주기까지 했다.

  이번 실험에서 우리는 경쟁적인 상황에서 승리해야 남에게 좋은 평가를 받는다는 분위기가 조성되면, 부모는 자아관여의 늪에 빠질 가능성이 높고, 그렇게 되면 부모가 자녀를 통제하려는 경향도 강해진다는 사실을 확인할 수 있었다. 이후 받게 될 남들의 판단에 압박감을 느낀 어머니들은 그 압박을 다시 자녀에게 넘겨서 부담감에서 해방되려는 양상을 보였다.

  물론 자녀에 의해 자신의 가치가 결정된다고 생각하는 부모가 다 이런 모습을 보이는 것은 아니다. 대부분의 부모는 자녀의 손에 들려 있던 연필을 강제로 빼앗지는 않는다. 단 자아관여와 자녀를 통제하는 문제에서 남보다 취약한 부모가 있을 뿐이다. 또 특정 상황에서 쉽게 자아관여에 빠지고 자녀를 통제하려는 욕구를 강하게 보이는 경우가 있다. 지도와 시를 통한 다음 단계의 실험에서 우리는 이러한 예를 찾을 수 있었다.

다음 단계 실험에 들어가기에 앞서, 우리는 어머니들과 어린이들에게 설문지를 돌렸다. 이는 부모의 기본적인 양육 스타일을 알아보기 위한 설문지였다. 설문지는 부모가 가정에서 자녀를 통제하는 편인지, 자녀에게 자율을 허락하는 편인지 알아볼 수 있는 질문으로 구성되었다.

아이들이 시 짓는 법을 배울 때 연구원들이 부모에게 압력을 가해 경쟁적인 분위기가 조성되면 부모들이 자아관여에 빠지는 현상이 두드러진다는 사실을 확인했다. 그런데 지도 실험의 경우는 조금 다른 결과가 나왔다. 특히 가정에서 자녀를 강압적으로 통제하는 부모들은 지도 실험에서 '자녀의 임무를 떠맡으려는 경향'이 매우 명확하게 드러났다.

반면 가정에서 자녀의 자율을 인정하는 부모의 경우, 연구원들이 부모에게 부담을 가했음에도 실험 내내 자녀의 자율을 인정하는 양육 방식을 지속하려는 경향을 보였다. 사실 자녀의 자율이 반드시 존중되어야 한다고 믿는 부모 중 일부는, 부담과 압력을 받자 오히려 자녀가 더 적극적으로 앞장서서 임무를 수행하도록 격려하는 모습을 보이기도 했다. 이를 통해 부모가 자녀를 통제하고 싶은 욕구는 쉽지 않겠지만 '자신과의 싸움'을 통해 충분히 극복할 수 있는 것임을 확인할 수 있었다.

어떨 때 자녀의 삶에 간섭하게 될까?

정도의 차이는 있겠지만, 부모는 누구나 자녀의 삶 속에 어느 정도 자아관여를 하고 있다. 이는 매우 자연스러운 현상이다. 그러나 자녀가 경험하는 갖가지 다른 삶의 영역에 부모의 자존심이 얽혀 있다는 것이 문제이다. 어떤 부모는 자녀의 교우관계에, 또 어떤 부모는 자녀의 학업 성적에 자신의 자존심을 결부시킨다.

자녀의 삶과 부모의 자아를 분리해야 하는 이유는 많다. 만약 자녀가 친구를 사귀는 데 문제가 있어서 부모가 좋은 교우관계를 가질 수 있도록 자녀를 도와주었다고 하자. 그래서 자녀가 학교에서 친구들과 즐거운 시간을 보냈다면 부모의 자존심도 높아지고, 자녀가 학교에서 친구들과 잘 어울리지 못해 힘들었다면, 부모 역시 우울할 수밖에 없다.

부모의 어린 시절 경험 역시 부모가 자아관여에 빠지는 데 한몫한다. 어렸을 때 축구를 잘하고 싶었지만 그렇지 못했던 부모는 자녀를 성공적인 축구선수로 키우리라 결심할 수도 있고, 학창시절 한 번도 1등을 하지 못해 아쉬웠던 부모는 자녀가 꼭 1등을 해봤으면 하고 간절히 바랄 수도 있다.

부모가 어떤 일에 자신의 자존심을 걸고 시간과 에너지를 투자했는데, 그 일에 남들의 이목이 쏠리고 경쟁까지 더해지면 PPP는 걷잡을 수 없게 된다. 앞서 소개한 설문조사 실험에서도 이를 확인할 수 있었다. 이 실험에서 우리는 4학년 학생들에게 새 친구들을 만나기 전에, 자신에 대한 설문지를 작성하도록 했다. 그리고 그 설문지를 새 친구들에게 보여주겠다고 알려주었다. 또 아이의 어머니들에게도 설문지를 작성하도록 했다. 자녀의 인기에 신경을 쓰는 어머니들이 자아관여에 빠질 가능성이 높은지 여부를 알아보기 위해서였다. 설문지에는 다음과 같은 질문이 들어 있었고 어머니들은 각 문항에 얼마나 동의하는지 표시했다.

- 내 아이가 친구를 잘 사귀고 친구 관계가 좋을 때, 나도 나 자신을 좋게 느낀다.

- 내 아이에게 일어나는 일에 대해 관심을 갖고 있긴 하지만, 아이가 성공적인 교우관계를 맺는지 여부가 나 자신의 가치를 평가하는 데 영향을 미치는 건 아니다.

아이의 성공적인 교우관계가 가끔 자신의 자부심에 영향을 미친다고 대답한 어머니들은 자기 자녀가 설문지를 작성하는 동안 별다른 압력을 행사하지 않았다. 하지만 새 친구들이 자녀의 설문지로 자녀를 평가하게 된다는 사실을 알려주자, 약간 자아관여의 조짐을 보이던 어머니들이 순식간에 PPP에 휘말렸다. 그 결과 대부분의 질문에 대해 자신이 지정하는 방식으로 답변을 쓰도록 아이들에게 압력을 행사했다.

자녀의 성취도에 부모의 자부심이 결부되는 게 그렇게 비정상적인 것은 아니다. 부모라면 어느 정도는 그런 모습을 보이기 때문이다. 여기서 특이한 점은, 자아관여 현상이 '시간과 장소'에 따라 다양한 양상을 보인다는 사실이다. 따라서 자녀의 생활과 활동 중 어느 분야가 부모의 자부심에 영향을 미치는지 알아내는 것이 중요하다. 그래야 자아관여가 강압으로 이어지기 전에 그런 충동에 사로잡히면 안 된다는 경계심을 가지고 극복할 수 있기 때문이다.

자녀의 성공에 너무 몰입하지 말자

부모가 자녀에게 투자를 아끼지 않는 것은 예나 지금이나 마찬가지지만, 부모가 그 투자를 통해 기대하는 '보상'은 세대가 바뀌면서 변하고 있다. 또 부모는 자녀가 자신을 책임질 수 있는 성인으로 성장하기를 기대한다. 이는 부모가 자녀에게 투자하면서 기대하는 또 다른 형태의 '보상'이라 할 수 있다.

오늘날의 부모는 감정적, 경제적으로 자녀에게 엄청난 투자를 하면서 어떤 보상을 기대할까? 많은 경우 무의식적으로 자녀의 성공을 통해 자부심을 느끼게 되기를 기대한다. 과거의 부모는 자녀에게 쏟은 사랑을 '자녀가 부모와 함께 일하고 부모가 늙었을 때 잘 봉양하는 형태'로 보상을 받았다. 반면 <mark>오늘날의 부모는 '자녀의 사회적인 성공'을 보상으로 받기를 기대한다.</mark> 실제로 자녀의 성공을 통해 더 많은 기쁨과 자부심을 느끼고자 자녀에게 열성적으로 투자하는 부모를 쉽게 찾을 수 있다. 이것을 일종의 대리 만족이라고 보는 사람들도 있다.

나는 친정아버지가 속한 은퇴한 어르신들의 모임에 갔을 때 이런 현상을 확인한 적이 있다. 아버지와 친구 분들이 나누는 대화의 대부분은 자식과 손자에 관한 내용이었다. 손자, 손녀들이 무슨 상을 탔는지, 어느 대학에 입학했는지 다들 열성적으로 자랑을 늘어놓으셨다. 그것은 멀리 떨어져 사는 자식, 손자들과 좀 더 친근감을 느낄 수 있는 한 방법인 것 같았다.

<mark>그러나 자녀의 사회적인 성공에 너무 몰입하고 집중하다 보면, 부모의 본능이 그다지 건전하지 못한 방식으로 표출될 가능성이 높아진다.</mark> PPP로 인해 걱정에 휩싸인 부모는 항상 선택의 기로에서 갈등하게 된다. 자녀에게 강압을 행사하고 싶은 강한 욕구를 느낄 때 욕구를 따를 것인가, 억누를 것인가? 이럴 때 부모는 자녀에게 강압을 행사하지 않고도 유능하고 성공적인 아이로 성장하도록 도울 수 있는 다른 방법을 끊임없이 강구해야 한다. 이에 대해 다음 장에서 자세히 소개하겠다.

불안감을 떨쳐버리고 긍정적으로 자녀를 양육하는 방법, 자녀를 통제하지 않고도 올바르게 지도할 수 있는 방법에 대한 힌트를 얻을 수 있을 것이다. 자녀가 유능하고 자기 삶에 만족하는 성인으로 성장하는 동안 자녀와 친근한 관계를 유지하며 즐거운 삶을 만끽하길 바란다.

아이를 강압하고 싶어지는 마음을 안정시키는 방법

1단계: 정신없이 뻗어가는 생각을 잠시 멈춘다
자신이 느끼는 두려움이 정확히 무엇인지 알아낸다.

2단계: 거대한 고민을 작게 나눈다
위험 요인을 평가한다. 그 위험 요인이 자신의 생각만큼 정말 심각한지 알아보고, 실제 크기보다 과장된 요인을 분리해본다. 그리고 당사자인 자녀가 실제로 어떻게 느끼는지 생각해본다.

3단계: 긍정적인 면을 찾는다
부정적인 생각은 끝이 없는 법이다. 현재 상황에서 개선될 부분은 없는지 긍정적으로 검토해본다.

4단계: 영원불변한 것은 없다
가끔 부모들은 현재의 문제를 먼 미래까지 확장시켜서 걱정의 강도를 높인다. 하지만 상황은 언제나 변하게 마련이다. 현재 활용할 수 있는 여러 방안을 생각해보고, 당면한 문제에 대처할 수 있는 자신과 자녀의 능력을 믿어보자.

5단계: 장기적인 목표에 집중한다
아이가 직면한 사소한 경쟁에 너무 집착한 나머지 다른 일은 신경 쓸 여력이 없는가? 자녀에 대한 장기적인 목표를 생각해보자. 이미 자녀를 키워본 부모들과 이야기해보면 자녀에게 가장 중요한 건 초등학교나 중학교 시절의 시험 점수가 아니라는 것을 깨닫게 된다. 자녀의 장기적인 목표에 정신을 집중하게 되면 부모가 받는 정신적인 압박감을 줄일 수 있을 뿐 아니라, 현재 상황에서 한 걸음 물러나 더 큰 시각으로 바라보고 생각할 수 있다.

Nurture Dilemma

배움 자체를 즐기는 아이들이 좋은 성적만을 목표로 공부하는 아이들보다 성적이 우수하다. 무슨 일이든 스스로 재미를 느끼면서 하는 아이들이 억지로 하는 아이들보다 행복하다. 따라서 부모는 자녀의 내적 동기를 키워주기 위해 노력해야 한다. 부모가 자녀의 동기 부여를 위해 많이 쓰는 방법은 보상과 칭찬인데, 이것은 부모가 원하는 대로 행동하도록 강요하는 또 다른 방식의 강압이 될 수 있다. 그러면 자녀의 내적 동기를 키워주기 위한 지혜로운 방법은 무엇일까?

Chapter
04

아이의 열정에
날개를
달아줘라

왜 아기들은 침대 위에 매달아놓은 모빌을 발로 찰까? 왜 아기들은 자기 발가락을 장난감처럼 갖고 놀까? 왜 장난감을 주면 항상 입으로 가져갈까?

대부분의 심리학자는 모든 인간 행동의 원인이 되는 기본적인 욕구가 많지 않다고 믿었다. 프로이트는 성욕과 공격성을 기본적인 욕구로 꼽았다. 1940년대 미국인 심리학자 클라크 헐Clark Hull은 인간에게는 먹고 싶은 욕구, 물을 마시고 싶은 욕구, 성 욕구, 고통을 피하려는 욕구 이렇게 네 가지 욕구가 있다고 주장했다.

심리학자들은 이러한 욕구들 중 하나를 만족시킬 만한 보상이 있다면, 그 보상이 인간에게 어떠한 행동을 하도록 자극한다고 생각했다. 아이에게 책을 읽게 하고 싶다면, 책을 읽으면 쿠키를 주겠다고 제안해야 한다는 식이다.

그러나 1950년대에 들어서면서 소수의 심리학자들이 '욕구와 보상'이라는 소위 행동주의 이론에 의문을 제기했다. '아이들은 왜 놀이를 하는가?' '왜 사람들은 독서를 즐기는가?' 이때 심리학계에 해리 할로Harry Harlow가 혜성처럼 등장했다.

아이들은 왜 놀이를 할까?

위스콘신 대학의 심리학자 해리 할로는 오직 상과 벌을 통해서만 무언가를 배우게 할 수 있다는 행동주의학자들의 주장을 정면으로 반박했다. 할로는 실험을 통해 또 다른 기본적인 욕구가 있음을 증명했다.

그는 나무판에 걸쇠를 달고 핀과 고리로 고정시킨 장치를 A그룹으로 명명한 4마리의 원숭이가 있는 우리 안에 집어넣었다. 그는 원숭이들이 핀을 제거하여 고리를 풀고 걸쇠를 올릴 수 있는지 지켜보았다. 그리고 B그룹으로 명명한 또 다른 원숭이 4마리가 있는 우리 안에도 같은 장치를 넣었다. 하지만 B그룹의 우리에는 고리와 핀을 풀어서 미리 걸쇠를 올려놓은 상태로 넣어두었다.

할로는 이후 12일 동안 일정한 간격으로 각 원숭이 우리를 관찰하며 원숭이들이 걸쇠 고리 퍼즐을 풀었는지 확인했다. 확인할 때마다 A그룹의 원숭이들은 퍼즐을 풀었지만, B그룹의 원숭이들은 한 번도 고리 퍼즐을 풀지 못했다. 이는 이미 문제가 해결된 상태, 즉 조립되지 않고 해체된 상태의 고리 퍼즐은 원숭이들에게 아무런 호기심도 불러일으키지 않았다는 뜻이다. 반대로 핀으로 고정되어 고리가 걸린 상태의 퍼즐은 A그룹 원숭이들의 호기심을 자극했고, 이를 가지고 놀다가 마침내 고리를 풀면 걸쇠가 열린다는 사실을 발견하게 된 것이었다.

할로는 두 번째 실험을 실시했다. 그는 각각의 원숭이들을 우리 밖으로 빼낸 후 또 다른 우리에 집어넣었다. 그 우리에는 먹이 그릇이 있었지만, 고리 퍼즐이 먹이 그릇을 완전히 가리도록 했다.

할로는 A그룹의 원숭이들을 먹이 그릇이 있는 우리에 집어넣었다. A그룹의 원숭이들은 우리에 들어오자마자 일제히 퍼즐에 달려들었고, 퍼즐 뒤에 먹이 그릇이 있다는 걸 발견하고는 건포도를 모두 집어먹었다.

5분 후, 원숭이들은 다시 이전의 우리로 돌아갔다. 원숭이들이 이전 우리에 들어오기 전에 할로는 우리 안에 고리 퍼즐을 넣어두었는데, 이번에는 걸쇠 아래에 건포도를 끼워두었다. 맛있는 먹이라는 '보상'을 주고 원숭이들이 전보다 '더 빨리' 고리 퍼즐을 풀 수 있는지 알아보기 위해서였다.

그런데 예상을 뒤엎은 결과가 나왔다. 원숭이들은 전처럼 똑똑하지 못했다. 그중 한 마리는 아예 걸쇠를 풀지도 못했고, 나머지 세 마리는 결국 풀어서 건포도를 먹긴 했지만 3번의 실험 동안 무려 39번의 실수를 저질렀다. 게다가 이들이 저지른 실수는 너무나 어이없었다. 핀과 고리를 풀어야 걸쇠가 열리는데도, 매번 걸쇠부터 올리려고 했다. 첫 번째 실험에서는 한 번도 볼 수 없었던 실수였다.

그래서 할로는 건포도라는 먹이가 원숭이들이 퍼즐을 풀도록 자극하기보다는 오히려 퍼즐을 푸는 데 정신을 집중하지 못하게 방해하는 요인이 되었다고 결론 내렸다.

이 실험으로 할로는 혁신적인 결론을 얻게 되었다. 즉, 원숭이들이 퍼즐 푸는 법을 배운 것은 '보상' 때문이 아니라 퍼즐 풀기라는 순수한 '즐거움' 때문이었다는 것이다. 그는 원숭이들이 퍼즐을 풀 때까지 퍼즐을 갖고 놀도록 만든 에너지를 '내적 동기'라고 명명했다.

이후 20년이 넘는 기간 동안 수십 건의 연구 조사를 통해 인간은 세상을 개척하고 정복할 욕구를 타고난다는 '인간 동기 부여 이론 Human motivation theory'이 그 모습을 드러내게 되었다.

인간 동기 부여 이론에 의하면, 원숭이들이 계속 퍼즐을 풀도록 만든 원인과 아기가 자기 발가락을 갖고 놀도록 만든 원인은 모두 '내면의 열정 inner passion'이다. 이것은 자신의 만족과 즐거움을 위해서 놀거나 배우려는 본능적인 욕구이다. **인간은 누구나 새로운 것을 탐구하려는 호기심과 기술을 연마하고 주변 세상을 정복하려는 욕구를 갖고 태어난다.** 아이들이 『해리 포터』를 자진해서 읽는 이유, 땀을 흘리면서도 구름사다리를 오르는 이유, 테트리스 게임의 높은 단계로 가기 위해 애쓰는 이유 역시 여기에 있다.

이후 로버트 화이트Robert White가 인간에게는 능력을 갖추고 싶은 욕구가 있음을 발견했고, 다른 심리학자들도 내적 동기라는 엔진에 연료가 되는 두 가지 욕구를 추가로 발견했다. 1975년 에드 데시는 인간에게는 능력을 갖추길 원하는 욕구 이외에 자율의 욕구도 있다고 주장했다. 이는 스스로 원해서 무언가를 하고, 자신의 행동을 스스로 주도하길 원한다는 의미이다. 자율과 함께 인간은 주변 세상과 '관련'되길 원하는 욕구도 갖고 있다. 따라서 아이의 내적 동기를 자극하려면, 아이들 스스로가 '나는 자율적이고 능력을 갖추고 있다'는 느낌과 주변 세상과 관련되어 있다는 느낌을 갖게 해주어야 한다.

아이의 동기를 자극해야 하는 이유

인간 동기 부여 이론은 PPP 문제 해결의 열쇠를 쥐고 있다. 부모가 자녀를 통제하려는 마음은 지극히 자연스러운 것이지만 그다지 올바른 마음이나 감정은 아니라고 할 수 있다. 긴급한 상황이 아닐 경우, 나는 내 아이들에게 억지로 무언가를 시키고 난 후에 보통 죄책감을 느낀다. 우리 실험실에서 실험에 참가했던 부모들 중에서도 자녀에게 해야 할 일을 지시하거나, 퍼즐을 푸는 방법을 직접 알려준 후 기분 좋은 표정을 지은 부모는 한 명도 없었다. 게다가 자녀가 할 일을 부모가 도맡아 하려는 태도는 자녀를 화나게 한다.

부모가 그런 충동에 휘말리지 않으려고 노력한다면, 자발적 동기에 의해 행동하는 책임감 있는 아이로 양육하는 데 큰 도움이 될 것이다. 그런 아이들은 공부도, 훈련도 열심히 하며, 자신의 잠재 능력을 최대한 키우기 위해 최선의 노력을 다한다. 아이가 '자기 책임을 다하는' 모습을 보여주면, 부모는 아이 일을 대신 해주고 싶은 충동을 억제하기가 훨씬 수월해진다. 자녀가 남보다 더 우수해지는 데 필요한 것은 부모의 강압이 아니라 자녀 자신의 열정과 동기임을 깨달으면 불안감을 쉽게 잠재울 수 있다.

'애들이 공부하기만 하면 되지, 공부하는 이유 따위를 누가 신경 쓰겠어?' 이렇게 생각하는 사람이 있을지도 모르겠다. 하지만 아이들의 내적 동기를 자극하는 이유를 아는 것과 모르는 것에는 대단한 차이가 있다.

첫째, 아이가 내적 동기를 자극받으면 받을수록 아이의 성취도가 높아진다. 내면의 열정은 창의력과 우수성을 모두 키워준다.

둘째, 아이를 체벌하면 싸움과 분노가 뒤따르게 마련이다. 하지만 아이의 내적 동기를 자극해주면, 부모가 자녀를 이해하고 있으며 자녀가 잘되기를 진심으로 바란다는 사실을 일깨워줄 수 있다. 그 결과 자녀와 더욱 친근한 관계를 유지할 수 있다.

셋째, 내적 동기는 자녀의 행복을 키워준다. 언제까지 자녀의 책상 옆을 지켜 서서 공부시킬 것인가? 평생 자녀의 주위를 맴돌며 살고 싶은 부모는 없다. 자녀가 진심으로 공부에 재미를 느끼고 목표를 성취한다면 그보다 더 자녀에게 유익한 일은 없을 것이다.

수많은 연구 조사에서 내적 동기가 대단히 많은 이점을 갖고 있음이 증명되었다. 지금부터 그 증거를 살펴보자.

공부의 목적을 어디에 두는 게 좋을까?

대부분의 어린이는 내적 동기가 충만한 상태에서 초등학교 생활을 시작한다. 내적 동기를 해치지 않는다면, 아이들은 고등학교를 졸업할 때까지 배움의 즐거움을 만끽하면서 학교생활을 할 수 있다.

스스로 재미를 느끼면서 한다면, 아이는 최상의 성과를 이루어낼 수 있다. 학생들은 자신이 흥미를 느끼는 과목 시간에 더 잘 집중한다는 조사 결과가 있다. 이는 관심이 있는 과목은 더 잘 배우고, 더 오래 기억하고, 더 잘 이해한다는 뜻이다.

리치 라이언은 1980년대 초기에 이 원칙을 테스트해보았다. 내적 동기가 학생들의 학업에 어떻게 영향을 미치는지 알고 싶었다. 그래서 그는 수업 시간에 대학생들에게 짧은 글을 나누어주며 읽게 했다. 리치는 실험에 참가한 학생들에게 글을 읽은 후 테스트하겠다는 말은 하지 않았다. 하지만 다 읽은 후 방금 읽은 글이 얼마나 재미있었는지, 그리고 읽는 게 얼마나 즐거웠는지 질문했다.

몇 분 후, 그는 학생들에게 종이를 나누어주며 방금 읽은 글에서 기억나는 것을 무엇이든 적어보라고 했다. 당연히 즐겁게, 흥미를 가지고 읽은 학생일수록 기억하는 내용도 더 많았다.

여기까지 했을 때 대부분의 학생은 공부가 다 끝났다고 생각했다. 일주일이 지난 후, 리치는 같은 학생들을 다시 불러 모았다. 그리고 일주일 전에 읽었던 내용 중 기억나는 것을 모두 적어보라고 했다. 결과는 거의 변하지 않았다. 당시 글의 내용에 재미를 느끼고 흥미롭게 읽었던 학생일수록 그 글에서 얻은 정보를 더 오랫동안 기억하고 있었다.

그렇다면 어린 학생들의 경우는 어떨까? 어린 학생들도 내적 동기가 학습에 도움이 될까? 이를 알아보기 위해 노스리지 캘리포니아 주립 대학의 심리학자 아델 에스켈레스 고트프라이드Adele Eskeles Gottfried는 9살에서 13살 사이의 초등학생 141명에게 설문조사를 실시했다. 설문지에서 학생들은 다음과 같은 문항에 '예' 또는 '아니오'로 답변을 적었다.

- 무언가 새로운 것을 배운다고 생각하면 기분이 좋아진다.
- 독서, 수학, 사회, 과학 공부는 재미있다고 생각한다.

설문지 작성이 끝난 후, 고트프라이드는 학생들에게 기초 학력 평가 시험지를 나누어주고 시험을 보게 했다. 시험 결과, 공부에 흥미를 느끼는 아이일수록 더 높은 점수를 받았다.

공부가 좋아서 공부할 것인가, 좋은 성적을 받기 위해 공부할 것인가

내적 동기에 의해 공부하는 것은 '즐겁게 공부하는 것'이다. 그리고 '공부 자체가 좋아서 공부하는 것'이다.

공부 자체가 좋아서 또는 무언가를 배우고 싶어서 공부하는 학생이 있는가 하면 오로지 공부의 결과에만 초점을 맞추어 공부하는 학생도 있다. 학교를 배움의 터전으로 여기는 학생은 좋은 점수를 받기 위해 공부하거나 남들 눈에 똑똑하게 보이기 위해 공부하는 학생들과 비교했을 때, 성적도 더 우수하고 학교생활도 더 만족스러워했다.

스탠퍼드 대학의 심리학자 캐럴 드웩Carol Dweck의 말에 의하면, 좋은 성적을 받아 남들 눈에 똑똑해 보이는 것을 목표로 삼은 학생들은, 어려운 과제는 피하려 하고 난관에 부딪히면 쉽게 포기하는 경향이 강하다고 한다. 하지만 단순히 배움 자체를 목표로 삼은 학생들은 어려운 과제를 만났을 때 더 열정적으로 과제를 해결하고자 노력할 가능성이 높다.

드웩은 이 두 가지 학습 목표를 지능이론theories of intelligence과 연결시켰다. 즉 '똑똑하게 보이기 위해' 공부하는 아이들은 종종 자신이 어느 정도의 지능은 타고났고 이는 불변의 사실이라고 믿는 경향이 있는데, 공부의 목적을 배움 자체에 두는 아이들은 일반적으로 열심히 공부하면 똑똑해진다는 생각을 갖고 있다고 한다.

아이들의 학습 태도가 엄청난 차이를 낳는 이유는, 자신의 지능이 고정적이라고 생각하는 아이들은 쉽게 낙심하기 때문이다. 어려운 문제에 봉착하거나 실수했을 경우, 이들은 자신이 그다지 똑똑하지 않을 수도 있다는 걱정을 하게 된다. 그래서 난해한 문제를 만났을 때 더 이상 자신의 지능에 대한 의구심이 생기지 않도록 빨리 포기해버리는 경향을 보이는 것이다.

반면에 공부하면 똑똑해진다고 믿는 아이들은 어려운 문제를 만났을 때 이와는 완전히 다른 자세로 임한다. 자기 앞에 놓인 어려운 문제를 좀 더 열심히 공부하고 연구해야 할 하나의 과제로 인식한다. 그래서 그 과제를 해결하면 자신이 그만큼 더 똑똑해질 수 있다고 생각한다. 지능을 이런 마음가짐으로 받아들이면 지구력을 키우는 데 도움이 된다.

그렇다고 해서 좋은 성적을 목표로 공부하는 아이들이 제대로 배울 수 없다는 뜻은 아니다. 그런 아이들도 얼마든지 배울 수 있고 또 실제로 많은 것을 배우고 있다. 또한 나는 아이들에게 성적이나 점수에 전혀 신경 쓰지 말라고 말하고 싶은 생각은 없다. 단지 아이들이 성적과 점수만 가장 중요하다는 식으로 생각하는 건 곤란하다는 뜻이다.

연구 결과에 따르면, 배움 자체가 공부의 목적인 아이들은 공부할 때 불안감을 덜 느낀다. 또 누군가의 도움이 필요할 때 편안한 마음으로 도움을 구한다. 아이러니한 일이지만, 좋은 성적만을 목표로 공부한 아이들보다 배움 자체를 목적으로 공부한 아이들의 성적이 더 우수하다.

즐겁게 공부하는 아이들이 성적도 좋다

1960년대에 행해진 연구들에서도, 자녀에게 배움에 대한 동기를 부여하면 자녀의 성취도를 향상시킬 수 있다는 게 증명되었다. 특히 워싱턴 대학의 심리학자 리처드 드참스Richard DeCharms의 연구결과는 고전으로 인정받고 있는데, 그의 연구 결과가 이를 증명하고 있다.

드참스는 약 1년에 걸쳐 초등학교 6학년 교사들을 대상으로 학생들의 내적 동기를 북돋는 교수 방법을 훈련시켰다. 그는 학생들의 자신감을 키워주는 법, 학생들이 현실적이고 개인적인 목표를 달성할 수 있도록 돕는 법, 학생들에게 도움의 손길을 뻗어 교사로서의 책임을 다하는 법 등을 가르쳐주었다. 또한 교사들에게 아이들이 배움 자체를 즐기며 공부하는 데 도움이 될 만한 워크북과 학습 자료도 제공해주었다. 마지막으로 600명의 학생들 모두가 학기 내내 즐겁게 배우고 공부할 수 있도록 독려하는 방법도 가르쳐주었다.

무엇보다 의사소통 방식이 대단한 영향력을 미친다는 점을 강조하면서, 성적을 강조하거나 시간 제약을 두는 등의 강압적인 방식은 최소화해야 한다고 가르쳤다. 그리고 학생들이 이론화하고 가설을 만들도록 이끄는 법, 무언가를 할 때 새로운 방식을 시도하도록 이끄는 법, 학생이 거부하지 않는다면 미리 예습하도록 이끄는 법도 전수해주었다. 마지막으로 학생들이 규칙을 준수하기만 한다면 자신을 마음껏 표현하는 것을 인정해야 한다는 점도 잊지 않고 조언해주었다.

실험 결과를 비교할 수 있도록, 같은 지역 내의 다른 교사진 16명은 제어집단(동일 실험에서 실험요건을 가하지 않은 그룹 — 옮긴이)인 또 다른 600명의 6학년 학생들을 평소 방식대로 가르쳤다.

그해 봄, 드참스에게 훈련받은 교사들과 공부한 학생들은 학업에 대한 흥미도가 상승했을 뿐 아니라 기초학력 평가 시험 성적 역시 제어 집단의 학생들과 비교했을 때 평균 반 학기 정도 우수한 것으로 나왔다. 뿐만 아니라 학생들은 학교생활을 전보다 더 즐거워했고 수업에 불참하거나 지각하는 횟수도 전보다 훨씬 줄어들었다. 6년 후, 이어진 연구를 통해 내적 동기에 자극을 받아 공부한 학생들이 더 우수한 성적으로 고등학교를 졸업했음이 밝혀졌다.

그렇다면 이런 의문이 생길 것이다. 즐겁다는 '감정'이 어떻게 배움의 질을 향상시키는 것일까? 학문을 배운다는 건 감정보다는 이성에 가까운 활동인데 어떻게 그럴 수 있을까? 혹시 감정이 이성적 활동에 개입하는 건 아닐까?

남부 캘리포니아 대학의 신경과학자 안토니오 다마시오Antonio Damasio는 감정이 이성적인 사고를 북돋는다고 주장한다. 이는 요즘 많은 학자가 관심을 보이고 있는 이론이다. 다마시오가 치료하는 환자 중 한 명은 뇌종양을 제거하는 과정에서 뇌의 전두엽 일부를 상실해서 매일 아주 세세한 부분까지 본인이 정한 방식대로만 생활했다. 게다가 감정을 느끼는 기능까지 상실한 것으로 나타났다. 감정을 느끼지 못하게 된 이후로 그 환자는 더 이상 '이성적인' 판단이나 결정을 내릴 수 없게 되었다고 한다.

원인은 섬엽insula에서 찾을 수 있었다. 뇌의 안쪽 깊은 곳에 자리 잡은 작은 섬엽은 온몸의 감각기관으로부터 정보를 모아, 이에 적합한 감정을 만든다. 그러면 뇌에서 결정을 내리는 부분에 섬엽이 모은 정보와 적합한 감정에 대한 정보가 전달된다. 예를 들어 썩은 사과를 손에 들면 섬엽은 나쁜 냄새는 구역질 나는 것이라고 해석한다. 연이어 썩은 사과와 나쁜 냄새, 구역질이라는 정보가 뇌에 전달되고, 뇌는 썩은 사과를 멀리 치우고 싶다는 결정을 내린다. 따라서 공부를 하는 데 있어서도 감정이 매우 중요한 부분을 차지한다는 것은 전혀 놀랄 일이 아니다.

자기 삶에 만족하는 아이로 키우는 법

스스로 하고자 하는 동기 부여를 받은 아이들과 떠밀려 억지로 하는 아이들을 비교할 때, 전자에 속하는 아이들이 행복을 더 많이 느끼고 자신에게 더 우호적이라는 연구 결과를 쉽게 찾을 수 있다.

최근에 실시된 한 연구를 예로 들어보겠다. 우리 연구진은 중학교 1, 2학년 학생들에게 방과 후 학교 프로그램에 참가하는 이유에 대해 설문조사를 실시했다. 아이들은 부모님이나 선생님이 시키니까 방과 후 프로그램에 참가할까? 만약 방과 후 프로그램에 참가하지 않으면 아이들은 자신을 나쁘다고 느끼게 될까? 아이들은 방과 후 교육 활동을 스스로 중요하다고 생각할까? 그리고 그런 활동에서 얼마나 많은 재미와 흥미를 느끼고 있을까?

일부 학생들은 원하는 활동을 재미있게 배울 수 있어서 참가한다고 대답했고, 큰 만족감을 느끼고 있었다. 하지만 부모님이 억지로 등록해서 또는 친구가 참가하니까 등과 같은 외적 요인에 의해 참가한 아이들은 자기 삶을 만족스러워하지 않았다.

그렇다면 좀 더 나이가 많은 10대들은 어떨까? 심리학자 미하이 칙센트미하이Mihaly Csikszentmilalyi는 내적 동기가 10대들에게 어떤 영향을 끼치는지 알아볼 수 있는 기막힌 방법을 고안해냈다. 칙센트미하이는 그의 동료 J. P. 헌터와 함께 중고등학생 1,215명에게 손목시계를 주었다. 이 손목시계는 하루 중 낮 시간 동안 약 두 시간 간격으로 8번 소리가 나도록 설정되어 있었다. 실험에 참가한 학생들은 일주일 동안 이 시계를 차고 다니면서 시계에서 알람 소리가 나면, 소리가 난 시각을 기준으로 가장 가까운 시간대에 한 활동에 대한 두 가지 질문에 답변을 적었다. 질문은 다음과 같았다.

- 당신은 이 활동이 흥미롭습니까?
- 당신은 현재 하고 있는 활동을 즐기고 있습니까?

참가자들은 재미있거나 지루한 정도를 최고 7점까지 표시했다.

내적 동기가 충만한 상태에서 상당한 흥미와 즐거움, 재미를 느낀다고 대답한 참가자들은 지루하다는 참가자들에 비해 자부심을 더 높게 느끼는 것으로 나타났다. 동기 부여를 많이 받으면 받을수록 자신감도 더 높아졌고 미래도 더 긍정적인 시각으로 바라보는 경향을 보였다.

성인을 대상으로 한 또 다른 조사 결과에 따르면, 내면의 열정을 더 많이 경험하면 할수록 삶의 만족도도 증가하는 것으로 나타났다. 호기심, 즐거움, 재미 등 내적 동기로 유발된 감정에 이끌려 생활하면 삶을 긍정적으로 바라볼 뿐만 아니라, 충만한 기쁨을 느낀다고 한다.

아이의 창의력을 키우려면 어떻게 할까?

요즘 경제학자들은 혁신적이고 지적인 인재가 경제 성장과 경제 개발을 이끌 수 있다고 목소리를 높인다. 즉 내적 동기가 어느 때보다 중요시되는 시대라고 할 수 있다. 내적 동기는 창의력을 키우는 원동력이 되기 때문이다.

하버드 비즈니스 스쿨의 심리학자 테레사 애머바일 Teresa Amabile은 창의력 연구에 헌신한 전문가로, 오래전부터 내적 동기와 창의력의 관계를 연구해 왔다. 애머바일은 8년 이상 2,400명의 대학생과 직장인을 대상으로 조사를 실시했다. 먼저 애머바일은 실험 참가자들에게 내적 동기에 관한 다음 문항을 읽고 자신에게 얼마나 맞는지 1~5점까지 점수를 매기게 했다.

- 현재 내가 하는 일의 원동력은 호기심이다.
- 현재 내가 하는 일에서, 내가 얼마나 잘할 수 있는지 알아보고 싶다.

외적 동기를 알아볼 수 있는 문항도 있었는데, 이 부분 역시 동일하게 점수를 매기도록 했다.

- 현재 내가 '하는 일'보다 '그 일로 버는 보수'에 더 관심이 많다.
- 내 능력의 한계에 도전하는 일보다는 내가 잘할 수 있는 일을 더 좋아한다.

다양한 분야에서 활동하는 참가자들은 이외에도 그들의 창의력을 측정할 수 있는 두 가지 테스트를 더 받았다. '창의력'을 측정하기 위해 애머바일은 참가자들에게 다음 중 자신에게 해당되는 것을 고르게 했다.

나는…
- 유능하다.
- 명석하다.
- 자신감이 있다.
- 유머 감각이 있다.
- 발명의 재주가 있다.
- 독창적이다.
- 관습에 얽매이지 않는다.

나는 나 자신이…
- 신중하다고 생각한다.

- 보수적이라고 생각한다.
- 관습적이라고 생각한다.
- 흥미를 느끼는 분야가 적다고 생각한다.

두 번째 창의력 테스트에서 참가자들은, 자신의 문제 해결 방식을 평가할 때 '적응자'에서부터 '혁신자'까지 나누어진 단계 중 한 가지를 선택했다. '적응자'는 보수적인 방식으로 문제 해결에 접근하며, 기존의 방식을 따르는 사람으로 정의되었다. 반면 '혁신자'는 독특한 방식을 찾아내는 것을 좋아하고 문제 해결을 위해 남다른 방식을 시도하고자 노력하는 사람으로 정의되었다.

애머바일이 두 종류의 답변지를 비교한 결과, 내적 동기 부분에서 높은 점수를 기록한 참가자들이 창의력 점수 역시 높은 것으로 나타났다.

애머바일의 실험에 참가한 2,400명의 참가자들 중에는 고급 예술반 학생들, 고급 작시반 학생들, 전문 예술가들 그리고 최고의 과학자들 이렇게 4개의 소그룹이 포함되어 있었다. 그중에서도 예술과 시에 재능이 있는 학생들의 경우 다른 학생들에 비해 내적 동기 점수가 더 높았다. 전문 예술가들과 과학자들 역시 일반 성인들에 비해 내적 동기 점수가 높았다. 예술가, 시인, 과학자의 경우 내적 동기가 강할수록, 자신이 하는 일에 자발적으로 더 많은 시간을 투자할 뿐만 아니라 더 헌신적인 것으로 나타났다.

애머바일은 고급 작시반 학생들의 시를 살펴보았는데, 내적 동기 점수가 높은 학생일수록 창작 활동에서 발휘되는 창의력 역시 높다는 사실을 알 수 있었다. 애머바일은 공정한 평가를 위해 실험과 상관없는 외부 심사위원 몇 명과 이 학생들을 가르치는 교사들로 심사위원단을 구성했다. 그리고 심사위원들에게 학생들의 작품을 보여주며 창의력을 평가해줄 것을 의뢰했는데, 결과는 놀라웠다. 학생들의 내적 동기 점수가 높을수록 외부 심사위원과 교사 역시 창의력에서 높은 점수를 주었다.

내적 동기와 창의력은 어떤 관계가 있을까?

성공적인 창작 활동을 하는 이들의 내적 동기 수준이 높다는 사실이 밝혀진 후, 많은 심리학자가 창의력이 무엇인지 알아내고자 연구를 시작했다. '먹기'처럼 단순하고 반복적인 활동에는 전혀 관심이 없는 과학자와 철학자는, 소위 창의적인 직업을 가진 사람들이다. 연구자들은 이렇게 창의적인 일을 하는 사람들은 일을 할 때 완전히 몰두한다는 사실을 알아냈다. 이들은 어려운 도전 과제가 있을 때 이에 몰입해서 해결하는 것을 좋아한다. 또한 문제 해결 과정에서 지치기는커녕 오히려 에너지를 얻고, 복잡한 문제를 만나면 즐거워한다. 그런 어려운 문제가 '자신의 재능을 활용할 기회를 제공해주어서 기쁘다'는 것이다.

자신이 하는 일에 재미를 느끼는 사람들은 종종 '몰입'이라는 현상을 경험한다. 몰입은 내적 동기가 최고점에 도달했을 때 발생하는 현상이다. 복잡한 문제를 풀 때, 새로운 임무를 완수할 때, 어떤 일에 너무 집중한 나머지 시간 가는 줄도 모를 때, 우리는 몰입했다고 말한다. 몰입은 매우 즐거운 감정에 휩싸이게 해주기 때문에 마약 없는 '환각 상태'라고 할 수도 있으며 상당한 성취감까지 안겨준다.

애머바일은 '자기 일을 좋아하는 것'과 '내적 동기 부여를 받아 자기 일을 열심히 하는 것'은 같은 의미라고 주장한다. 그는 노벨 물리학상 수상자인 아서 쇼로Arthur Schawlow의 말을 즐겨 인용한다.

"자신이 하는 일을 좋아하는 게 중요합니다. 성공적인 과학자가 되려면 … 무엇보다 호기심에 이끌려야 합니다."

애머바일과 동료 메리 앤 콜린스Mary Ann Collins는 동기 부여라는 여러 물줄기가 창의력이라는 하나의 강으로 흘러들어 가긴 하지만, 더 높은 수준의 창의력을 발휘하려면 어떤 일에 열중하고 그 일을 좋아해야만 가능하다고 주장한다. 이들은 하루 12시간을 글쓰기에 할애한다는 소설가 존 어빙 John Irving의 이야기를 소개했다.

어느 날 누군가 존 어빙에게 이미 명성과 수많은 팬과 재산까지 얻었는데 왜 아직도 그렇게 열심히 일을 하느냐고 물었다. 그러자 어빙은 이렇게 대답했다.

"글 쓰는 걸 좋아하니까요. 제가 그렇게 열심히 글을 쓰는 이유는, 글쓰기가 저에게는 '일'이 아니기 때문입니다."

일을 즐기면 실패의 두려움을 잊을 수 있다

무슨 일을 하든 그 일 자체를 즐기게 되면 결과물에 대한 걱정, 즉 실패의 두려움을 잊을 수 있다. 이는 창의력을 좀 더 발휘할 수 있게 한다. 공연 예술의 경우를 예로 들어보자. 공연을 할 때 공연 자체를 즐긴다면, 자신의 감정을 더 잘 표현할 가능성이 높아진다. 실패의 두려움이라는 감정적인 제약을 받지 않기 때문에 훨씬 더 여유 있게 공연에 임할 수 있다. 또한 즉흥적인 감흥이나 새로운 아이디어를 적극적으로 표현하고 시도할 수도 있다.

반면 '주연을 맡아야 한다!' 또는 '심사위원의 마음에 들어야 한다!'는 등 외적 동기에 정신을 다 빼앗기면, 오로지 기술적인 부분에만 집중해서 공연하게 된다.

성악 교사인 앤 애덤스는 그동안 성악 대회에서 2등 한 사람이 1등 한 사람보다 나중에 더 성공하는 경우를 종종 목격했는데, 역시 같은 이유이다. 앤 애덤스는 이를 이렇게 설명한다.

"1등을 하는 사람들을 보면 원칙에 맞게 노래는 잘 부릅니다. 하지만 1등이라고 해서 모두가 대담하고 독창적으로 노래하는 건 아닙니다."

그래서 애덤스는 대회를 준비하는 학생들에게, 심사위원에 대한 생각을 머릿속에서 지워버리라고 가르친다. 대회장을 콘서트장이라고 생각하고 관중들 앞에서 노래한다는 느낌으로 임하면 더 잘할 수 있기 때문이다.

아이의 가슴을 뛰게 하는 일을 찾아라

아이가 내적 동기의 자극을 받을수록 PPP 문제 해결도 수월해진다. PPP는 자녀가 치러야 할 경쟁으로 인해 부모의 보호본능이 부정적인 방식으로 발동이 걸려 생기는 현상이다. 따라서 자녀가 자발적이고 열정적으로 꿈을 이루고자 노력한다면 부모가 불안감을 느낄 가능성이 그만큼 줄어드는 것은 당연한 일이다.

만약 자녀가 알아서 숙제를 하고 스스로 훈련에 임하고 자신의 잠재적인 창의력을 발휘하려고 적극적으로 노력한다면, 나아가 가끔 최고의 성과까지 이루어낸다면, 부모가 굳이 자녀의 삶 속에 뛰어들어 일일이 참견하고 대신 문제를 해결해주고 싶은 유혹을 덜 느낄 것이다.

게다가 부모 입장에서 자녀가 관심 분야를 찾아 이를 즐긴다는 믿음이 확립되면, 자녀에게 특정 분야를 지정해주고 그 분야에서 어떤 목표를 세우라는 강요를 할 필요가 없다. *강압과 부담을 느끼지 않는 아이가 내면의 열정을 키울 수 있다*는 사실을 부모가 깨닫고 이를 실천할 때, 자녀는 주도적으로 자신의 삶을 살 수 있게 된다. 그러면 부모는 원하는 바를 즐겁게 성취해 나가는 자녀의 뒤에 서서 격려해주기만 하면 된다.

내 아이는 아직 미흡한 점이 많은데 주위 친구들은 마치 프로 선수처럼 보일 때, 이런 상황에서 부모가 아는 바를 실천에 옮긴다는 것은 사실 말처럼 쉽지 않다. 그래도 자녀가 마음속 열정에 불을 붙이고 내적 동기의 자극을 받을 수 있도록 부모는 믿음과 인내심을 가질 필요가 있다.

자녀가 내적 동기의 자극을 받는다고 해서 어느 날 갑자기 부모의 불안감이나 강압을 행사하고 싶은 충동이 마법처럼 사라지는 건 아니다. 하지만 적어도 그러한 부정적인 감정을 잘 조절하는 데 도움이 되는 것은 확실하다. 자신에게 이렇게 말해보는 것도 마음을 다스리는 한 방법이 될 수 있다.

"내 아이는 자신이 원하는 바대로 지금 잘하고 있어. 그리고 이렇게 하는 게 아이에게 유익해. 이렇게 해야 아이가 최선을 다할 수 있고, 더 행복해질 수 있어. 아이에게 억지로 시키고 부담을 주면서 통제하려 드는 건, 서로에게 유익하지 않아. 그러고 싶은 마음이 들더라도 참아야 해. 내가 아이에게 해줄 수 있는 최상의 것은 올바른 지도와 격려뿐이야."

아이가 싫어하는 일은 어떻게 시킬까?

지금까지 내적 동기에 자극을 받은 아이들이 느끼는 즐거움과 창의력에 대해 설명했다. 아마 지금쯤 많은 부모가 내심 놀랐을 것이다. 물론 여전히 이렇게 생각하는 부모도 있을 것이다.

"아이가 하고 싶은 대로 놔두면 내 딸은 노상 초콜릿 케이크만 먹고 온종일 놀기만 할 게 분명해."

또 이렇게 생각하는 부모도 있을 것이다.

'아이가 스스로 즐길 수 있는 일을 찾는 것이 좋다는 데는 이의가 없지만, 그렇다고 대학을 포기할 수는 없는데…. 내 아이가 좋아하는 게 임만 하게 놔둘 수는 없잖아. 경쟁이 치열한 세상에서 살아남으려면 필수적으로 해야 하는 것들이 있는데, 그건 어쩌라는 거야? 어느 정도 강압을 행사하는 게 아이에게 유익하지 않을까? 만약 아이가 하고 싶어하는 대로 방치하면 부모의 책임을 유기하는 게 아닐까?'

이 말도 틀린 말은 아니다. 아이들은 학교에서 반드시 배워야 할 과목이 있고, 때로는 재미없는 일도 해야만 한다. 부모가 PPP에 빠지는 원인도 대부분 그런 것들이다. 아이가 원하지 않더라도 아이에게 공부를 시키는 것, 건강에 유익한 음식을 먹이고 운동을 시키는 건 부모의 책임이다.

이렇게 아이는 원하지 않지만 반드시 해야 하는 일들을 아이가 자진해서 하게 하려면 내면화가 필요하다. 내면화 internalization 란, 부모가 중요하게 생각하는 일들과 목표를 아이가 마음으로 받아들이고 그에 맞게 행동하도록 적응시키는 과정이다.

내면화를 통해서 자율을 경험할 수 있다

현재 자신이 하고 있는 일을 한번 생각해보자. 회사 서류 작성이 지긋지긋한데도 하는 이유는 무엇일까? 직업이니까 할 수도 있고 그 일을 하지 않으면 해고당할까 봐 할 수도 있다. 또는 자신이 작성하지 않으면 동료가 그 일을 맡아서 해야 하는데, 본인의 일을 남에게 맡긴다는 게 양심에 걸려서 할 수도 있다. 아니면 회사 운영에 그 서류가 중요하다는 걸 잘 알고 있기 때문에 서류 작성 업무를 할 수도 있다. 바로 이러한 동기들이 내면화의 형식이다.

아이들이 숙제를 하고 자기 방을 청소하는 이유도 이와 비슷하다고 할 수 있다. 아이가 방을 청소하는 이유는 무엇일까? 방 청소를 하지 않으면 엄마가 화를 내고 용돈을 안 주실까 봐 청소할 수 있다. 이런 경우를 '울며 겨자 먹기 식 동기 gun to the head motivation' 또는 '외적 강요 동기 coerced motivation'라고 한다. 월급을 받기 위해, 하기 싫지만 억지로 서류 작업을 하는 것도 여기에 해당된다.

또는 엄마가 자기 방을 손님에게 보여드리고 싶어하는데, 방이 정리되지 않아서 손님에게 보여드리지 못하면 엄마가 서운해하실 게 분명해서 방을 청소할 수도 있다. 이는 죄책감이나 양심의 가책을 느껴서 하는 경우로, '가책 동기guilty motivation' 또는 '내적 강요 동기introjected motivation'라고 한다.

어느 날 방을 잘 정리해서 물건을 제자리에 두었더니 원하는 물건을 찾기가 훨씬 쉽다는 사실을 깨달았다. 그 이후부터 자진해서 방을 정리할 수도 있다. 이런 경우는 '전적인 동의 동기I agree motivation' 또는 '동일시 동기identified motivation'라고 할 수 있다.

처음 두 가지 동기는 그다지 유쾌한 경우는 아니다. '울며 겨자 먹기식 동기'는 강요를 받거나 외부에서 자극을 가하는 기간 동안만 동기 유발 효과가 지속된다. 또한 양심의 가책이 동기를 부여한 경우에 해당하는 아이들은 종종 자기 자신을 낮게 평가하는 경향이 있다.

'동일시 동기'에 자극을 받은 아이들은 어떤 가치를 스스로 받아들이고 오랫동안, 심지어 영원히 그 가치를 간직하기도 한다. 이 동기야말로 가장 강력한 형태의 내면화라고 할 수 있다. 아이가 어떤 일의 중요성을 스스로 인식하고, 그 중요성을 진심으로 받아들여 그렇게 하리라 결심하게 되기 때문이다.

동일시 동기의 자극을 받으면 아이는 자신이 원하는 목표를 이루기 위해 자기 일을 알아서 처리하게 된다. 물론 아이의 목표는 본인이 소중히 여기는 가치와 기준에 부합한다. 자신이 원하는 목표를 이루려면 싫어도 수학 숙제를 해야 한다는 사실을 아이가 잘 알고 있다면, 부모가 시키지 않아도 아이는 수학 숙제를 할 것이다. 그러면 내적 동기의 경우와 마찬가지로, 아이는 스스로 무언가를 주도적으로 했다는 느낌, 즉 '자율'을 경험하게 된다.

전적인 동의에 의한 내면화가 아이에게 더 유익하다

아이의 전적인 동의에 의한 '동일시 동기'는 내적 동기와 매우 비슷하다. 따라서 자녀의 성취와 행복, 부모와의 관계 모두에 긍정적인 결과를 초래하는 최선의 동기라고 할 수 있다. 내적 동기가 작동하지 않을 때면, 부모는 자녀가 동일시 동기라도 느껴주기를 바라게 된다. 동일시 동기는 자녀의 사회생활 전반에 걸쳐 도움이 되는 유용한 가치를 받아들일 때에도 큰 도움이 된다.

일부러 의도하거나 애를 쓰지 않고도 매일 자녀에게 내면화를 북돋아 줄 수 있는 방법이 있다. 부모가 자선을 행하고 세금을 제때에 잘 낸다면, 연로한 부모님을 잘 모시면서 자녀에게 가족의 소중함을 행동으로 보여준다면, 윤리적인 문제를 지혜롭게 해결하는 모습을 보여준다면, 아이들은 부모가 보여준 가치를 자연스럽게 자신의 가치로 받아들이기 시작한다.

사춘기에 들어선 자녀는 '엄마는 아무것도 모른다!'는 식으로 무시할 수도 있다. 그래도 부모가 소중히 여기는 가치를 자녀가 내면화할 수 있도록 도와줄 수는 있다.

언젠가 내 딸이 이렇게 말했다.

"우리 반에 조이라는 여자 아이가 있는데 저는 조이랑 절교할 거예요."

나는 딸에게 조이 입장이라면 어떤 기분이 들지 상상해보라고 말해줬다.

"조이가 얼마나 못됐는지 잘 알지도 못하면서 엄마는 어떻게 그런 말씀을 하세요?"

딸은 성질을 부리며 방을 홱 나가버렸다. 하지만 그날 오후, 나는 딸이 자기 방에서 친구와 통화하는 소리를 듣게 되었다.

"조이만 따돌리는 건 옳지 않은 것 같아. 내 생각에는 조이한테도 영화 보러 가자고 말하는 게 좋겠어."

'동일시 동기'로 내면화된 아이들은 '울며 겨자 먹기식 동기'나 '가책 동기'로 내면화된 아이들과 비교했을 때, 더 융통성 있고 정신 건강도 더 양호한 것으로 조사 결과 나타났다.

한 연구를 예로 들어보겠다. 리치 라이언은 이 세 가지 종류의 동기가 아이들에게 어떤 영향을 미치는지 조사하기 위해서 3~6학년 학생들 수백 명에게 다음 4가지 질문으로 설문조사를 실시했다.

- 숙제는 왜 합니까?
- 학교 수업 활동은 왜 합니까?
- 수업 중 선생님의 질문에 왜 대답합니까?
- 학교에서 왜 열심히 공부하려고 노력합니까?

설문에 참가한 학생들 중 일부는 '울며 겨자 먹기식 동기' 성향을 보였다. 이들은 "숙제를 하지 않지 않으면 선생님이 나에게 소리를 지르기 때문이다." 또는 "공부하지 않으면 곤란한 상황에 빠지기 때문이다."라고 답변을 적었다.

또 다른 학생들은 '가책 동기' 성향이 드러난 답변을 적었다. "공부를 하지 않으면 내가 나쁜 아이처럼 느껴질 것이다."

물론 '동일시 동기'의 자극을 받은 답변도 있었다. "그 과목을 잘 이해하고 싶기 때문에 수업 활동에 열심히 참여한다."

그런데 라이언이 '울며 겨자 먹기식 동기'와 '가책 동기'의 성향을 보인 아이들을 자세히 관찰한 결과 문제점을 발견했다. '울며 겨자 먹기식 동기'로 내면화된 아이들은 성적이 나쁘면 남을 탓하거나 별일 아니라며 치부하는 경향을 보였다. 그래서 형편없게 나온 성적표를 그냥 휴지통에 버리거나 아예 잊어버리는 식으로 반응했다.

'가책 동기'를 가진 아이들은 좋은 결과를 얻으려고 노력을 하긴 했지만,

그래도 성적이 안 좋으면 엄청난 불안감에 휩싸이며 자신을 바보로 여기는 경향을 보였다.

세 가지 동기 중에서 학교생활에 가장 탄력적으로 임하는 아이들은 당연히 '동일시 동기'로 내면화된 아이들이었다. 이 아이들은 성적이 나쁘게 나올 때는, 어떻게 하면 성적을 올릴 수 있을지 살펴볼 기회로 삼았다. 특히 부모님이나 선생님께 도움을 구하는 시도를 했다. 또한 '가책 동기'를 가진 아이들과는 달리, 나쁜 성적을 받았다고 해서 지나치게 고민하거나 우울해하지도 않았다.

지루한 활동을 할 때는 부모의 도움이 필요하다

특히 지루한 시간을 견디거나 재미없는 활동을 해야 할 때는 부모의 도움이 대단히 중요하다. 아이들이 굉장히 좋아하는 활동이라 해도 때로는 지루함이 느껴지는 때가 있게 마련이다.

아무리 운동을 좋아하는 아이라도 훈련은 지루할 수 있다. 선수들은 부상을 방지하기 위해 무릎 강화 훈련이 필수적인데, 이런 훈련은 경기에 나가는 것보다 재미없는 게 사실이다. 학교 공부 역시 단어의 철자와 의미를 암기해야 다른 재미있는 과목을 공부할 수 있고, 수학도 공식을 암기해야 문제를 풀 수 있다. 음악도 음계를 연습하고 악보를 볼 줄 알아야 연주가 가능하다.

이런 반복을 하다 보면 지루해진다. 바로 이럴 때 내면화가 필요하다. 아이가 그 일의 필요성을 공감할 수 있도록 부모가 지도해줘야 한다. 그래야 지루하거나 재미없는 순간이 아이들의 발목을 잡아 그 일을 포기하거나 싫어하게 되는 사태를 방지할 수 있다.

스스로 행동하는 아이로 키우는 법

내면화가 자연스럽게 이루어지지 않을 때, 부담 없이 내면화를 촉진시킬 수 있는 방법은 없을까?

아이의 내적 동기와 동일시 동기를 모두 키워주려면 아이가 '자율, 자신감, 친밀한 관계' 이 세 가지 감정을 느끼도록 해야 한다.

왜 아이들은 비디오 게임에 정신이 팔릴까?

믿기 힘든 말이겠지만, 컴퓨터나 게임기를 향해 몸을 구부리고 있는 모습은 배움에 대한 아이의 열정을 나타내는 신호이다. 부모는 이 신호를 제대로 알아볼 수 있어야 한다. 인기 있는 비디오 게임들을 잘 살펴보면 하나같이 동기를 부여하는 것을 알 수 있다. 내적 동기의 세 가지 요소인 자율, 자신감, 친밀한 관계 중 한 가지 이상을 충족시켜 만족하게 한다는 것이다.

리치 라이언은 스콧 리그비Scott Rigby, 앤드루 프르지빌스키Andrew Przybylski와 함께 비디오 게임의 영향에 대한 조사를 실시했다.

게임을 즐기는 이들 대부분은 누가 시켜서가 아니라 스스로 게임을 선택했다. 이들이 자발적으로 게임을 선택한 이유는, 게임에서 자유로움과 '자율'을 경험했기 때문이다. 어떤 비디오 게임은 게이머가 전략과 전술, 목표까지 직접 선택하고 결정할 수 있게 해서 자율을 더 극대화시키기도 한다.

그리고 게임 조작은 종종 직관적으로 이루어지기 때문에 게이머들은 초기 단계에서 이기면 자신이 유능하다고 느끼게 된다. 차츰 높은 단계로 올라가면서 더 많은 고난도 기술을 익히게 되기 때문이다. 또 도전적인 문제를 만났을 때 이를 해결하는 과정에서도 '자신감'과 만족감을 느낄 수 있다.

많은 게이머가 동시에 즐길 수 있는 온라인 게임이 최근 컴퓨터 게임시장에서 엄청난 인기를 누리고 있는데 이는 게이머들에게 '친밀한 관계'라는 감정을 제공한다. 이런 게임을 즐기는 게이머 대부분이 16세 이상으로, 함께 대화를 나누면서 친구를 사귀고 제법 소속감도 느낀다.

따라서 아이들이 게임을 즐긴다고 나무라기만 할 것이 아니라 게임 외에 아이의 내적 동기와 동일시 동기를 키워줄 수 있는 것은 무엇이 있을지 찾아야 한다.

보상은 또 다른 형태의 통제다

부모들이 자녀의 내적 동기를 키워주기 위해 많이 사용하는 것이 칭찬과 보상이다. 칭찬과 보상은 훌륭한 '동기 자극제 motivator'처럼 보인다. 상당수의 전문가들이 부모들에게 칭찬과 보상을 적절히 사용할 것을 권장하고 있다. 하지만 실제로 칭찬과 보상은 교묘한 가면을 쓴 또 다른 형태의 통제이다. 나는 칭찬과 보상을 '긍정적인 독 positive poison'이라고 부른다. 무심코 제안한 칭찬과 보상이 자녀의 자율성을 빼앗아갈 수 있기 때문이다.

큰딸 앨리슨이 2살 반이던 해 봄, 나와 남편은 아이의 배변 훈련을 시작할 때가 왔다고 결정했다. 가을부터 유아원에 보낼 예정이었기 때문에 배변 훈련을 더 이상 미룰 수 없는 상황이었다. 하지만 앨리슨은 연습할 생각이 조금도 없었다. 나는 앨리슨에게 이렇게 말했다.

"앨리슨, 기저귀를 차지 않으면 응가 냄새도 안 나고 훨씬 깨끗하고 좋을 거야."

남편도 앨리슨을 달랬다.

"화장실에서 볼일을 보면 유치원에 갈 수 있어. 그럼 많은 친구를 만날 수 있단다."

무슨 소리를 해도 앨리슨은 눈 하나 깜짝하지 않았다.

그래서 나는 많은 부모가 사용해왔고 소아과 전문의들도 오랫동안 권고한 방법을 시도해보았다. 앨리슨을 위해 별 스티커 모음판을 만든 것이다.

"앨리슨, 네가 변기에 볼일을 볼 때마다 엄마가 반짝이는 금색 별 스티커를 이 종이에 붙일 거야. 별 스티커가 다섯 개 모이면 장난감을 사줄게."

이 말에 앨리슨이 관심을 보였다. 솔직히 자율에 관한 내 신념과 맞지 않았기 때문에 이런 식의 보상 방식을 쓰고 싶지 않았다. 하지만 마음 한구석, 혹시라도 내 생각이 틀릴 수도 있다는 불안감이 들었고, 또 앨리슨이 영원히 배변 훈련을 하지 못하게 될까 봐 걱정되기도 했다. 내키지 않았지만 일단 시도해보기로 했다.

별 스티커를 모으기로 한 첫날, 앨리슨은 화장실 변기를 두 번 이용해서 스티커 두 개를 얻었다. 하지만 한 번은 기저귀에 쌌다. 나는 축축한 기저귀를 갈아주며 아무 말도 하지 않았지만 앨리슨은 내 표정을 보고 내가 실망했음을 눈치 챘다.

앨리슨의 기저귀를 떼겠다는 내 계획은 완전히 수포로 돌아갔다. 다음 날부터 앨리슨은 단 한 번도 변기를 이용하지 않았다. 앨리슨은 내가 기저귀 냄새를 맡을 때마다, 묵직한 기저귀를 만질 때마다 재미있다는 표정으로 나를 바라보았다. 한 번은 아예 소리 내서 낄낄 웃기까지 했다. 마치 '어떻게 하면 엄마를 짜증 나게 해서 웃긴 표정을 짓게 할 수 있을까?' 놀이를 하는 것 같았다.

결국 나는 별 스티커 모음판을 쓰레기통에 버렸다. 다른 방법을 찾아야겠다고 생각한 나는 앨리슨을 내 무릎 위에 앉혔다.

"앨리슨, 기저귀 그만 차고 변기를 사용하고 싶으면 엄마한테 말해줘."

다음 날, 앨리슨은 온종일 변기를 이용했다. 일주일 후, 나는 앨리슨에게 더 이상 기저귀를 채우지 않게 되었고, 이후 앨리슨은 두 번 다시 기저귀를 차지 않았다.

이 사건으로 새로운 깨달음을 얻었다. 왜 몇몇 심리학자들이 보상을 '교묘한 가면을 쓴 또 다른 형태의 통제'라고 하는지 확실히 알 것 같았다. 사람들은 누구나 보상을 원하고 또 좋아하기 때문에 보상은 교묘하게 사람들을 조종할 수 있다. 그런 의미에서 보상은 부모가 원하는 대로 자녀가 행동하도록 강요하는 또 다른 강압이다. 앨리슨이 내가 만든 별 스티커에 강한 거부반응을 보인 이유도 여기에서 찾을 수 있다. 앨리슨은 부모가 원해서가 아니라 스스로의 필요에 의해, 스스로가 원할 때 변기를 사용하고 싶었다. 앨리슨은 별 스티커는 좋았지만 스티커를 통해 강압적 권력을 행사하는 엄마의 태도는 싫었던 것이다.

PPP로 인해 근심의 손아귀에 붙잡힌 부모는 종종 필사적인 기분을 느낀다. 그러면 문제를 단기간에 해결할 수 있는 방법이 떠오르게 마련이고, 이를 당장 실천에 옮기고 싶은 충동에 사로잡힌다.

"숙제하거나 피아노 연습을 하면 쿠키를 주겠다고 해서 나쁠 거 없지. 게다가 효과가 끝내주잖아."

물론 처음에는 효과가 있는 것 같다. 하지만 보상의 효과는 오래가지 않을 뿐만 아니라 장기적으로 자녀의 목표 달성을 방해하는 요인이 된다.

보상이 자녀에게 득보다 실이 많다는 이론이 맞지 않다는 사람도 있을 것이다. 그도 그럴 것이 보상이 우리 문화에 깊이 뿌리를 내리고 있기 때문이다. 한 번도 빠지지 않고 출석하면 수료증이라는 보상이 주어지고, 열심히 운동한 선수는 MVP 상이라는 보상을 받는다. 비행기를 자주 애용하는 사람은 항공 마일리지라는 보상을 받는다. 특히 앤 보기아노Ann Boggiano의 연구 조사에 나온 바와 같이, 학업에 성실히 임할 경우 받는 우수한 성적에 신경 쓰지 않는 사람은 거의 없다.

앤은 조사를 위해 부모 참가자들을 모집한 뒤, 이들에게 독서, 남을 돕는 행동, 친구 사귀기 등 몇 가지 시나리오를 제시했다. 그리고 어떻게 하면 자녀가 이러한 활동을 더 즐겁고 적극적으로 참여하게 할 수 있는지, 만약 친구와 싸울 경우 어떻게 하면 평화적으로 문제를 해결하게 할 수 있는지에 대해 질문했다.

부모들은 질문에 답변할 때 네 가지 전략, 즉 보상reward, 논리적인 접근reasoning, 벌punishment, 불간섭noninterference 중 하나를 선택해서 대답할 수 있었다. 많은 부모가 독서에 대해서는 보상을 선택했지만 다른 부분에서는 그렇지 않았다. 흥미로운 사실은, 자녀가 독서에 관심이 있든 없든 독서에 대해서는 '보상'을 선택했다는 점이다. 그리고 대부분 보상이 클수록 학문에 대한 자녀의 관심과 즐거움도 크게 키워줄 수 있다고 생각했다.

보상이 아이들에게 미치는 영향

보상은 열정을 억누른다

쉽게 수긍이 가지는 않겠지만, 보상이라는 제도가 아이들을 통제하는 방법으로 사용되어 아이들의 내적 동기를 떨어뜨리는 결과를 낳는 경우가 생각보다 많다. 오로지 좋은 성적이나 높은 점수를 얻기 위해 공부하는 것이 당장은 자녀의 성적을 올려줄 수 있다. 그러나 배움 자체에 대한 흥미까지 높여주지는 못한다.

유아들에게 미치는 보상의 영향력을 알아보기 위해 스탠퍼드 대학의 심리학자 마크 레퍼Mark Lepper는 3~4살 유아들에게 매직펜과 판지를 나누어주었다. 그리고 A그룹에게는 그림을 잘 그리면 빨간 리본과 금별 스티커가 달린 모범 어린이상을 주겠다고 했다. 또 B그룹에게는 그냥 매직펜과 판지로 놀아보라고만 말했다.

며칠 후, 레퍼는 두 그룹의 어린이들을 다시 실험실에 불러서 그냥 하고 싶은 것을 선택해서 놀라고 말하고 시간을 쟀다. 모범 어린이상에 관해 들었던 A그룹은 B그룹에 비해 매직펜과 판지를 갖고 노는 시간이 확실히 짧았다. 레퍼가 내린 결론에 의하면, 보상으로 인해 아이들의 주의와 관심이 그림 그리는 재미에서 '보상'으로 옮겨간 것이었다. 결국 보상은 아이들의 내적 동기를 억누르고 놀이를 노동으로 만들어버렸다.

보상은 문제 해결 능력과 이해력을 떨어뜨린다

1970년대 후반, 심리학자 케네스 맥그로 Kenneth McGraw와 존 맥컬러스 John McCullers는 처음으로 보상이 유연한 사고 능력에 어떤 영향을 미치는지 연구했다. 이 두 심리학자의 연구 이후 많은 연구 조사가 뒤따랐다. 맥그로와 맥컬러스는 대학생들에게 크기가 다른 여러 개의 병을 이용하여 일정한 양의 물을 한 단지에 어떻게 쏟아 넣을 수 있느냐는 문제를 냈다. 그러면서 참가자들 중 반에게는 문제를 푼 대가로 돈을 지불했고, 나머지 반에게는 지불하지 않았다.

처음 9개 문제는 비슷한 형식으로 해답을 찾을 수 있었지만 마지막 문제는 새로운 해결책을 찾아내야만 했다. 그렇다면 어떤 그룹의 학생들이 독창적인 해결책을 생각해냈을까? 돈을 받지 않은 그룹의 학생들이 마지막 문제를 더 빨리, 독창적으로 풀었다. 다시 말하면, 돈을 받은 학생들보다 사고력이 더 유연했다는 뜻이다. 이번 연구와 더불어 이후에 이루어진 많은 연구 결과에서, 보상이 유연하고 독창적인 사고를 제한한다는 것을 알 수 있다.

몇 년 후, 리치 라이언과 나는 보상이 어린 학생들에게 어떤 영향을 미치는지 알아보기로 했다. 어린 학생들의 경우 공부에 대한 보상은 우수한 성적이지만 성적은 돈처럼 손에 잡히거나 눈에 보이는 상이 아니라는 점이 달랐다. 우리는 5학년 어린이 91명에게 과거에서 현재까지의 농사 방법에 대한 사회 과목 읽을거리를 나누어주었다. 아이들에게 이를 읽게 한 후 글이 얼마나 재미있었는지, 이 글을 읽어야 한다는 부담감은 얼마나 느꼈는지 물어보았다. 이는 이어질 두 번째 실험을 위한 중요한 준비단계였다.

두 번째 단계에서 우리는 좀 더 복잡한 지시를 내렸다. 아이들에게 고대에서부터 현대에 이르는 기간 동안 질병 치료법에 대해 설명한 글을 나누어 주었다. 그리고 A그룹에게 이렇게 말했다.

"다 읽고 난 후 지금 읽은 글에 대해 몇 가지 질문을 하겠어요. 이건 시험도 아니고, 점수를 매기는 것도 아니에요. 그냥 읽은 글을 얼마나 기억하고 있는지 알고 싶을 뿐이에요."

B그룹에게는 이렇게 말했다.

"여러분이 얼마나 기억하는지 알아보고 싶어요. 최대한 집중해서 잘 읽어야 합니다. 읽고 난 후 여러분이 충분히 잘 배웠는지 확인하기 위해 '시험을 봐서 점수를 매길' 예정입니다."

마지막으로 C그룹에게는 이렇게 말했다.

"다 읽고 나면 여러분에게 '질문을 할' 거예요."

모든 아이가 글을 다 읽고 난 후 우리는 아이들에게 글의 요지를 물었다. 어느 그룹이 가장 좋은 점수를 받았을까? 점수를 매긴다는 말을 들은 B그룹은 좋은 점수를 받지 못했다. B그룹은 다른 아이들에 비해 글의 요지를 제대로 이해한 경우가 적었다. 반면 점수를 매긴다는 말을 듣지 못한 아이들 중에는 정확하게 요지를 대답한 경우가 많았다.

2주 후, 우리는 실험에 참가한 학생들의 교실을 불시에 방문했다. 그리고 실험에 참가한 모든 어린이에게 2주 전에 읽은 글에 대해 테스트를 실시했다. 이번 실험 결과 역시 크게 다르지 않았다. 시험 점수를 매긴다는 말을 들은 B그룹은 대부분이 그때 읽은 내용을 거의 다 잊어버렸다.

이번 실험 결과에 다들 놀랐을 것이다. 이런 의문을 가진 독자가 있을지도 모르겠다. "어떻게 좋은 성적을 기대하며 공부한 학생이 그렇지 않은 학생보다 학습 성취도가 떨어질 수 있다는 말인가! 성적을 평가하고 점수를 매기는 게 아이들을 공부하게 만드는 동기가 아니란 말인가?"

성적과 점수가 아이들을 공부하게 하는 동기인 것은 맞다. 하지만 이 동기는 특별한 방식으로 작용한다. 성적과 점수가 동기가 되어 공부하는 아이들은 시험에 나올 만한 부분, 입학시험을 통과하는 데 도움이 될 만한 부분, 장학금이나 상금을 타는 데 도움이 될 만한 부분, 즉 성적과 관련된 부분에만 주의를 집중해서 공부한다.

그런 부분에만 초점을 맞추어 공부하면 폭넓게 공부하는 데 장애가 된다. 다양한 방식으로 생각하며 개념을 이해하는 데에도 방해가 되고, 복잡한 문제를 해결하는 데 필요한 유연성, 개방성에도 악영향을 미친다. 보상은 아이들에게 구구단을 외우게 할 때에는 효과를 볼 수도 있다. 최소한 일시적인 효과는 기대할 수 있다. 하지만 복잡한 과학적 개념을 이해하고 활용해야 할 때, 이야기의 의미를 이해해야 할 때, 창의적인 글을 써야 할 때는 보상이 거의 도움이 되지 않는다.

보상은 창의성을 망칠 수 있다

경제학자들은 시대가 발전하려면 창의성과 지성을 두루 갖춘 인재가 필요하다고 주장한다. 그래서 요즘은 창의성을 키우는 교육에 이목이 집중되고 있다. 창의성 전문가 테레사 애머바일은 보상이 창의성에 어떤 영향을 미치는지 광범위한 연구를 실시했다.

한 실험에서 테레사 애머바일은 7~11살 사이의 여자 아이들을 주말 '미술 파티'에 불러 모았다. A그룹이 모이자 연구원들은 다양한 미술 재료와 장난감이 놓인 탁자로 안내했다. 애머바일은 그들에게 미술 파티가 끝날 때 상품권을 주겠다고 말했다. 아이들은 여러 가지 게임도 하고 다양한 미술 활동을 하며 오후 시간을 보냈다. 파티가 끝난 후 약속대로 상품권을 주었다.

다음 날, B그룹이 모여서 전날 A그룹이 했던 것과 동일한 게임과 미술 활동을 하며 시간을 보냈다. 한 가지 다른 점이 있다면, B그룹 역시 평범한 방에 장난감이 놓인 탁자 앞에 앉았지만, 이번에는 심사위원들이 '제일 멋진' 콜라주를 선정해서 이를 완성한 학생에게 상을 주겠다고 발표했다.

나중에 7명의 심사위원들이 모든 학생이 만든 콜라주 작품을 심사했다. 심사위원들은 A그룹, 즉 조건 없이 상품권을 받은 학생들의 콜라주 작품이 더 다양하고 복잡하고 창의적이라고 평가했다. 이는 B그룹이 콜라주 활동 자체에서 재미를 느끼지 못하고, 자기 작품을 심사위원들이 어떻게 평가할 것인지, 마음에 들어 할지 여부에 관심을 집중했음을 여실히 보여준 것이다. 다시 말해서 보상이 B그룹의 내적 동기를 위축시키고 창의성을 억압한 것이다.

애머바일의 설명에 의하면, ==창의성은 자유롭게 스스로 정한 목표를 달성하고자 노력하면서 새로운 아이디어를 생각해내는 환경일 때 가장 잘 발휘되기 때문이다.== 창의성을 발휘하려면 편안함을 느껴야 하고 벌이나 벌금에 대한 공포를 느끼지 않아야 한다. 하지만 보상은 자유라는 감각에 고삐를 씌운다.

활동을 하기 '전'에 보상을 주는 것 역시 아이들의 창의성에 악영향을 미친다. 애머바일은 일단의 아이들을 모은 후 A그룹에게는 나중에 이야기를 지어 발표한다는 조건으로 폴라로이드 카메라를 주었다. 그리고 B그룹에게는 똑같은 카메라를 주고 놀게 히면서 나중에 이야기를 지어 발표해야 한다는 말은 하지 않았다. 이 두 그룹의 이야기를 보면, A그룹이 지은 이야기는 B그룹에 비해 창의성이 부족했다.

경우에 따라 외적 동기와 창의성이 손을 맞잡기도 한다. 테레사 애머바일의 주장에 따르면, 멋진 아이디어를 낼 수 있는 시간과 자유, 돈을 제공하는 상품이 걸린 경우, 대회 참가자들의 창의성이 높아지기도 한다.

맥아더 재단의 '천재' 장학금의 경우, 다른 조건 없이 창의적인 업적을 이룬 사람들에게 5년 넘게 50만 달러 이상의 장학금을 제공했는데 이 재단의 장학금 제도는 창의성을 키워주는 역할을 한다고 볼 수 있다. 컴퓨터 캠프에 참가할 수 있는 장학금, 그림 수업을 받을 수 있는 상 등도 창작 동기를 자극하는 효과가 있다. 이러한 상의 수상자들은 수상을 그들이 좋아하는 창의적인 일을 더 많이, 더 잘할 수 있는 기회로 삼는다. 또한 수상이 그들의 능력을 증명할 수 있는 기회가 되어 더 많은 능력을 발휘할 수 있는 원동력이 되기도 한다. 이런 경우는 수상자 본인이 지닌 창작 활동에 대한 강한 열정이 보상의 부정적인 부분을 상쇄했다고 볼 수 있다.

보상의 악영향에 대한 면역력 키워주기

어떻게 하면 보상, 상, 성적, 경쟁이 자녀의 내적 동기를 떨어뜨리지 않게 할 수 있을까?

아이들은 이러한 외적 동기의 홍수 속에서 생활하고 있다. 연구에 의하면 배움 자체에 흥미를 갖게 해주면 보상이나 경쟁 등의 악영향에 대한 예방주사를 놓을 수 있다. 이를테면 배움이 주는 즐거움과 만족감을 아이가 느끼게 해주는 것이다.

웰슬리Wellesley 대학의 심리학자 베스 헤네시Beth Hennessey는 이의 실행에 대한 해답을 얻기 위해 다음과 같은 실험을 했다. 헤네시는 초등학교 4학년 학생들을 모아놓고 두 그룹으로 나누어 서로 다른 비디오를 보여주었다. A그룹은 11살 어린이들이 배우는 게 얼마나 재미있고 신나는지에 대해 이야기를 나누는 내용의 비디오를 봤다. 비디오에 나온 아이들은 상장, 성적, 대회에 대한 부담을 어떻게 떨쳐버렸는지에 대해서도 이야기를 나누었다.

한 남자 아이는 이렇게 말했다.

"나는 다른 나라에 사는 사람들이 어떻게 사는지 배우는 게 정말 좋아. 숙제를 할 때 쓸 거리가 많아져서 재밌거든. 무언가 멋진 생각이 떠올라서 숙제를 근사하게 해내면 기분이 정말 좋아져."

비디오 시청 후, 학생들은 연구원과 함께 좋아하는 과목은 무엇인지, 왜 그 과목을 좋아하는지, 그리고 성적표, 각종 대회, 부모님을 기쁘게 해드리는 문제에 관한 고민까지 이야기를 나누었다.

제어 집단인 B그룹 학생들은 수화 비디오를 시청한 뒤 연구원과 수화, 몸짓 등에 대한 이야기를 나누었다.

다음으로 헤네시는 A그룹과 B그룹을 다시 반씩 나누어 반에게는 글씨가 없는 그림책을 나누어주면서 그 그림에 맞는 이야기를 제일 잘 만들어낸 어린이에게는 상으로 자기가 그린 그림이 인쇄된 티셔츠를 주겠다고 말했다. 그리고 다른 반에게는 역시 그림책의 그림에 맞는 이야기를 지은 후, 자기가 그림을 그린 티셔츠를 가져가게 해주겠다고 말했다. 즉 이야기를 짓는 것은 '그냥 그 시간에 하는 활동'일 뿐이었다.

이야기 짓는 활동이 끝난 후 세 명의 초등학교 교사가 학생들이 지은 이야기의 등급을 매겼다. 내적 동기와 보상의 부정적인 면에 관한 비디오를 시청한 A그룹 학생들은, 자기가 그림을 그린 셔츠를 상으로 받게 된다는 말을 들었든 듣지 않았든, 비디오를 통해 내적 동기 훈련을 받지 않은 학생들보다 더 창의적인 이야기를 지었다. 가장 창의성이 떨어지는 이야기를 지은 그룹은 수화 비디오를 시청한 B그룹 학생들 중 셔츠를 상으로 받는다는 말을 들은 학생들이었다.

헤네시는 이 실험 결과를 보고, 보상이 이야기 짓기라는 활동을 '상을 타기 위한 도구'로 만들었기 때문이라고 설명했다. 즉 이야기를 짓는 것 자체가 목적이 아니라 '이야기를 지어서 상을 타는 것'이 목적이기 때문에 이야기 짓기가 상을 타기 위한 수단으로 전락했다는 뜻이다.

이 연구로 알 수 있는 또 다른 사실은, 아이들에게 보상의 악영향에 대한 면역력을 키워줄 수 있다는 것이다. 헤네시는 자녀에게 어떤 과목과 활동이 재미있고 흥미 있는지 물어보라고 권한다.

"자녀와 같이 앉아서 생산적인 대화를 한번 해보십시오. 자녀에게 힘이 얼마나 센지, 잘하는 건 무엇인지, 하고 싶은 건 무엇인지 물어보십시오. 재미와 즐거움을 느끼는 활동은 무엇인지, 또는 무슨 일을 할 때 시간이 빨리 가는지 물어보는 것도 좋습니다."

이런 대화를 나눈 후에는 자녀의 즐거움과 흥미를 반감시키는 보상과 성적의 부정적인 영향에서 벗어나기 위해 부모가 자녀에게 어떻게 해주면 좋겠는지 자녀와 이야기를 나누면 좋다고 한다.

헤네시는 자녀에게 이렇게 말했다고 한다.

"좋은 성적을 받거나 상을 타는 것도 좋긴 하지만, 정말 중요한 건 네가 최선을 다했고 또 즐겁게 했다고 너 스스로 느끼는 거란다."

무조건 칭찬만 하는 건 좋지 않다

보상과 마찬가지로 칭찬에도 부정적인 면이 있다면, 아마 다들 놀랄 것이다. 자녀 교육 전문가들은 아이들에게 자부심을 키워주는 게 대단히 중요하다고 30년이 넘게 주장해왔다. 실제로도 이는 중요하다. 자기 자신에 대해 좋은 감정을 가진다는 것은 건전할 뿐만 아니라 동기를 자극하는 효과가 있다.

20세기 초반, 모범적인 아이로 만들려면 부모나 교사가 비난과 모욕 등 부정적인 형식의 강압을 행사해야 한다는 이전의 생각에 반기를 들고 생겨난 이론이 바로 '최대한 아이들의 자부심을 키워주자!'는 것이었다. 일부 전통적인 방식의 육아를 지향하는 이들은 아직도 매를 아끼면 아이를 망친다는 원칙을 고수하고 있긴 하다. 하지만 오늘날 대다수의 심리학자는 칭찬과 사랑을 아끼지 않는 양육을 권장한다.

그러면 지금부터 아이의 내적 동기를 키워줄 수 있는 칭찬의 방법에 대해 알아보자.

아이가 잘한 부분을 구체적으로 칭찬하라

가장 효과적인 칭찬 또는 피드백은 정보를 제공하는 칭찬이다. 즉 자신감이나 자신의 유능함을 느낄 수 있도록 아이가 성취한 내용과 잘한 부분을 구체적으로 말해주는 것이다.

"글의 첫 문장을 아주 잘 썼구나. 이어지는 이야기의 주제를 명확하게 드러내는 문장이야."

"넘어진 친구가 다시 일어날 수 있도록 도와준 건 참 잘한 일이야."

특히 어렵고 인내심이 요구되는 일을 했을 때는 칭찬이 필요하다.

"우와, 너 파워포인트를 정말 잘 다루는구나. 아주 멋지게 만들었다."

"네 과학 숙제를 보니, 그동안 많은 시간을 들여서 완벽하게 준비했다는 걸 한눈에 알 수 있었어."

"스스로 해결할 때까지 그 문제를 포기하지 않았다니, 정말 대단하구나."

어려운 일을 해결하려고 노력하거나 발전을 위한 노력을 보였을 때 칭찬하는 것은 자녀의 내적 동기를 자극하는 데 큰 도움이 된다.

더 잘해야 한다는 압력을 가하는 칭찬은 피하라

문제는 부모의 의도와는 달리 칭찬 역시 자녀가 통제받는다는 느낌을 갖게 할 수 있다는 사실이다.

칭찬의 효과는 부모가 칭찬을 어떻게 사용하느냐에 달려 있다. 보상과 마찬가지로, 칭찬 역시 자녀의 능력에 대한 정보를 함께 제공하면 내적 동기를 강화하는 긍정적인 효과를 낸다. 동시에 칭찬은 자녀의 동기를 억압하는 통제의 메시지도 지닐 수 있음을 잊지 말아야 한다.

내적 동기를 자극하는 칭찬과 통제하는 칭찬은 어떻게 다를까? 위스콘신 대학의 심리학자 오드리 캐스트 Audrey Kast는 이 둘 사이의 차이를 알아보기 위해서 3학년, 5학년, 중학교 2학년 학생들에게 단어 찾기 게임을 시켜보았다. 게임이 시작된 후, 캐스트는 A그룹에게 "잘했어." "이 게임을 참 잘하는구나. 단어를 거의 다 찾았네." 같은 일반적인 칭찬을 해주었다.

하지만 B그룹에게는 칭찬을 할 때 통제적인 표현을 사용했다. "잘했어, 계속 잘해봐." 그리고 갈수록 통제적인 표현의 강도를 조금씩 높였다. "다음 게임에서는 지금보다 좀 더 잘하면 좋겠다."

게임이 끝난 후 아이들에게 게임이 얼마나 재미있었는지 물어보자 A그룹이 B그룹보다 게임을 더 재미있어했다. 이 실험을 통해 우리는 칭찬을 할 때 더 잘해야 한다는 압력을 가하지 말고 긍정적인 피드백을 주어야 한다는 사실을 알 수 있다.

타고난 성격 대신 노력이나 성과를 칭찬하라

아이가 기울인 노력이나 이루어낸 성과를 칭찬하기보다 아이의 타고난 성격을 칭찬하면 아이를 통제하는 것과 비슷한 해악을 초래할 수 있다. 아들이 엄마 앞에서 책을 읽었을 때 엄마가 아들에게 "착한 아이구나."라고 칭찬을 하면, 아이에게 '계속 책을 읽지 않으면 착한 아이라는 가치를 잃을 수도 있다.'라는 암묵적인 메시지가 전달될 가능성이 높다.

아동 심리학자 하임 기노트 Haim Ginott가 부모들에게 자녀를 칭찬할 때 조심해야 한다고 경고한 것도 이 때문이다. 기노트의 연구에 따르면, 부모가 자녀에게 천사라는 표현을 쓰면 자녀는 이에 '악마 같은' 행동으로 반응한다고 한다.

왜 그럴까? 아이들은 자신의 행동에 상관없이 부모가 자신과 자기 세계를 있는 그대로 봐주고 생각해주기를 원한다. 그래서 아이들은 부모가 암묵적으로 '천사로 남으려면 계속 착하게 행동해야 해!'라는 압력을 가한다고 느끼면, 악마 같은 행동을 함으로써 자신에 대한 부모의 사랑과 관심을 시험해보게 된다.

통제의 기미가 느껴지는 칭찬은 특정한 방식으로 행동해야 한다는 강압을 받는 듯한 느낌을 준다. 그래서 많은 아이가 그런 부담과 강압을 거부한다는 표현으로, 칭찬한 내용과는 정반대의 반응을 보이는 것이다.

자녀가 잘하든 못하든 변함없는 사랑을 표현하자

잘못된 보상이나 칭찬과 마찬가지로 '조건적인 사랑'도 아이에게 해를 끼칠 수 있다. 피아노 교사로서 많은 제자를 대회에서 수상시킨 잉그리드 클라필드가 가르치던 10살짜리 아이의 이야기를 소개하겠다. 중국 출신의 천재 피아니스트 랑랑Lang Lang과 함께 상급 피아노 수업을 받을 정도로 피아노에 재능이 있던 이 아이는 어느 날 1,000명의 관중 앞에서 연주를 하게 되었다.

"너무 떨려요, 선생님." 아이가 무대 뒤의 클라필드를 찾아와 말했다.

"너는 준비를 많이 했잖니."

클라필드는 아이에게 확신과 자신감을 주고 싶었지만, 아이는 바닥만 쳐다보며 하릴없이 다리를 앞뒤로 흔들기만 했다. 그때 불안감에 휩싸인 아이의 엄마 모습이 클라필드의 머리에 떠올랐다. 그래서 아이에게 다시 이렇게 말했다.

"네가 어떻게 연주를 하든 어머니는 아주 기뻐하실 거야. 연주를 잘하든 못하든 어머니는 너를 사랑하시니까."

"그렇지 않아요."

클라필드는 아이의 대답을 듣자마자 벌떡 일어나 아이의 어머니를 찾았다.

"어머니, 지금 무대 뒤로 가셔서 아이에게 어떻게 연주하든 어머니께서 아이를 사랑하신다는 사실을 말씀해주세요."

클라필드의 말에 아이 어머니가 깜짝 놀라 물었다.

"우리 아이가 그걸 모른단 말씀이세요?"

"모르고 있어요."

클라필드는 억지로 아이 어머니를 무대 뒤로 데려가 아이에게 사랑한다고 말하도록 시켰다고 한다.

"어머니로부터 연주에 상관없이 사랑한다는 말을 듣자, 아이가 순간적으로 긴장감에서 해방되었다는 게 눈에 보였어요. 아이는 더 이상 힘없이 앉아서 다리를 흔들지 않았죠. 고개를 들었을 때 아이의 얼굴에는 미소가 가득했어요. 무대에 선 아이는 성공적으로 연주했고, 랑랑도 아이의 연주에 감동을 받았답니다."

이 아이처럼 자신이 잘하고 성공해야 부모의 사랑을 받을 수 있다고 생각하는 경우, 부모가 자녀에게 통제력을 행사하면 심각한 부작용을 초래할 수 있다. 부모는 종종 자신의 행동을 정확히 인식하지 못한다. 아이들은 부모의 사랑이 조건적이라고 생각할 때, 즉 자신의 성취 정도와 성공 여부에 따라 부모님의 사랑을 받을 수도 있고 받지 못할 수도 있다고 생각할 때, 아이들은 두려움과 근심에 휩싸이게 되고 심지어 수치심과 죄책감의 구덩이에 빠지기도 한다.

아이가 무언가를 했거나 하지 않았다는 이유로 아이와 말을 하지 않거나 아이 혼자 남겨두고 잠깐 집을 나가버리는 부모들이 있다. 아이 입장에서 그런 상황에 처하면 부모가 자신을 사랑하지 않는다고 느끼게 된다. 부모의 그러한 행동은 아이로 하여금 부모에 대한 의존도를 더 높이게 되고, 부모로부터 버림을 받을까 봐 두려움을 느끼게 한다. 그런 잔인한 처사는 자녀가 더 열심히 공부하거나 예의 바르게 행동하도록 만드는 데 일시적인 효과는 볼 수 있을지 모르지만, 결국 아이의 의지력을 약하게 하고 아이의 마음에 분노의 싹을 키우는 결과를 낳는다.

벤 구리온 대학의 심리학자 애비 아소르Avi Assor와 그의 동료들은 실험을 통해 이를 증명해 보였다. 그들은 실험 참가자로 대학생들을 모으고 조건적인 사랑에 대한 설문지를 나누어주면서 본인에게 적용되는 문항을 체크하도록 했다. 설문지에 나온 문항의 예를 소개하면 다음과 같다.

"어린 시절 좋은 성적을 거두면 부모님이 평소보다 더 많이 사랑해주신다는 기분이 들었던 적이 있다."

아소르는 학생들이 부모로부터 통제받는다고 느꼈는지, 또는 부모에게 분노했는지 여부도 측정했다. 조사 결과, '조건적인 사랑'을 나타낸 문항에 체크를 많이 한 학생일수록 부모로부터 통제받았다는 기분을 더 많이 느꼈고, 부모에 대한 분노심도 더 강한 것으로 드러났다.

아이가 부모로부터 무조건적인 사랑을 받는다고 느끼게 하는 방법은 그리 어렵지 않다. 아이가 운동 경기나 연주회에 나갈 때, 성적이나 결과에 상관없이 그런 자리에 오게 된 것만으로도 대단히 잘한 것이라고 말해주기만 하면 된다. 그리고 결과에 상관없이 아이를 자랑스럽게 여긴다고 말로 표현해주면 된다.

지금까지 아이를 움직이는 힘은 보상이나 통제가 아닌 '내적 동기'임을 살펴보았다. 또한 많은 부모가 아이의 동기 부여를 위해 사용하는 보상이나 칭찬의 부작용에 대해서도 설명했다. 다음 장에서는 아이의 내적 동기를 키워줄 수 있는 중요한 요소인 '자율'에 대해 알아보겠다. 자율은 무엇인지, 자녀가 자율을 느끼게 해줄 수 있는 방법은 무엇인지 살펴보자.

자녀의 내적 동기를 키우는 법

무슨 일이든 자발적으로 하는 아이들이 일을 즐기면서 하고 성취도 높다. 따라서 자녀의 내적 동기를 키워주는 것이 중요한데 그러기 위해서는 다음 사항에 관심을 기울여야 한다.

자녀에게 '자율'을 허락하라
자녀가 스스로 선택하고 결정할 수 있게 허락하면, 부모가 시켜서 하기 싫은 일을 억지로 하는 것이 아니라 자신이 주도적으로 행동하고 문제를 해결한다고 느낀다.

'개입'을 통해 자녀를 후원하라
부모는 시간과 자원을 들여 자녀와 함께하고 도와줌으로써 자녀와의 관계에서 더욱 친밀감을 유지할 수 있다.

자녀와 함께 '규율'을 정하라
규율은 자녀가 살아가는 데 필요한 지침, 정보, 규칙 등을 의미한다. 자녀에게 자신의 행동이 일으킬 영향과 결과를 알려주고 어떻게 행동해야 하는지 가르쳐주자. 그러면 자녀는 이러한 규율을 통해 자신이 삶의 주인임을 알고 스스로 유능하다는 자신감을 가지게 된다.

Nurture Dilemma

자녀의 자율을 인정한다는 것이 아이를 간섭하지 않고 내버려둔다는 뜻은 아니다. 아이들에게는 규칙이나 지침, 제한이 필요하다. 중요한 것은 자녀를 통제하지 않고 규율을 지키게 해야 한다는 것이다. 그러기 위해서는 자녀의 입장에서 바라보고, 자녀의 생각과 감정을 인정해줘야 한다.

Chapter
05

아이의 성공을 바란다면 자율이 답이다

내 친구 베스의 딸 제니퍼는 10살인데, 발레를 그만두고 단체로 하는 스포츠를 하고 싶어했다.

어느 날 제니퍼가 엄마 베스에게 이렇게 말했다.

"내 친구들은 전부 농구, 소프트볼, 축구 같은 걸 한단 말이에요. 나만 따돌림당하는 기분이 들어요!"

베스와 남편 마이크는 고민할 수밖에 없었다. 제니퍼는 4살부터 발레를 해왔고, 발레에 소질도 있었다. 베스와 마이크는 딸의 발레 공연을 지켜보는 게 큰 낙이었다. 제니퍼는 그들이 사는 지역에서 공연된 〈호두까기 인형〉에 선발되어 무대에 올라갔었다. 게다가 내년 공연에서는 제니퍼가 주연을 맡을 게 거의 확실했다.

제니퍼가 발레를 그만둔다고 생각하니 베스는 불안했다. 베스는 제니퍼가 아까운 재능을 그냥 버린다는 사실, 발레를 통해 얻을 수 있는 장래의 좋은 기회를 놓칠 수도 있다는 사실을 받아들이기 힘들었다. 발레를 포기하면 제니퍼가 잃을 게 너무 많다고 생각하니 괴로웠다. 뿐만 아니라 제니퍼는 단체 스포츠에는 별로 재능이 없었다. 경쟁심이 강하지 않고 마음이 약해서 쉽게 상심하는 성격이었기 때문이다.

그동안 발레에 쏟아부은 시간과 돈도 아까웠고, 일주일에 네 번씩 먼 길도 마다하지 않고 발레 수업에 데려다준 그간의 노력을 생각하니 베스 부부는 보통 속상한 게 아니었다. 제니퍼에게 발레를 계속 해야 한다며 억지로 학원에 보낼까 생각도 해보았다. 하지만 어린 제니퍼에게 발레를 계속 해야 대학 입학 때 혜택을 볼 수 있다는 말을 이해시키기가 쉽지 않았다. 또 이번 기회에 제니퍼에게 끈기와 인내의 중요성에 대해 가르쳐볼까 생각해보기도 했다. 오랜 고민 끝에 베스는 딸에게 이렇게 말했다.

"제니퍼, 네가 그동안 발레에 쏟은 시간과 노력을 그냥 포기해버린다는 게 아깝지 않니?"

제니퍼가 무슨 대답을 하기도 전에 마이크도 얼른 한마디 거들었다.

"네가 계속 발레를 한다면 결국 나중에는 포기하지 않길 잘했다고 생각하게 될 거야."

제니퍼는 입을 삐쭉 내밀며 뾰로통한 표정을 지었다. 베스와 마이크는 그런 딸을 도저히 이해할 수 없었다. 마이크가 다시 이렇게 덧붙였다.

"축구팀의 다른 여자 친구들은 대부분이 5~6년 동안 축구를 계속 해온 아이들이야. 발레에서야 네가 잘하는 아이였지만, 축구팀에 들어가면 당분간은 잘하는 아이로 인정받기 힘들어."

"하지만 친구들과 같이 하고 싶단 말이에요!"

제니퍼는 거의 괴성을 지르다시피 소리쳤다.

"그럼 일주일에 세 번 하는 발레 수업을 한 번으로 줄이는 건 어때?"

베스가 물었다.

"싫어요."

베스와 마이크는 제니퍼가 이렇게 완고하게 나오는 건 처음 보았다.

그날 밤 제니퍼가 잠이 든 후 이들 부부는 제니퍼 문제로 대화를 나누었다. 억지로 발레를 시키면 제니피가 부모에게 큰 반감을 갖게 될 건 불 보듯 뻔했다. 돌이켜 생각해보니, 마이크도 이런 경험을 한 적이 있었다. 그는 어렸을 때 피아노에 흥미가 없었지만 그의 부모님은 억지로 하루에 한 시간씩 피아노 연습을 시키셨다. 그래서 마이크는 부모님께 화가 많이 났었고 피아노 연습을 할 때마다 짜증이 났었다.

다음 날 아침, 부부는 최종 결정권은 제니퍼에게 있다고 말해주었다.

"친구들과 함께 어울리고 싶다는 심정 충분히 이해해. 엄마도 어렸을 때 엄마가 살던 동네 반대편에서 열린 걸스카우트 모임에 가고 싶었는데 네 외할머니가 데려다주시지 않아서 정말 화가 많이 났었어. 엄마 친구들은 다 그 모임에 갔는데 엄마만 못 갔거든. 엄마만 따돌림당할 것 같아서 화났었지."

베스는 이 이야기를 나에게 들려주면서 마지막으로 이런 말을 덧붙였다.

"제니퍼가 발레를 그만둔다는 사실에 우리 부부가 그렇게 당황했다는 사실이 의외였어. 제니퍼의 발레가 우리 부부에게 그렇게 대단한 의미가 있다고는 생각한 적이 없었거든."

베스와 마이크는 딸에게 발레를 시키려는 동기가 순수하게 딸을 위해서였다고 말할 수는 없었다. 겉으로는 제니퍼를 위해서라고 했지만, 동시에 그들 부부가 딸을 통해 자부심을 느끼고 싶어서 발레를 계속 해야 한다고 주장한 것도 사실이었다.

그해 제니퍼는 축구와 소프트볼 팀에 들어갔다. 한번은 축구 경기를 끝내고 온 제니퍼가 집에 와서 울음을 터트렸다. 마이크는 우는 딸을 안아주며 이렇게 말했다.

"경기에서 지면 속상하다는 건 아빠도 잘 알아. 하지만 너희는 오늘 정말 멋진 경기를 했어. 졌다고 포기해서는 안 돼. 네 드리블 실력이 굉장히 좋아졌고 또 너희 팀 선수들 패스도 아주 훌륭했어. 아빠는 오늘 경기를 관람할 때 아주 즐거웠고 재미있었단다. 게다가 몇 주만 더 기다리면 오늘 붙은 팀의 코를 납작하게 해줄 기회가 또 돌아오잖니."

아빠의 위로에 제니퍼의 상심했던 마음이 조금씩 풀어졌다. 그해 여름, 제니퍼는 부모에게 다시 발레를 하고 싶다고 말했고, 베스와 마이크는 이 말에 대단히 기뻐했다. 제니퍼는 축구보다 차분한 발레가 그리웠다. 발레 학원 친구들도 보고 싶었고, 발레의 아름다움과 즐거움도 다시 느끼고 싶었다.

베스와 마이크 부부의 이야기는 PPP로 인한 불안과 걱정을 긍정적인 양육 방법으로 전환시킨 좋은 예다. 이들 부부는 자녀의 자율을 인정하고 독려해보기는 그때가 처음이었다고 했다. 덕분에 마음속으로 고달픈 분투를 벌여야 했지만, 결국 딸의 입장에서 그 마음을 이해하는 데 성공할 수 있었다.

이 부부는 딸에게 부모가 자신을 이해하고 있음을 인지시키면서 결정을 딸의 손에 맡겼다. 그리고 딸이 스스로 결정한 바에 책임을 다하고 그 결과를 받아들일 수 있도록 옆에서 도와줬다.

엄마, 그냥 내 말을 들어주세요

자율은 자신이 어떤 행동을 주도적으로 한다는 느낌이다. 사람은 그 감정의 원천을 자기 안에서 찾을 수 있으며, 자율을 느낄 때 행복감도 함께 느낀다. 무언가를 배우고 기술을 익힐 때 즐거움이 더해지면 더 잘 배우고 더 잘 훈련할 수 있는 동기를 제공한다. 따라서 무엇을 하든 즐겁게 하면 더 나은 결과를 낼 수 있다.

예를 들어 회사에서 엑셀로 작업하기 때문에 엑셀을 배우는 경우와, 가족의 1년 예산과 계획을 엑셀로 정리하면 편리하기 때문에 엑셀을 배우는 경우를 비교해보자. 똑같이 엑셀을 배우기로 '선택'했지만 후자의 경우가 엑셀을 더 즐겁게 잘 배울 수 있다.

아이들은 자신이 하는 일을 스스로 주도한다는 기분을 느끼고 싶어한다. 아이들뿐 아니라 모든 사람이 자기 문제는 가능하다면 스스로 해결하길 원한다.

내 친구 쉴라의 경험을 소개하겠다. 쉴라의 딸 케이티가 5살 때의 일이다. 쉴라는 유치원 수업이 끝나는 시간에 맞추어 케이티를 데리러 갔다. 케이티는 자동차에 타자마자 엄마에게 이렇게 투덜거렸다.

"놀이 시간에 구름사다리에 올라가는 게 너무 지겨워요. 하지만 내 친구 애슐리에게 그네를 타자고 해도 애슐리는 계속 구름사다리만 타요."

쉴라는 케이티의 문제 해결 방법을 잘 알고 있었다.

"애슐리에게 그네를 탄 다음에 구름사다리에 올라가자고 물어보지 그랬니?"

쉴라는 살짝 불안해졌고 목소리도 좀 떨렸다. 혹시 케이티가 친구들과 사이좋게 지내지 못할까 봐 걱정이 되었다.

그러자 케이티는 엄마를 향해 단호한 어조로 이렇게 대답했다.

"엄마, 나는 엄마가 나에게 어떻게 하라고 말해주지 말고, 그냥 내 말을 들어주면 좋겠어요."

쉴라는 당시 사건을 회상하며 나에게 이렇게 말했다.

"그때를 절대 잊을 수 없을 거야. 케이티의 말이 굉장히 인상적이었거든. 케이티는 내가 자신의 문제를 해결해주기를 바란 게 아니었어. 지금도 가끔은 그 사실을 잊을 때가 있지만, 그래도 아이와 대화를 나눌 때면 속으로 이런 생각을 해. '케이티에게 문제 해결 방법을 알려주기보다 먼저 케이티의 말에 귀를 기울여야 해.' 지금 나는 케이티의 말을 아주 잘 들어주는 엄마야."

간섭하지 않는 것이 자율일까?

많은 사람이 자율을 '원하는 대로, 마음대로 하는 것'으로 오해한다. 하지만 심리학에서 '자율'은 무언가를 자진해서 하는 것, 즉 자유의지를 뜻한다. 이는 타인에 의해 통제받는 느낌과 반대의 뜻이다.

그런데 다른 누군가가 책임자이고 자신은 그의 말을 따라야 할 때도 자율을 느낄 수 있다. 예를 들어, 선생님이 학생들에게 책 한 권을 읽으라는 숙제를 내주면서 선생님이 추천하는 책들 중에서 마음에 드는 책을 한 권 고르라고 했다. 그러면 학생들은 원하는 책을 고를 수 있어서 자율적으로 책을 골라 읽는다는 느낌을 가지게 된다.

그래서 자녀가 숙제를 도와달라고 할 때, 제대로 하나 안 하나 감시하듯 지켜보기보다는, 자녀가 자율성을 느끼며 숙제할 수 있도록 도와주는 것이 좋다.

단 자녀의 자율을 인정하고 장려할 때, 자녀에게 모든 권위나 권력, 완전한 자유를 다 넘겨주는 것은 바람직하지 않다. 자녀의 자율을 북돋아 준다고 해서 간섭하지 않고 내버려둔다는 뜻은 아니다. 또한 자율은 독립을 의미하지도 않는다. 그래서 자녀의 자율을 인정하는 부모가 전혀 간섭하지 않는 부모, 무엇이든 용인하고 방치하는 부모를 뜻하는 건 절대 아니다. 자녀에게 많은 권리를 행사하면서도, 얼마든지 자녀의 자율을 허용할 수 있다.

일부 이론가들 중에 '자율'이라는 개념을 부정적인 시각으로 보는 사람이 종종 있는데, 이는 자율을 '철저한 개인주의자'와 관련지어 생각하기 때문이다. 이들은 자율적인 사람은 자기중심적이고 개인적이며, 가족, 부모, 친구들과 따뜻한 관계를 유지하지 않는 사람이라고 치부한다.

이는 자율의 올바른 정의라고 할 수 없다. 오히려 자율은 친밀감을 더욱 높여준다. 대부분의 사람은 다른 사람들과 친밀한 관계를 맺길 원한다. 부모와 자녀 관계도 예외는 아닌데, 지율은 부모와 자녀 간에 친밀감을 느낄 수 있도록 도와준다. 자녀에게 선택권을 주고 자녀의 생각을 존중해주면, 관계는 더욱 돈독해지고 가까워진다.

애틀랜타에 거주하는 미셸 와일러와 그녀의 딸 미건의 경험담을 들어보자. 미건은 고등학교 1학년이 끝나자 엄마에게 학교가 싫다며 자퇴하고 싶다고 말했다. 미셸은 너무 놀랐고 또 대단히 분노했다.

"엄마, 학교가 지긋지긋해요. 공부할 것도 숙제도 너무 많아서 생각할 시간조차 없다고요."

미건은 대안학교에 대해 책에서 읽은 후, 고등학교가 대안학교와 비슷하리라 예상했다. 하지만 미건이 다니던 학교는 규모가 큰 학교로, 책에 소개된 대안학교와는 완전히 딴판이었다. 안 그래도 학교에 불만이 많던 차에, 미건의 제일 친한 친구가 다른 도시로 이사를 가버렸다.

미셸은 미건의 자퇴를 허락할 수 없었다. 대신 대안학교가 주변에 있는지 알아보았다. 미건은 엄마가 알아본 학교들 중 몇 군데에 입학 지원서를 넣기로 했다. 그리고 에세이를 준비했다. 미건이 지원한 학교 중에는 미건이 완벽한 학교라며 극찬한 학교도 있었다. 에세이를 준비하는 동안 고등학교에 대한 미건의 분노와 거부감은 사라졌고, 아주 행복해 보였다.

미셸은 나에게 당시 상황을 이렇게 말했다.

"미건은 자신이 좋아하고 아끼는 것을 주제로 에세이를 썼어요. 입학원서를 준비하면서 미건은 자신이 주도적으로 무언가를 해낸다는 느낌을 받은 것 같았어요. 그래서 그런지 누가 시킨 것도 아닌데 밤을 새워가며 열심히 에세이를 준비했죠. 물론 에세이를 보내기 전날 밤 저에게 에세이를 내밀더니 읽어봐 달라고 부탁하더군요. 저는 딸을 도울 수 있어서 너무나 기뻤고, 딸과

예전처럼 가까워진 기분이 들었어요."

통제에 대한 거부감이 자녀의 삶을 망칠 수도 있다

미건이 고등학교를 중퇴하겠다고 했을 때, 미셸 역시 PPP에 휩싸였다. 참으로 끔찍한 순간이었다. 속으로는 "절대 안 돼! 중퇴라는 말도 꺼내지 마!"라고 버럭 소리치고 싶었다. 그만큼 놀라고 상심했지만, 그래도 미셸은 애써 참았다.

부모가 반드시 알아야 할 점은, 아이들도 어른들만큼이나 남에게 통제받기를 싫어한다는 사실이다. 원치 않는 일을 해야 한다는 것은 나이에 상관없이 모두에게 불쾌한 일이다. 그 결과 생기는 분노는 내적 동기를 약하게 하고 무슨 수를 써서라도 남의 통제에서 벗어나 자유로워지리라 결심하게 한다. 그리고 모든 에너지를 총동원해서 자유를 쟁취하는 데 사용하게 한다.

예를 들어, 직장 상사에게 "당장 그 일을 끝내지 않으면 그만둘 각오를 하시오!"라는 협박을 들었다고 생각해보자. 어떤 기분이 들 것인가? 아마 당장이라도 상사에게 노트북을 집어던지고 싶을 것이다. 아이들도 부모에게 이런 명령을 받으면 이와 비슷한 분노를 느낀다.

사람은 누구나 자유를 침해당하는 데 대단한 반감을 갖고 있다. 설사 남의 말을 듣지 않으면 자신에게 손해가 생긴다 해도 통제를 받으면 일단 거부반응을 보인다. '누워서 침 뱉기' 식이 된다 해도 통제받는 건 싫다는 것이다.

내 딸 레베카와 나 사이에도 비슷한 일이 있었다. 레베카는 아침 식사로 매번 쿠키를 먹고 싶어했다. 나는 딸에게 이렇게 말했다.

"건강에 좋은 음식을 먹어야지. 이제부터 아침 식사 때 단 음식은 금지야!"

그러자 레베카가 이렇게 대답했다.

"좋아요. 그런 이제부터 아침은 안 먹을래요."

그러고는 부엌을 나가버렸다.

통제적이고 강압적인 가정 분위기에 대한 반항으로 대학에 들어가 일탈 행위를 하는 학생들이 있는데, 그들의 반응과 레베카의 반응은 사실 크게 다르지 않다. 얌전하던 아이가 집을 떠나 대학에 들어가자마자 부모의 뜻에 따르지 않고 일탈을 일삼는 경우, 의식적으로 그러한 삶을 '선택'했다기보다는 부모의 통제에 대한 거부반응이 그런 식으로 표현되었다고 볼 수 있다.

강압의 폐해에 대한 예로 피아노 교사 로지타 망의 경험담을 소개하겠다.

한번은 제가 가르치던 아이의 어머니를 만나 다른 피아노 교사를 찾아보시라고 말했습니다. 그럴 수밖에 없는 상황이었습니다. 처음에 그 어머니가 아이를 데리고 저를 찾아왔을 때, 아이는 피아노라면 몸서리칠 정도로 싫어하는 상태였습니다. 이전 피아노 선생님이 조금만 실수해도 창피를 많이 주었고 거의 박해에 가까운 대우를 했기 때문이었습니다. 그도 그럴 것이 그 선생님은 피아노 대회에 집착하는 사람이었습니다.

그 아이의 얼굴에 미소가 떠오르고 음악을 통해 감정을 표현하게 되기까지 무려 1년이라는 시간이 걸렸습니다. 아이는 피아노 실력이 조금씩 향상되었고, 제한적이고 통제적인 대회에 시달렸던 부작용에서도 서서히 벗어나고 있었습니다.

그러던 어느 날 아이의 엄마가 굉장히 어려운 피아노곡을 몇 곡 가져오더니, 전국에서 가장 어려운 콩쿠르에 나가도록 준비시켜달라고 요구했습니다. 저는 거절했지만 어머니는 끈질기게 계속 요구했습니다. 아이는 저와 어머니 사이에서 힘들어했고, 마침내 저는 어머니에게 다른 선생님을 찾아보시라고 말했습니다. 아이 어머니는 피아노를 못 치면 심한 모욕을 주던 선생님에게 아이를 다시 데려갔습니다.

아이의 끔찍했던 기억은 다시 현실이 되었고, 아이의 얼굴에서 미소가 사라졌습니다. 무대 위에 선 아이는 고통스러운 표정을 짓고 있었습니다. 저는 아이가 너무 안쓰러웠습니다.

내 친구 캐럴의 아버지는 통제받는 것을 피하려다 인생이 꼬였다. 캐럴의 아버지는 어린 시절 어머니로부터 커서 변호사가 되라는 말을 노상 들었다. 마침내 고등학교를 졸업한 그는 어머니의 말씀에 따라 로스쿨에 등록하려고 그 지역의 대학을 찾아갔다. 대학 정문 앞에 서자 문득 이런 생각이 들었다.

"잠깐만, 이건 내가 원하는 게 아니라 어머니가 원하는 거잖아?"

어려서부터 그림 그리기를 좋아했던 캐럴의 아버지는 로스쿨에 등록하지 않고 대학에서 건축을 전공했다. 건축학 학위를 받아 대학을 졸업했지만, 불행히도 건축이 그다지 재미있지 않았다. 그는 건축가가 되지 않고 대신 경영학을 다시 공부했다.

많은 시간이 지난 후, 캐럴의 아버지는 예전에 로스쿨에 진학하지 않았던 걸 후회했다. 자신이 변호사를 거부했던 것은, 변호사가 싫어서가 아니라 어머니의 압력에서 벗어나기 위해서였음을 깨달았다. 그래서 그는 딸 캐럴이 직업을 선택할 때는 자신이 어떤 부담이나 영향력을 미치지 않으리라 결심했다고 한다. 그는 캐럴에게 이렇게 말했다.

"네가 좋아하는 일이 무엇인지 잘 생각해봐. 나는 네가 그 일을 하는 데 필요한 교육을 받을 수 있도록 도와줄게."

부모로서의 '통제권'은 필요하다

먼저 중요한 차이점을 짚고 넘어가야 할 것 같다. 부모는 자녀를 통제하지 말아야 하지만, 그럼에도 불구하고 나는 부모가 '자녀에 대한 통제권'을 가져야 한다고 굳게 믿고 있다. 이 말의 의미는 부모가 자녀를 대할 때 부모로서의 권위와 확실한 책임감을 가져야 한다는 뜻이다. 또 부모의 통제권에는 자녀가 너무 어려서 내리기 힘든 결정을 대신 내려주는 행위도 포함된다.

나는 자녀의 나이에 상관없이 부모가 자녀의 일에 무조건 참견하지 않는다는 양육 방식은 옳지 않다고 생각한다.

아이들에게는 규칙, 지침 그리고 제한이 절대적으로 필요하다. 이것은 여러 연구 조사에서 이미 밝혀진 바이다. 아이들은 부모의 기대에 부응해 성장하고 책임감을 배워야 한다. 아이들은 식탁 치우는 것을 돕거나 스스로 가방을 챙기거나, 운동이나 음악 연습을 하는 등의 활동을 통해 책임감을 기를 수 있다. 그래서 부모는 규칙과 규율이라는 방식으로 자녀에게 필요한 권위를 행사해야 한다.

여기서 중요한 점은, 자녀를 통제하지 않고 규율을 지키게 해야 한다는 사실이다. 자녀에 대한 '통제권'은 유지하면서도 강압적이고 통제적인 양육을 피하는 가장 좋은 방법은 자녀의 자율을 최대한 장려하는 것이다. 자녀가 지켜야 할 규율을 정할 때에도 자녀의 자율을 존중한다. 자율을 독려하면 내적 동기와 성취도도 높일 수 있고 동시에 자녀와 부모 사이의 관계도 더 친밀해질 수 있다. 이에 대해 더 자세히 알아보자.

자녀의 자율을 키워줘야 하는 이유

자율은 동기와 성취도를 높인다

　서문에서 언급했듯이 나는 어머니들과 1살짜리 아이들이 등장하는 비디오를 관찰하면서, 어머니가 자녀의 행동을 통제할 때 아이의 내적 동기가 어떻게 파괴되는지에 대해 연구했다. 그러면 통제적이지 않은 어머니의 아이들에게는 어떤 일이 생길까?

　이 질문에 대한 해답을 얻기 위해 나는 다시 그 비디오를 틀어서 새로운 관점에서 자세히 살펴보았다. 당시 나는 어머니들에게 지시사항을 알려줄 때 일부러 모호한 표현을 사용했다. 정확히 어떻게 하라고 알려주지 않고, 그냥 "아이들이 장난감을 가지고 노는 동안 각자 자기 아이 옆에 앉아 계세요."라고만 말했다.

　일부 어머니들은 내 말을, 아이가 장난감을 가지고 제대로 놀 수 있도록 도와주어야 한다는 뜻으로 받아들였다. 이런 어머니들은 굳은 의지와 목적의식이 엿보이는 표정으로 아이에게 어떻게 놀아야 하는지 지시를 내렸다.

　"아가야, 저 블록을 여기 구멍에 넣어야지. 아니, 아니, 저거 말이야. '저거'라니까!"

　설명할 필요도 없이 이런 어머니들은 자녀의 일을 도맡아 하려는 성향이 강한 경우로, 이런 어머니들의 아이들은 나중에 장난감에 대한 관심과 흥미를 잃었다. 물론 어머니가 없을 때도 장난감을 갖고 노는 방법을 알고 싶어 하지 않았다.

　이와는 완전히 다른 식으로 내 말을 해석한 어머니들도 있었다. 이들은 자신이 보조적인 역할을 해야 한다고 생각했다. 그래서 아이가 시행착오를 거듭하며 구멍마다 블록을 끼워보고 맞는 구멍을 찾아가는 모습을 그냥 지켜보았다. 그러다 아이가 엄마의 도움을 구하기 위해 쳐다볼 때만 도와주었다. 한마디로 이 어머니들은 자녀의 자율을 지지하고 후원한 셈이었다.

엄마 없이 장난감만 있는 방에 남겨진 아이들은 다음 실험 단계에서 어떤 반응을 보였을까? 아이들을 모양 퍼즐이 있는 방에 남겨두고 연구원들은 어머니들에게 건너편 방에 가도록 지시했다. 나는 1살짜리 아기에게 부드러운 목소리로 해야 할 일을 알려주었다.

"모양 퍼즐을 한번 끼워보렴."

자녀의 자율을 인정한 어머니들의 아기들은 그렇지 않은 아기들에 비해 모양 퍼즐을 맞추려고 애쓰는 경향이 더 강했다. 모양 퍼즐을 맞는 구멍에 다 끼워 넣으면 인형이 튀어 나왔는데, 아기들은 인형이 나오게 하려고 모양 퍼즐을 이리저리 맞추어보았다. 그리고 통제적인 어머니의 아기와 비교했을 때, 모양 퍼즐을 갖고 노는 시간도 전반적으로 더 길었다.

실험은 여기서 끝난 게 아니었다. 8개월 후, 같은 아기들과 어머니들이 다시 실험실에 모였다. 우리는 아기들에게 다시 장난감을 주고 놀게 했다. 자율을 인정하는 어머니들의 아기는 그렇지 않은 아기들에 비해 여전히 '더 인내심이 좋았고 노는 방법도 더 잘 알고' 있었다.

이 실험은 자녀의 자율을 존중하는 부모 밑에서 자란 아이들은 그렇지 않은 아이들보다 성취도가 높다는 사실을 극명하게 보여주었다. 왜냐하면 자율을 존중하는 부모의 양육 스타일이 자녀의 내적 동기를 키워주기 때문이고, 내적 동기는 인내심을, 인내심은 자신감을 키워주는 원동력이 되기 때문이다.

자율을 인정하면 성적도 좋아진다

에드 데시는 선생님이 학생의 자율을 독려하면 학생들의 내적 동기가 얼마나 자극되는지 궁금했다. 그래서 봄 학기가 시작되기 전에 35명의 초등학교 선생님들에게 학생들에 대한 짧은 설문지를 돌리며 작성을 부탁했다.

설문지에는 다혈질 학생, 무기력한 학생 등을 묘사한 짧은 문장이 들어 있었다. 데시와 그의 동료들은 그런 학생을 만났을 때 어떻게 대처하는지 선택할 수 있도록 몇 가지 예를 들어 놓았다. '문제 학생과 대화를 나눈다.' '학생 스스로 문제를 해결할 수 있도록 돕는다.' 등 학생의 자율을 키워주는 방식의 대처방안도 있었고, '학생이 문제를 해결하면 상을 주겠다고 제의한다.' '다른 학생들과 문제 학생을 비교한다.' 등 통제를 가하는 식의 대처방안도 있었다.

데시는 10월과 5월에 이 선생님들이 가르치는 학생들 610명을 대상으로 학생들이 어떤 식으로 동기를 부여받는지 조사했다. 그 결과 두 차례의 조사에서 학생의 자율을 독려하는 교사의 학생들이 내적 동기가 더 강한 것으로 나타났다. 이 학생들은 다른 교사의 학생들에 비해 호기심이 더 풍부했고, 도전적인 과제에 대한 관심도 더 많았으며, 자신의 능력을 키우려는 의지도 더 강했다. 또한 자신을 가치 있고 소중하게 생각하는 경향도 더 강했다.

연구원들은 이보다 더 짧은 기간 동안 6개 반의 학생들을 대상으로 서로 다른 교육 스타일의 효과를 면밀히 조사했다. 담임선생님 6명 중 3명은 통제적인 방식의 교육을 선호했고, 나머지 3명은 학생의 자율을 존중하는 방식을 선호했다.

데시와 동료들은 학기 시작 이틀째 되는 날 6개 반 학생들을 대상으로 내적 동기를 측정하고 자신의 가치를 어떻게 생각하는지에 대해 조사했다. 그리고 학기 시작 2개월 후에 동일한 조사를 다시 실시했다. 자율을 존중하는 교육 방식을 선호하는 선생님의 학생들은 통제적인 교육 방식을 선호하는 선생님의 학생들에 비해서 성적도 더 우수했고, 자기 가치도 더 높게 평가했다. 또한 기술과 학문을 스스로 배우려는 의지도 더 강했다.

겨우 2개월이라는 기간에 이러한 놀라운 차이가 나타난 것이다. 이는 교사의 교육 방식은 학생들에게 장기적으로 깊은 영향을 미칠 뿐만 아니라 단기적으로도 대단한 영향을 미친다는 사실을 명백히 증명한 실험이었다.

부모의 양육 방식은 아이에게 어떤 영향을 미칠까?

그렇다면 부모의 경우는 어떨까? 나는 부모의 양육 방식이 자녀에게 미치는 영향에 대해서도 궁금했다. 그때까지 '부모'가 자녀의 학교생활과 내적 동기 부여에 미치는 영향에 대한 연구는 없었다.

나는 해답을 얻기 위해 댄스빌로 갔다. 3장에서 소개한 한 부모가 댄스빌에 살고 있었다. 뉴욕 부자 동네 출신의 이들 부부는 자녀가 행복할 수만 있다면 무슨 일이든 하려 했고, 자녀가 관심이 있는 것은 무엇이든 해보게 도와주겠다고 말했다.

나는 거의 1년 동안 댄스빌을 일주일에 몇 번씩 오가면서 100명 이상의 부모들과 면담 조사를 실시했다. 모두 3~6학년 자녀를 두고 있었다. 나는 이들에게 양육 방식에 대해 많은 질문을 던졌다. 예를 들면 "숙제하기, 제시간에 잠자리에 들기, 방 청소하기 등 아이들이 스스로 알아서 하지 않는 일을 어떤 식으로 시킵니까?" 같은 질문이었다.

몇몇 부모는 강요하며 억지로 시킨다고 말했다. 한 어머니는 매일 밤 아들 앞에 서서 숙제를 다 했는지 확인한다고 대답했다. 또 어떤 부모들은 자녀가 말대답하지 않고 온전히 부모의 말에 순종해야 한다고 생각했다. 이들은 매를 때리거나 돈, 선물을 주는 등의 방법으로 자녀를 통제한다고 대답했다.

반면에 자녀의 자율을 인정하는 부모도 있었다. 한 어머니는 딸이 숙제를 하지 않으면 텔레비전을 볼 수 없는 규칙을 만들었다고 했다. 하지만 숙제를 언제, 어디서 하는지는 딸이 스스로 결정하게 했다. 또 어떤 어머니는 자신이 저녁 식사를 준비할 때 아들은 숙제를 하게 했는데, 숙제하다 모르는 게 있으면 도움을 요청하게 했고 아들이 도와달라고 할 때만 숙제를 도와준다고 했다.

부모 면담 후, 나는 학교를 찾아가 각 아이들의 담임선생님들께 아이의 학교생활에 대해 물어보았다. 결과는 예상보다 훨씬 놀라웠다. 부모가 자녀의 자율을 인정하고 키워주는 가정의 아이들은 부모가 자녀를 통제하려는 가정의 아이들보다 학교의 진단평가 점수가 더 높았고, 전반적인 성적도 더 우수했다. 행동도 예의 바르고 책임감이 강한 것은 물론 양심적으로 숙제를 완수하는 등 모든 면에서 더 우수하고 모범적인 것으로 드러났다.

아이가 스스로 숙제하게 만드는 법

앞선 조사 결과는 한 가지 중요한 점을 알려준다. 자녀의 행동에 대한 부모의 즉흥적인 반응이 때로는 자녀의 자율을 키우는 데 장애물이 될 수도 있다는 점이다. 학교 숙제는 자녀의 책임이라는 데 이의가 없을 것이다. 그렇다면 언제, 어디서 숙제를 하는가 역시 자녀 스스로 결정하게 하는 것이 당연하다.

예를 들어 주말에 외갓집에 다녀올 예정이라고 치자. 숙제는 당연한 일이고, 금요일 밤에 숙제를 할 것인지, 가서 숙제를 할 것인지, 아니면 외갓집에서 집으로 돌아온 후에 할 것인지만 아이가 결정하면 된다.

문제는 부모가 아이를 게으른 학생으로 볼 때 발생한다. 아이가 항상 숙제를 미루다가 안 하거나, 숙제 자체에 아예 신경을 쓰지 않는 아이라면 아이에게 결정권을 넘겨주기가 쉽지 않기 때문이다. 이런 경우 주말에 외갓집에 가기로 했다면, 부모는 생각할 것도 없이 자녀를 통제하려고 한다.

　이런 상황에서 자녀의 자율을 보장하는 것은 뒷전으로 밀려나게 마련이다. 부모는 인내심이 부족한데 아이는 숙제를 미루기 좋아하는 경우, 아이가 숙제할 때까지 부모가 끈질기게 강요하고 억지로 시키면 아이는 반항하게 된다. 그러면 아이와 부모 모두 무책임, 통제, 반항이라는 비극적인 사태에 빠진다. 아이가 부모의 말을 듣지 않을수록 부모는 더 강하게 아이를 통제하려 들고, 아이는 거세게 반발하는 악순환이 계속되는 것이다.

　이러한 악순환의 고리를 끊으려면, 자녀의 자율을 전보다 더 적극적으로 독려하는 수밖에 없다. 아이의 책임감은 자신이 자율적일 때 커지기 때문이다.

　위와 같은 상황에서 부모는 다음과 같은 질문을 할 수 있다.

"너는 언제 숙제를 할 거니?"

"숙제하는 데 시간이 얼마나 걸릴 것 같니?"

"숙제하기에 가장 좋은 시간은 언제라고 생각하니?"

　이렇게 해서, 아이 스스로 숙제 계획을 세울 수 있도록 도와주는 게 좋다.

"그러니까, 네 생각은 일요일에 외갓집에서 돌아온 후에 숙제를 하는 게 좋겠다는 말이지? 좋은 생각이야. 그리고 숙제하는 데 시간이 얼마나 걸릴지 잘 모르겠다고 했지? 그럼 한 시간 정도 걸린다고 치고 계획을 세우자. 엄마 생각에 오후 6시 즈음에 집에 도착할 것 같아. 만약 네가 6시 30분부터 숙제를 시작하면 늦어도 8시 전에는 숙제를 다 끝낼 수 있을 거야. 8시 전까지만 숙제를 끝내면 네가 좋아하는 만화 〈심슨〉은 충분히 볼 수 있어. 네 생각은 어떠니?"

　처음에는 이런 식의 과정이 불편하게 느껴질 수도 있다. 하지만 기회가 되는 대로 조금씩 시도해보면서 익숙해지면 그 효과를 피부로 느낄 수 있을 것이다. 처음 시도할 때는 질문을 한 가지만 던지고 아이의 반응을 살펴보는 게 좋다. 이런 방법으로 효과를 거두기까지 시간을 투자하고 기다린다는 게 쉽지 않을 수도 있다. 특히 효과가 없을 경우, 다시 말해 아이가 기어이 숙제를 하지 않는 일이 벌어졌을 때는 더욱 참기 힘들 것이다. 그래도 참고 인내하면서 지속적으로 시도하다 보면 효과를 볼 수 있으며, 일단 효과가 보이기 시작하면 그동안 기다린 시간이 아깝지 않을 것이다.

이 방법은 자녀의 자율을 키워줄 뿐만 아니라 규율을 세우는 데에도 큰 도움이 된다. 규율에 대해서는 7장에서 자세히 알아보겠다.

도와줄 것인가, 직접 가르쳐줄 것인가

댄스빌 연구를 통해 일반적으로 자녀의 자율을 존중하는 부모의 태도가 대단히 중요하다는 것을 알 수 있었다. 나는 좀 더 자세히 알아보고 싶었다. 아이의 일상생활에서 부모가 핵심적인 위치에 있기 때문에 부모가 어떻게 지도하고 인도하는 것이 최선인지 알고 싶었다. 특히 내가 깊이 연구하고 싶었던 분야는, 부모가 거의 매일 해야 하는 '아이의 숙제를 도와주는 일'이었다.

부모가 자녀의 숙제를 도와주는 방식이 자녀의 학습에 어떤 영향을 미칠까? 몇 가지 연구 결과에서 나는 해답을 얻을 수 있었다.

3장에서 부모가 자녀에게 지도를 보고 길을 가르쳐주는 방법과 4행시 짓는 법을 배우게 도와주는 실험을 소개했다. 이 실험에서 부모가 맡은 임무는 숙제를 도와주는 일과 비슷했다. 참가자 중 일부 부모는 자녀를 '도와주는' 게 아니라 '통제'하려는 경향을 보였다. 이런 부모는 다음 단계에서 해야 할 일을 구체적으로 지시했다. 또 어떤 부모는 아이가 혼자 지도를 볼 기회를 주지 않고 큰 소리로 방향과 지시 사항을 읽어주기도 했다. 심지어 자녀가 3학년인데도 설명을 하기보다 아예 답을 가르쳐주는 경우도 있었다.

반면 자녀의 자율을 존중해준 부모도 있었다. 이들은 아이에게 지도를 가르쳐줄 때 직접 방향을 가르쳐주는 대신 힌트를 주었다. 아들이 잘못된 거리를 종이에 적자, 어머니가 아들에게 이렇게 말했다.

"그 거리는 여기에서 좀 멀지 않니? 좀 더 가까운 데를 찾아볼까?"

한 여자 아이는 횡단보도를 건너야 한다는 걸 깜박했다. 그러자 아이의 어머니가 이렇게 물었다.

"더 알려주어야 할 정보는 없니?"

또 그 아이가 길을 안내하다 막다른 골목에 이르자, 아이의 어머니는 이렇게 말했다.

"다른 길이 있는지 한번 찾아보는 게 좋겠어."

이 어머니들은 피드백을 통해 자녀의 자율을 북돋아 주었다. 자녀가 잘하고 있을 때 부모가 적절한 반응을 보여주었다는 뜻이다. 예를 들면 "거의 다 왔어."라고 말하거나, 고개를 끄덕여 보여서 용기를 주는 식이다.

나중에 아이들에게 비슷한 임무를 혼자서 해보도록 시켰을 때, 통제적인 어머니의 자녀들은 자율을 인정한 어머니의 자녀들에 비해 실수하는 횟수가 더 많았다. 어머니가 휘두른 통제권이 아이의 배움에 방해가 된 것 같았다. 이에 반해, 자녀의 자율을 존중한 어머니의 아이들은 훨씬 좋은 결과를 냈다.

실험 후 아이들이 지은 시의 창의성도 살펴보았다. 창의력 전문가 테레사 애머바일이 개발한 등급을 사용했는데, 단계별로 점수를 매겨 등급을 나누는 애머바일의 등급법은 신뢰할 만한 방법으로 인정받고 있다. 결과는 어떻게 나왔을까? 약간의 힌트와 함께 잘할 수 있다는 격려만 해줄 뿐 직접 나서서 시를 써주거나 지시하지 않은 어머니의 자녀들이 가장 높은 등급을 받았고 가장 창의적인 시를 쓴 것으로 나왔다.

그게 다가 아니다. 우리는 실험에 참가한 아이들의 학교 성적, 특히 읽기와 수학 성적도 알아보았는데, 실험에서 어머니가 자녀의 자율을 존중해준 아이들의 성적이 그렇지 않은 아이들에 비해 단연 우수했다.

PPP에 사로잡혀 있을 때 자녀에게 무관심한 척 슬쩍 힌트만 던지고 용기만 북돋는다는 건 쉽지 않다. 특히 유난히 피곤한 날, 걱정이 많은 날에 자녀의 자율을 존중한다는 것은 어렵다. 자녀의 성적이 좋지 않거나 학습 장애가 있을 때면 자녀의 일에 간섭하고 싶은 유혹이 강해질 수밖에 없다. 사실 아이 스스로 깨우치도록 힌트만 주기보다는 "여기 좀 봐. 이런 식으로 하는 거야. 알았지?"라고 말하는 게 훨씬 쉽다.

자율은 부모와 자녀 관계를 변화시킨다

부모가 자녀에 대해 잘 알고, 자녀가 원하는 것을 잘 알 때, 자녀는 부모에게 친밀감을 느낀다. 자녀의 자율을 키워주는 중요하고 효과적인 방법 중 하나는 '자녀의 입장에서 상황을 바라보고, 자녀의 생각과 감정을 인정해주는 것'이다.

내가 실시한 여러 실험과 연구 중에서 이런 모습을 보여준 부모가 있었다. 나와 동료들은 초등학생들에게 두 가지 비디오를 보여주었다. 어른들이 주도적으로 어린이들에게 글쓰기와 그림 그리기 등의 활동을 지도하는 내용의 비디오였다. 첫 번째 비디오에 나온 어른들은 아이들의 감정을 인정해주고 자율을 최대한 존중하면서 활동을 이끌었다. 반면 두 번째 비디오에 나온 어른들은 통제하는 방식으로 말했다.

비디오를 시청한 후 우리는 아이들에게 같이 그림 그리고 글쓰기를 하고 싶은 어른은 누구인지 물어보았다. 대부분의 아이가 '첫 번째'라고 대답했다.

아이들은 첫 번째 비디오의 어른이 더 인정 많고 친절하다고 생각했다.

비슷한 다른 연구 조사에서도 자녀의 자율을 존중할수록 자녀와의 관계가 돈독해진다고 나왔다. 레이첼 로브 에이버리Rachel Robb Avery는 명문 초등학교에 재학 중인 4학년 학생 약 100명과 인터뷰를 했다. 참가 학생들은 다양한 가정과 문화적 배경을 지닌 학생들로 선발되었다.

"자신의 어머니와 아버지를 묘사해보세요."

에이버리는 학생들에게 이렇게 말한 뒤 아이들의 대답을 그대로 기록했다. 그다음으로 학생들에게 부모에 관한 21개의 질문이 들어 있는 설문지를 작성하라고 했다. 질문의 대다수는 부모가 자녀의 자율을 얼마나 독려하고 존중하는지를 알아보는 것이었다.

부모가 자녀에게 일방적으로 규칙을 통보하지 않고 규칙을 정해야 하는 이유를 설명할 때, 일부 결정권을 아이에게 넘겨서 스스로 결정할 수 있게 해줄 때, 아이들은 부모가 자신의 자율을 인정해준다고 느낀다. 이렇게 자율을 인정받을수록 자녀는 부모에게 친밀함을 느낀다.

자녀의 자율을 북돋는 현명한 방법

이제 자녀의 자율을 북돋아 줄 수 있는 구체적인 방안을 살펴보자. 먼저 스케이트보딩과 비디오 게임은 좋아하지만 숙제는 거의 하지 않는 샘 아길라의 이야기를 소개하겠다.

수전 아길라와 빌 아길라는 세 자녀를 두었는데, 그중 두 아이는 성실하게 학교생활을 하는 모범생이었다. 하지만 9살 샘만은 그렇지 않았다. 샘의 관심사는 오로지 비디오 게임과 스케이트보딩뿐이었다. 지난 학기보다 C가 두 개

더 늘어나 C가 세 개 붙은 샘의 성적표가 집에 도착한 날, 아버지 빌은 완전히 폭발하고 말았다.

수전 역시 보통 속상한 게 아니었다. 수전은 이미 샘에게 아빠와 엄마는 학교 공부를 매우 중요하게 생각하고 있으며 샘이 좀 더 좋은 성적을 거둔다면 자랑스럽겠다는 말을 수차례 했었다. 빌은 샘이 B를 받아올 때마다 5달러를 주겠다고 제안했는데, 일주일 정도는 5달러를 받기 위해 공부하는가 싶더니, 이내 예전 생활로 돌아갔다. 수전과 빌은 샘의 형 에릭에게 동생을 타일러보라고 했지만, 아무 소용이 없었다.

어느 날 저녁 식사 후, 샘이 비디오 게임을 하기 전에 빌이 식구들에게 이렇게 말했다.

"가족회의를 해야겠다."

아빠의 말에 샘이 어리둥절한 표정을 지었다.

"해결해야 할 문제가 있어. 샘, 여기 와서 잠깐 같이 이야기 좀 할까?"

"알았어요."

샘은 미심쩍은 듯 대답했고, 영문을 몰라 부모님의 눈치만 살피고 있었다. 수전은 최대한 부드러운 목소리로 샘에게 물었다.

"이번 학기 때 성적이 그렇게 떨어진 이유가 뭐라고 생각하니, 샘?"

"몰라요."

샘은 작은 소리로 중얼거렸고, 표정에 근심의 그림자가 드리워졌다. 수전이 말했다.

"올해 학교를 전학한 게 너한테 힘들었나 봐. 이 학교는 이전 학교와 다른 게 많은 것 같더라. 숙제도 오래 준비해야 하는 게 많잖아."

이 외에도 수전은 샘에게 성적이 나빠진 다른 원인을 몇 가지 더 들었다. 샘이 성탄절 선물로 받은 닌텐도 게임에 너무 빠져 지내는 것, 샘이 담임선생님을 그다지 좋아하지 않는 것. 그러자 샘이 사회 공부가 너무 지루하다고 덧붙였다. 빌이 말을 이었다.

"사회 공부보다는 비디오 게임이 훨씬 재미있는 건 사실이야. 나도 이해한다."

"무섭고 엄격한 선생님과 공부하는 것도 쉽지 않겠지. 그건 우리도 알아."

수전은 전에 담임선생님에 대해 샘이 불평을 늘어놓았던 게 기억나서 이렇게 덧붙였다.

수전과 빌은 샘에게 해결책을 제시하면서 이에 대한 샘의 의견을 물었다. 수전과 빌이 제시한 방법은, 숙제하는 시간 따로 정하기, 방과 후 과외 수업 받기, 다른 선생님 반으로 옮길 수 있는지 알아보기 등이었다.

다음 날, 세 사람은 두 번째 가족회의를 가졌다. 만약 샘의 성적이 좋아지지 않는다면 어떻게 할 것인지 정해야 하는데, 그전에 샘의 의견을 들어보고 함께 정하기 위해서였다. 빌은 스카우트 클럽을 탈퇴하는 것과 닌텐도 게임 시간을 줄이는 것 중 어느 것이 더 나은지 샘에게 물어보았다. 부모님의 의견을 듣고 난 후 샘이 말했다.

"월요일 밤에 하는 〈먼데이 나이트 풋볼〉을 못 보는 건 어때요?"

그건 샘이 두 번째로 좋아하는 텔레비전 프로그램이었다.

주말 동안 가족이 모여 계획을 완성했다. 수전은 교장선생님을 만나서 샘과 담임선생님 관계에 문제가 없는지 알아보기로 했다. 샘은 저녁 식사 직후에, 자기 방이나 식탁에서 숙제를 하기로 했다. 저녁 먹기 전에 샘은 얼마든지 비디오 게임을 할 수 있었지만, 식사 후에는 숙제를 끝내야 게임을 할 수 있는 것으로 정했다. 만약 숙제를 하지 않거나, 계획을 지키지 않으면 다음 주 월요일에 〈먼데이 나이트 풋볼〉은 볼 수 없었다.

이러한 계획을 세울 때 수전과 빌 부부는 다음의 세 가지 방법을 활용했다.

이는 샘 스스로 부모님으로부터 자율을 인정받는다는 기분을 느끼게 할 수 있는 방법이었다.

- 자녀의 입장에서 생각하고 자녀의 감정을 인정한다.
- 자녀가 독립적으로 문제를 해결할 수 있도록 도와준다.
- 자녀에게 선택권을 준다.

먼저 수전과 빌은 샘의 입장에서 샘이 처한 상황을 생각해보았고, 샘의 감정을 인정하고 존중해주었다. 그리고 부부는 샘에게 해결 방안을 제시하고 방안에 대한 샘의 의견을 묻는 방식으로 샘이 독립적으로 문제를 해결할 수 있게 도와주었다. 마지막으로 샘에게 선택권을 주었다. 즉 숙제를 하지 않을 경우 어떻게 하면 좋을 것인지 샘이 결정하게 했다. 이렇게 하자 수전과 빌은 샘에게 "너 숙제 했어?" 같은 잔소리를 할 필요가 없어졌다. 샘은 자신이 맡은 책임을 잘 알고 있었고, 만약 책임을 다하지 않으면 어떻게 되는지도 잘 알고 있었기 때문이다.

지금까지 자녀의 자율을 북돋울 수 있는 세 가지 방법을 살펴보았다. 그렇다면 이 방법을 어떻게 활용할 수 있을까? 나도 아이를 키워보니, 전문가들의 조언을 들을 때는 쉬운 것 같지만 막상 실천하기는 쉽지 않은 경우가 많다. 이제 이 세 가지 방법을 좀 더 쉽게 활용할 수 있는 방안을 제시하겠다.

아이의 관점에서 바라보자

자녀의 관점에서 바라보고 자녀의 입장에서 생각한다는 건 쉽지 않은 일이다. 특히 아이가 공부를 잘해야 좋은 대학에 가고, 좋은 직장을 구할 수 있다는 강박관념 때문에 불안한 경우는 자녀의 입장에 처해본다는 것 자체가 매우 어렵다.

자녀의 감정을 인정하고 감정이입을 시도해보자

3장에서 나는 내 아들 잭의 자전거 헬멧을 놀린 벤을 꾸짖은 일을 소개했다. 사건이 벌어진 시간은 절대 긴 시간이 아니었다. 나는 잭의 심리적인 불안감을 재빨리 눈치 채고 잭만 들릴 정도의 작은 소리로 이렇게 말해주었다면 좋았을 것이다.

"잭, 네 기분이 안 좋다는 거 엄마도 알아. 하루를 이렇게 시작해야 하다니, 정말 어이없구나. 일단은 등교하고 나중에 엄마랑 이야기를 해보자."

그런 상황에서는 엄마가 문제를 해결해주기보다는, 아이의 감정을 이해하고 있음을 알리는 게 중요하다. 다시 말해 '엄마는 내 편'이라는 느낌이 들게 해주어야 한다.

어쩌면 당사자인 자녀 본인보다 부모의 기분이 더 나쁠 수도 있다. 그렇다 해도 경솔하게 분노의 불씨에 부채질하지 않도록 주의해야 한다. 특히 시간이 없을 때는 더욱 주의해야 한다. 잭이 이제 곧 수업에 들어가야 하는 상황임을 고려할 때 "저런 나쁜 녀석이 다 있나!"라고 말하면 안 그래도 좋지 않은 잭의 감정이 더 상할 수 있다. 그렇다고 "잭, 너 정말 기분 나쁘겠구나!" 같은 말로 상처받은 잭의 마음을 과장해서 표현하는 것도 좋지 않다.

최근에 나는 린다 로젠바움 선생님이 가르치는 유치원을 방문했다. 로젠바움 선생님은 감정이입이 아이들에게 얼마나 큰 영향을 미치는지 잘 보여주었다.

쉬는 시간 직전에 비가 내리기 시작했다. 선생님은 아이들에게 이렇게 말했다.

"오늘은 교실 안에만 있어야겠네요."

그러자 아이들은 아쉬움을 드러내며 "에이!" 하는 소리를 냈다.

로젠바움 선생님은 아이들의 심정을 이해한다는 듯 이렇게 말했다.

"선생님도 아쉬워요."

이 두 마디가 전부였다. 20년 이상 아이들을 가르친 로젠바움 선생님은 아이들의 아쉬운 감정을 잘 이해하고 있었다. 안타까움이 그대로 드러난 말투, 장난기 어린 찡그린 미소와 함께 단 두 마디의 말로 자신이 아이들의 심정을 이해하고 있음을 효과적으로 전달했다. 선생님의 두 마디 말은 실망한 아이들의 마음에 연고를 발라주는 것과 같은 효과를 나타냈다. 선생님의 말씀에 아이들은 마음의 안정을 되찾은 듯했고, 선생님이 꺼내주는 장난감을 들고 삼삼오오 모여 놀기 시작했다.

너무 강조하거나 과장하면 오히려 역효과가 날 수 있다. 하지만 조금만 연습하면 적절한 말투와 한두 마디의 말로도 자신이 아이를 이해하고 있음을 충분히 전달할 수 있다.

좀 더 길게 감정이입을 표현할 수도 있다. 린다 로젠바움 선생님은 이렇게 말할 수도 있었다.

"여러분이 밖에 나가고 싶다는 거 선생님도 잘 알아요. 비 때문에 나갈 수 없어서 대단히 실망했을 거예요. 대신 교실 안에서 재미있는 놀이를 해볼까요? 그리고 내일은 평소보다 더 길게 교실 밖에서 놀아요."

마찬가지로 더 어두워지기 전에 밖에서 자전거를 타고 싶어서 좀이 쑤시는 아들에게 이렇게 말해줄 수 있다.

"더 어두워지기 전에 자전거를 타고 싶은 건 이해해. 하지만 오늘 저녁 식사는 이모네서 먹기로 했잖니. 아쉽지만 과학 숙제를 할 수 있는 시간은 지금

뿐이구나."

여기서 자녀의 감정을 무시하지 않도록 주의해야 한다. 로젠바움 선생님 역시 이렇게 말하지 않았다.

"얘들아, 우리가 비를 멈추게 할 수도 없는 노릇이잖니."

또 아들에게 이런 말이 하고 싶어 입이 근질거려도 참아야 한다.

"불평 그만하고 당장 숙제 시작해! 숙제 말고는 다른 건 절대 금지야. 항상 재미있게 놀기만 할 수는 없는 거야. 엄마는 오늘 온종일 일하느라 너무 피곤하니까, 엄마 말 좀 들어."

부모가 스트레스에 지쳐 있는 상황이라면 차라리 잠깐 아이와 떨어진 곳에서 마음을 진정시키고 아이의 입장을 이해할 수 있을 때 다시 대화를 시도하는 게 낫다.

아이의 감정을 이해하는 친구가 되어주자

부모가 자녀의 마음을 잘 이해하고 있음을 자녀가 알게 되면 자녀에게 긍정적인 영향을 미친다. 9살 에릭의 이야기를 들어보자.

비 때문에 학교 소풍이 취소되었을 때 에릭은 대단히 화가 났다. 그날 오후, 집에 돌아온 에릭을 본 어머니는 에릭의 기분이 매우 좋지 않다는 걸 대번에 눈치 챘다. 에릭의 어머니는 "비가 와서 소풍이 취소된 것 때문이라면 엄마에게 짜증내봐야 아무 소용없어!" 또는 "엄마가 비를 뿌린 것도 아닌데, 왜 엄마에게 화풀이냐?"라고 말하고 싶었지만, 겨우 참았다.

에릭은 엄마에게 분노를 표출함으로써 자신의 실망감을 엄마와 나누길 원했다. 잘 생각해보니 어린 아들이 짜증이 날 만도 하다는 생각이 들었다. 그래서 어머니가 먼저 말문을 텄다.

"실망한 표정이구나, 에릭."

"네."

"소풍을 꼭 가고 싶었구나."

"정말 가고 싶었어요."

"완벽하게 준비를 다 해두었는데, 갑자기 비가 오다니… 너무하지?"

"제 말이 그 말이에요."

잠시 침묵이 흘렀다. 이번에는 에릭이 침묵을 깼다.

"뭐, 할 수 없죠. 다음에 가면 되잖아요."

이 이야기는 개인적으로 내 마음에 와 닿았다. 가끔은 자녀의 감정에 자신의 감정을 이입시키면 굳게 닫힌 감정의 문에 열쇠가 꽂히며 문이 열리기도 한다. 그 문이 열리면 동시에 자녀의 감정이 쏟아져 나오기도 한다. 또 어떤 경우는 부모가 자신을 이해한다는 느낌만으로도 자녀의 우울한 기분이 밝아지기도 한다.

아이가 너무 과장할 경우, 받아주기 힘들어서 "별일도 아닌데 이제 그만 좀 하지 그러니?" 하고 싶을 때도 있다. 과도하게 징얼거리는 아이를 잠재우는 최고의 해결책은, 부모가 1분이라도 아이의 감정을 이해하는 친구가 되어주는 것이다. 아이의 마음을 달래주고 가라앉히면 더 이상 징얼거리지 않게 되기 때문이다. 마음만 안정되면, 자녀는 문제의 해결 방안을 차분히 생각할 수 있는 준비가 된 셈이다.

아이들과 말싸움을 할 때도 아이의 감정을 헤아리자

"엄마, 타일러랑 같이 이번 토요일에 놀이공원 가고 싶어요."

"그래? 하지만 둘이서만 놀이공원에 가기에는 너무 어려."

"왜 엄마는 항상 그런 식이에요? 우린 그 정도로 어리지는 않다고요. 스티븐과 콜린은 항상 자기들끼리 놀러 다닌단 말이에요."

아이와 논쟁이 벌어졌을 때, 부모가 자녀의 관점과 입장에서 생각하고 말하면 아이는 부모가 자신을 이해한다고 생각한다. 그러면 아이는 부모가 제시하는 해결 방안에 마음을 열고 긍정적으로 받아들인다. 아이와 말싸움이 벌어질 것 같으면, 먼저 아이의 생각을 알아보고 이를 이해하려는 노력이 선행되어야 한다.

"왜 타일러와 둘이서만 놀이공원에 가고 싶다는 거지?"

"엄마랑 같이 가면 이건 위험해서 안 된다, 저건 기다리는 줄이 너무 길어서 안 된다, 이러면서 타고 싶은 걸 못 타게 하잖아요."

"그래? 하긴 내가 좀 그러지. 너희가 가고 싶은 데 가고, 하고 싶은 걸 하면서 자유로운 시간을 보내고 싶은 건 당연해. 그러니까 너희는 어른이랑 같이 가면 재미없다는 뜻이지?"

"우리는 아기가 아니라고요."

"그건 네 말이 맞아. 조금 있으면 10대니까."

"그래서 우리는 엄마가 싫어하는 일도 좀 하고 싶어요. 친구들이랑 놀이공원에도 가고, 슈퍼 롤러코스터 같은 것도 타고 싶다고요. 엄마는 슈퍼 롤러코스터 싫어하잖아요."

"네 말은 잘 알아들었어. 사실 네 말도 틀린 말은 아니지…."

이 정도 되면, 아들은 엄마가 자신을 이해한다는 느낌을 받는다. 아들의 마음이 열리면 타협과 협상의 가능성도 함께 열린다. 어쩌면 아이들의 재미를 방해하지 않으면서 엄마가 놀이공원에 따라가는 방법이 생각날 수도 있다.

"일단 내가 너희를 데리고 놀이공원에 가는 거야. 그리고 정문에서 헤어지는 거야. 엄마는 놀이공원 음료수 가게 테이블에 앉아서 기다릴게. 거기서 엄마가 할 일거리를 가져가면 돼. 너는 타일러랑 놀이공원 안에 들어가서 노는 거지. 어때? 대신 너희는 두 시간에 한 번씩만 엄마를 찾아와서 너희가 잘 노는지 알려주는 건 어때? 너희를 못 믿어서가 아니라, 지난여름에 놀이공원에서 깡패들 싸움이 있었잖니. 그런 게 걱정돼서 그래. 혹시 그런 일이 생기면 엄마가 재빨리 너희를 돌보면 되니까."

아마 아들은 이렇게 말할 것이다.

"그럼… 타일러에게 한번 말해볼게요."

아이가 스스로 문제를 해결할 수 있게 돕자

자녀의 자율성을 북돋아 주는 또 다른 방법은, 자녀가 자신에게 닥친 문제를 주도적으로 해결할 수 있도록 옆에서 도와주는 것이다. 나 역시 아이들에게 문제가 발생했을 때 내 머릿속에 떠오른 완벽한 해결책을 말해주고 싶어서 입이 근질거렸던 적이 많았다. PPP에 사로잡히면, 당장이라도 자녀의 문제를 '해결'해주고 싶은 충동이 강해진다.

대부분의 부모는 자신의 불안감도 최대한 빨리 잠재우고 싶어서 안달이 난다. 하지만 어떤 일이 발생했을 때, 무작정 부모가 나서서 '너는 이렇게 해야 해!'라고 해결책을 제시하는 것은 바람직하지 않다. 그보다는 자녀가 자율적으로 문제를 해결할 수 있도록 뒤에서 돕는 방식을 찾아야 한다. 즉 **자녀가 문제를 어떻게 생각하는지, 현재 자녀의 기분은 어떤지, 자녀가 생각하는 문제 해결 방법은 무엇인지부터 알아보아야 한다.**

자전거 헬멧 사건이 있었던 날, 이런 대화를 나눴더라면 더 좋았을 것이다.

"잭, 오늘 아침 일에 대해 하고 싶은 말 없니? 아까 기분은 어땠니?"

"정말 끔찍했어요. 저는 벤이 너무 싫어요, 엄마."

"하긴, 네가 그렇게 생각할 만도 하다."

"벤은 항상 그렇게 못되게 굴어요. 오늘 아침에 있었던 일은, 점심시간에 있었던 일에 비하면 아무것도 아니에요. 하여간 벤은 언제나 저를 못살게 굴어요. 벤이 제가 앉은 탁자에 앉는다면, 다른 친구들이 제 옆을 지켜준다 해도 저는 밥을 못 먹을 거예요."

"너를 못살게 굴지 못하도록 무슨 조치를 취해봤니?"

"그냥 무시했어요. 전에 엄마가 무시해버리라고 하셨잖아요. 그런데 무시해도 벤은 상관하지 않고 계속 괴롭혀요."

"선생님께 도움을 구하는 건 어떨까?"

"그건 안 돼요. 절대 선생님께 이를 수는 없어요."

"그래…? 그럼 네가 달리 할 수 있는 일이 뭐 있어?"

"입 좀 닥치라고 말해볼까요?"

"그래. 네가 벤의 행동을 싫어한다는 걸 알려주는 것도 좋은 방법이다. 그렇게 말하면 벤이 어떻게 나올까?"

"아마 저를 비웃을걸요."

"그럼 넌 어떻게 할 건데?"

"모르겠어요."

"네 친구들은 어때?"

"친구들도 다 벤을 싫어해요. 그런데 벤은 저만 괴롭혀요. 테일러도 가끔 괴롭히긴 하지만. 아, 벤은 트레버도 괴롭혀요. 트레버도 저처럼 벤이랑은 절대 같은 탁자에서 식사하지 않아요."

"그럼 너랑 트레버는 벤과 같은 탁자에서 밥 먹는 게 불편하구나."

"어쩜 트레버랑 제가 창문 옆 탁자에서 먹으면 될지도 모르겠네요."

"좋은 생각이다. 너희 둘만의 식사 자리를 만드는 거야."

물론 상상해본 대화 장면이긴 하지만, 다시 한 번 살펴보면 나는 "그럼 네가 달리 할 수 있는 일이 뭐 있어?"라고 말하며 잭이 실천 가능한 해결책을 생각해낼 수 있도록 도와주었다. 또 "그렇게 말하면 벤이 어떻게 나올까?"라고 말하며 잭에게 해결책을 실천에 옮겼을 때 그 이후 상황까지 생각할 수 있도록 도와주었다.

혹시 아이가 부모에게 해결책을 알려달라고 요청하더라도, 직접적으로 어떻게 하라며 해결책을 제시해주기보다는 아이가 스스로 문제 해결 방법을 찾을 수 있도록 도와주는 역할을 맡는 것이 바람직하다. 그렇게 하면, 부모는 적극적으로 자녀의 문제 해결에 개입하면서도 자녀의 문제 해결 능력을 강화시켜줄 수 있다. 물론 부모는 주도적으로 앞장서는 자녀의 뒤를 따르는 형식을 취해야 한다.

아이에게 선택권을 주자

자율의 전형적인 특징은 자신에게 선택권이 있다는 것이다. 어떤 행동을 할 것인지 선택할 수 있는 권리가 주어질 때, 그 선택의 주인이 자신이 되는 것이다. 즉 자신의 행동 배후에 다른 어느 누구도 아닌 바로 자신이 있다는 것, 그것이 자율이다.

하찮고 시시한 일이라 해도 자녀에게 선택권을 줄 때 자녀의 자율성이 커진다. 텍사스 대학의 심리학자 윌리엄 B. 스완 William B. Swann 은 이 현상을 연구하기 위해 초등학교 3학년 1학기에 재학 중인 학생들을 불러서 한 탁자에 둘러앉게 했다. 그 탁자 위에는 사인펜과 흰 종이, 커다란 스프링 장난감, 색깔 벽돌 등이 놓여 있었다.

스완은 먼저 아이들 중 반에게 갖고 놀고 싶은 것을 고르도록 했다.

"자, 어느 것이든 원하는 것을 고르렴. 그림을 그리면서 시작하는 건 어때? 하지만 꼭 그래야 하는 건 아니야. 갖고 놀고 싶은 거 아무거나 골라도 돼. 그런데 그림 그리기 놀이부터 하고 싶지 않니?"

그러자 아이들은 모두 그의 제안을 받아들였다. 스완은 이 아이들에게 선택의 자유를 준 것이 아니라 선택했다는 착각을 느끼게 했다. 아이들은 그림 그리기도 재미있을 것 같았기 때문에 스완의 제안을 굳이 거부할 필요는 없다고 생각했다. 아마도 아이들은, 친절한 선생님이 재미있는 놀잇거리를 이렇게 많이 주셨는데 선생님의 제안에 따라 그림을 그리는 게 좋겠다고 생각했는지도 모른다.

스완이 이런 식으로 아이들에게 미묘하고 은근한 압력을 가한 이유는, 모든 아이가 그림 그리기로 놀이를 시작해야 아이들을 비교하며 실험을 할 수 있었기 때문이었다. 다시 말해, 선택권이 있는 상황에서 그림 그리기를 선택한 아이들과 선택권이 없는 상황에서 그림 그리기를 선택한 아이들을 비교한다는 뜻이다.

다음으로 스완은 나머지 반에게는 아무 선택권도 주지 않았다.

"너희가 어느 것을 가지고 놀 것인지 선생님이 정해줄게. 지금부터 너희는 모두 그림 그리기를 해야 한다."

스완은 아이들과 그림 그리기 놀이를 시작했다. 5분 정도 지난 후, 스완은 그리기 시간이 끝났음을 알리며 이렇게 말했다.

"그리기 시간은 끝났지만, 당장 교실에 돌아갈 필요는 없단다. 여기에 있는 것들 중에서 너희가 원하는 거 아무거나 갖고 놀다가 교실에 돌아갈 시간이 되면 그때 돌아가는 게 어떻겠니?"

스완은 곧 교실 한구석으로 가서 다른 일을 하는 척하며 10분 동안 있었다.

선택권은 어떤 차이를 만들어냈을까? 처음에 마치 선택권이 있는 것처럼 느꼈던 아이들 중 80%는 자유 시간이 주어지자 다시 그림을 그리기 시작했다. 반면 그림 그리기를 강요받았던 아이들 중 자유 시간에 다시 그림을 그린 아이들은 20%에 불과했다. 아이들에게 그림 그리기를 강요한 것이, 그림 그리기에 대한 아이들의 흥미를 반감시켰다는 게 확실했다.

자녀에게 선택권을 줄 때는 자녀의 연령에 맞게, 부모의 의견과 일치하는 선택권들을 정하여 그중에서 선택하게 해야 한다. 야채를 먹어야 할 아이에게는 "당근을 먹고 싶니, 셀러리를 먹고 싶니?"라는 선택권을 줄 수 있다. 이렇듯 자녀의 연령과 상황에 맞게 선택권을 주면 된다. 내 경우 아이들이 어렸을 때 "지금 침대에 누워서 잘래, 아니면 15분 동안 책을 읽다가 잘래?" 같은 질문을 자주 했다.

아이들은 자신감을 키워줄 수 있는 것을 선택한다

선택권이 주어졌을 때 아이들은 어떤 종류의 선택을 하게 될까? 제일 쉬운 것을 고를까? 아니면 이것저것 정신없이 바꾸면서 고를까?

리처드 드참스는 이 질문에 대한 해답을 연구하기 위해 기막힌 방법을 고안해냈고, 그 연구 결과는 참으로 놀라웠다.

드참스는 학생들을 모아서 스펠링 비Spelling Bee(영어 철자 맞히기 대회)를 할 수 있도록 팀을 구성했다. 쉬운 단어의 철자를 맞히면 1점, 조금 어려운 단어는 2점, 아주 어려운 단어는 3점을 주었다. 연구원들은 예비 테스트를 통해 각 학생들의 실력을 측정해서 스펠링 비에 나올 단어의 수준을 세 단계로 나누었다.

학생들은 5주에 걸쳐서 스펠링 비를 했는데, 시간이 흐르면서 학생들이 '아주 어려운' 단어를 선택하는 빈도가 점점 높아졌다. 이 말은 학생들이 무조건 쉬운 단어만을 선택하는 게 아니라, 배운 단어의 수준이 높아지면서 자신에게 맞는 '적당한' 단어를 선택하게 되었다는 뜻이다. 심리학자들은 이를 '최적의 도전optimal challenge'이라고 부른다. 이는 아이들이 향상된 자신의 실력에 맞추어 자연스럽게 다음 단계를 선택하도록 인도하는 역할을 한다.

자녀에게 의미 있는 선택권을 주자

자율을 키우는 목적 중 하나는 자녀가 스스로 목표를 성취하고 자신의 관심 분야를 알아내는 데 도움을 주는 것이다. 그래서 자녀에게 선택권을 줄 때에는 자녀의 목표와 관심 분야를 고려하는 것이 매우 중요하다. 단순히 선택을 위한 선택은 내적 동기를 불어넣는 데 도움이 되지 않는다.

벤 구리온 대학의 애비 아소르와 그의 동료들이 8~14살 사이의 이스라엘 유대인 학생 862명에게 설문조사를 실시했을 때에도 이와 같은 연구 결과를 얻었다. 설문조사를 통해 학교에서 가장 흥미롭고 관심이 가는 과목을 골랐다. 또 학생들은 학교에서 선생님이 학생들에게 얼마나 많은 선택권을 주는지에 대해서도 답변을 작성했다. 그리고 선생님이 특정 과목을 가르칠 때 그것이 학생들의 목표, 관심과 어떤 관련이 있으며 그 과목을 공부하는 목적에 대해 이해할 수 있도록 잘 설명해줬는지에 대해서도 답변을 작성했다.

재미있게도 선생님이 공부와 학생들의 목표, 흥미 사이의 관계에 대해 설명해주면, 학생들은 선택권을 받았을 때보다 훨씬 더 강한 자율성을 느꼈다. 즉 학생들은 특정 과목이 자신의 목표, 관심 분야와 관련이 있다는 사실을 알게 되면 더 자율적으로 학습에 임하게 된다는 뜻이다.

아소르는 이 설문조사 결과, 학생들이 '학교 공부와 개인적인 목표나 관심 분야 사이에 아무런 연관성을 느끼지 못한다면' 학생들에게 아무리 선택권을 준다 해도 자율성, 즉 스스로 공부하려는 의지를 보이기 힘들다고 결론 내렸다.

즉 자녀의 자율성을 키워주려면, 자녀에게 주어진 선택권이 자녀 본인에게 의미 있고 흥미로운 것들이어야 한다. 예를 들어보겠다. 만약 아이가 풋볼 경기를 보고 싶어하는데 숙제도 해야 한다고 치자. 이런 상황에서 자녀에게 선택권을 주려면 관련된 선택권을 주어야 최고의 효과를 얻을 수 있다. 이를테면, "풋볼 경기를 본 다음에 숙제할래, 아니면 보고 난 후에 숙제할래?"라고 물을 수 있다.

만약 아이가 야구나 테니스를 하고 싶어서 안달이 나 있거나, 아니면 운동은 전혀 관심이 없고 그림을 그리고 싶어한다고 치자. 그런 아이에게 "너 하키 할래, 농구 할래?"라고 묻는다면 어떨까? 그런 선택권으로는 자녀의 자율성을 키워줄 수 없다.

자녀에게 '합당한' 선택권을 주어야 한다는 건 말할 필요도 없다. "지금 숙제할래, 아니면 절벽에서 뛰어내릴래?"라고 묻고서 자녀에게 선택권을 주었다고 말할 수는 없다. 마찬가지로 자녀에게 제시할 선택권에 교묘한 속임수나 조작의 가면을 씌워서도 안 된다. 아이들은 자신에게 주어진 선택의 여지 중에 선택할 만한 게 전혀 없다면, 그것이 선택이라는 가면을 쓴 통제에 불과하다는 것을 대번에 알아차린다. 일상생활에서 그러한 선택을 강요한다면 자율을 허용한다고 말할 수 없다.

강요하는 표현은 삼가고 이유를 설명해주자

자녀가 자율을 느끼는 데 언어 선택은 중요한 비율을 차지한다. 맥길 대학의 심리학자 리처드 쾨츠너Richard Koestner는 '해야만 한다.' '반드시 해라.' '꼭 해야 한다.' 같은 표현이 자녀에게 미치는 감정적인 영향을 밝혔는데, 그 결과는 실로 놀라웠다.

쾨츠너는 한 초등학교를 방문해서 1학년과 2학년 아이들에게 그림을 그리게 했다. 아이들은 각각 자기 책상 앞에 앉았고, 책상 위에는 붓, 물감, 큰 종이 한 장, 작은 종이 한 장, 휴지 약간이 준비되어 있었다. 쾨츠너는 아이들에게 이렇게 말했다.

"여러분이 살고 싶은 집을 그리세요. 어떤 종류의 집이든 상관없으니까 마음껏 그려보세요. 원한다면 상상 속의 집도 괜찮습니다."

쾨츠너는 아이들을 세 그룹으로 나누었다. A그룹의 아이들에게 그는 더 이상의 지시를 내리지 않았다. 하지만 B그룹과 C그룹의 아이들에게는 청소에 대한 몇 가지 규칙을 말해주었다. 먼저 B그룹의 아이들에게 이렇게 말했다.

"그림을 시작하기 전에, 이곳에서 그림을 그릴 때 유의해야 할 점에 대해 알려주겠어요. 주위에 물감을 흘리고 다니는 게 가끔은 재미있기도 하지요. 저도 잘 알고 있어요."

그는 아이들이 물감으로 장난치기를 좋아한다는 것을 그가 알고 있으며 이해한다는 점을 아이들에게 알려주었다. 그러고 나서 청소 규칙을 알려주었는데, 이때 왜 규칙을 지켜야 하는지 이유도 함께 설명해주었다.

반면 C그룹의 아이들에게는 통제적인 표현, 즉 '해야만 한다.' '반드시 해라.' '꼭 해야 한다.' 등의 표현을 사용해서 규칙을 알려주었다.

10분 후, 쾨츠너는 아이들에게 두 장의 종이를 더 나누어 준 후 다른 책상에서 그림을 그리든지, 퍼즐을 하며 놀고 있으라고 지시하고 교실을 나갔다. 교실에 남아 있던 실험 보조원들은 이후 8분 동안 아이들이 그림을 그리는 시간을 재어보았다.

어떤 결과가 나왔을까? A그룹과 B그룹이 그림을 그리는 데 보낸 시간은 거의 비슷했다. B그룹은 물감 사용 규칙에 대한 이해할 만한 설명을 들었기 때문에 자신들이 통제받는다고 느끼지 않았다. A, B그룹이 자유 시간에 그림을 그리며 보낸 시간은, 반드시 물감을 깔끔하게 사용해야 한다는 규칙을 들었던 C그룹이 그림을 그린 시간의 두 배가 넘었다. 이를 통해 통제적인 언어가 C그룹 아이들의 그림을 그리고 싶다는 내적 동기를 심각하게 떨어뜨렸음을 알 수 있었다.

쾨츠너는 또한 아이들이 그린 그림의 창의성과 그림 수준도 살펴보았다. 규칙을 지켜야 한다는 지시를 받은 C그룹은 다른 그룹에 비해 그림의 창의성도 떨어졌다. 심사위원들이 몇 가지 기준을 정해놓고 그림을 심사한 결과, C그룹의 그림은 A, B그룹의 그림에 비해 사용한 색깔의 수도 적었고, '자발적으로 그림을 잘 그리겠다는 노력'도 부족했다.

쾨츠너의 연구는 아이에게 정보를 제공하면서 어떤 제한을 둔다고 하여 아이가 반드시 통제받는다고 느끼는 건 아니라는 점을 밝혀주었다. 반면 강요하는 표현을 사용하면 내적 동기에 찬물을 끼얹을 수 있으며, 아이의 창의력과 성과에도 부정적인 영향을 미친다는 것을 보여주었다.

한두 단어의 말로 아이가 자율적이라고 느낄 수도 있고 통제받는다고 느낄 수도 있다. 이 말은 '해야만 한다.' '반드시 해라.' '꼭 해야 한다.' 같은 표현을 피하기만 해도 분노와 분쟁의 가능성을 줄일 수 있다는 뜻이다. 그런 표현은 아이들에게 강제적이고 고압적인 느낌을 갖게 하기 때문이다.

대신 쾨츠너가 B그룹에게 규칙을 설명한 방식으로 자녀에게 정보를 제공하는 게 좋다. 그렇게 하면 아이는 부모가 억지로 무언가를 시키려 한다든가, 자신을 괴롭히기 위해 그런 규칙을 만들었다고 생각하지 않고, 부모가 제공하는 정보와 규칙을 진심으로 이해하고 받아들이게 된다. 또한 그 규칙이 합리적인 이유를 갖고 있으며 모두에게 적용되는 것임을 자녀에게 자연스럽게 인식시켜줄 수도 있다.

자녀에게 제한적인 규칙과 같은 정보를 제공할 때, 강요하는 표현은

삼가고 합리적인 이유를 잘 설명해주면 자녀가 자진해서 그 규칙을 따를 가능성이 높아진다. 결과적으로 이는 자녀의 내적 동기를 북돋는 데도 도움이 된다.

아이에게 어떤 제안을 해야 하는데 아이가 부모 말에 억지로 복종한다고 느끼지 않게 말하고 싶다면, 아이에게 선택권이 있다고 느낄 수 있게 말해보자. 나 역시 아이들에게 '숙제할 시간에 잊지 않도록 숙제하라고 말해줄까?' 또는 '네가 맡은 집안일을 잊지 않고 할 수 있도록 엄마가 말해줄까?'라고 종종 물어본다. 이렇게 아이의 할 일을 부모가 잊지 않도록 상기시켜주는 데 동의를 받으면, 나중에 부모가 숙제나 집안일을 시킬 때 아이는 시킨다는 느낌을 받지 않을 수 있고, 부모도 시킨다는 부담을 덜 수 있다.

지금까지 '어떻게 하면 자녀의 자율을 북돋아 주면서 부모 - 자식 간의 관계를 친밀하게 유지할 수 있는지'에 대해 설명했다. 6장에서는 개입 involvement 에 대해 알아보고자 한다. 자녀의 자율을 키워주면서 동시에 부모가 자녀의 삶에 최대한 잘 개입할 수 있는 방법에 대해 살펴보자.

Tip

아이들이 싸울 때는 자율을 어떻게 적용할까?

아이들이 사소한 일로 싸우며 말썽을 피우는 일이 반복될 때는 부모도 짜증이 나서 자동적으로 아이들에게 그만두라는 명령을 내리게 된다. 그런데 이럴 경우 아이들은 서로 자기는 잘못한 것도 없는데 다른 형제 때문에 혼났다고 생각하며 부모에게 분노와 서운함을 느끼게 된다. 이런 일이 쌓이다 보면 부모와 자녀 사이도 멀어지게 마련이다. 이런 악순환의 고리를 끊으려면, '통제'가 아니라 '규율과 자율'을 통해 분쟁을 해결해야 한다.

대화로 규율을 정하자
예를 들어 아이들이 레슬링을 너무 좋아해서 부모가 견디기 힘든 상황이라고 하자. 게다가 레슬링을 하다 보면 감정이 격해져서 싸움으로 번지는 경우도 많다고 하자. 그러면 "동생 좀 그만 괴롭혀!" "집 안에서 레슬링은 하지 말라고 했지!"라고 윽박지르기보다는 난리가 좀 잦아들 때까지 기다렸다가 대화를 시작한다.

엄마: 마루에서 레슬링을 하는 게 재미있다는 건 나도 이해해. 하지만 그러다 너희 둘 중 하나라도 다칠까 봐 엄마는 걱정이구나. 여기 좀 봐, 그렇게 놀다가 이 탁자 모서리에 머리를 부딪치면 위험하잖니.
아이: 밖에 나가서 놀까요?
엄마: 그것도 좋지만 지금은 놀기에 너무 어둡지 않니?
아이: 지하실은 어때요?
엄마: 좋아. 레슬링을 하다 다치지 않도록 바닥에 낡은 매트리스라도 깔자. 그리고 레슬링을 하다가 잘못해서 너무 심하게 때렸을 때는 바로 사과하는 게 어때? 너희가 레슬링을 하는 이유가 뭐니?
아이: 재미있어서요.
엄마: 그래, 재미로 하는 건데 실수로 세게 때렸다고 싸우면 안 되겠지? 때린 사람은 바로 사과하고, 맞은 사람도 화내지 말고 이해해주기!

Nurture Dilemma

부모가 자녀의 삶에 깊숙이 개입하는 동시에 자율을 인정해줄 경우 아이가 우울증이나 근심에 빠지는 비율이 낮고, 비행을 저지르는 비율도 낮다. 개입은 간섭과는 다르다. 자녀의 삶에 개입할 때는 자녀의 말에 귀를 기울이고 관심을 가지며 함께 시간을 보내야 한다. 또한 감정적으로 자녀를 후원하고 지지해주어야 한다.

Chapter
06

아이의 삶에
얼마나 개입하는 게 좋을까?

'개입'의 의미는 자녀를 후원한다는 뜻이다. 음식, 옷, 책, 장난감 같은 물질적인 후원은 물론, 자녀를 이해하고 따뜻한 마음으로 대하는 감정적인 후원도 개입에 포함된다. 자녀의 학교생활을 살펴서 자녀가 가진 내면의 열정을 마음껏 펼칠 수 있는 기회를 최대한 활용하도록 도와주어야 하며, 자녀가 부모를 필요로 할 때 자녀의 '곁을 지켜주는' 후원도 당연히 필요하다.

개입을 통해 자녀를 감정적으로 후원하라

요즘 부모들은 이미 자녀의 삶에 대단히 강도 높게 개입해 있다. 오래전부터 자녀에게 최대한의 시간과 에너지를 헌신해온 부모도 있을 것이다. 자녀의 학교 활동, 친구들, 장단점, 잘하는 분야, 걱정거리에서부터 열정까지 이미 다 꿰고 있는 부모도 상당히 있을 것이다.

개입이라는 실들이 모이고 엮이면 부모-자녀 관계라는 옷감이 짜인다. 개입이라는 수많은 실들은 '관계'라는 자녀의 욕구를 만족하게 해주는데, 관계는 자녀가 가야 할 내적 동기라는 길을 평탄하게 닦아주는 역할을 맡는다.

PPP로 인한 근심과 걱정에 휩싸일 때, 자녀의 삶에 개입하는 강도를 높여 부정적인 양육 방식을 긍정적으로 바꿀 필요가 있다. 물론 자녀의 삶에 개입할 때는 자녀의 말에 귀를 기울이고 관심을 가지며 함께 시간을 보내야 한다. 또한 감정적으로 자녀를 후원하고 지지해주어야 한다. 이런 식으로 자녀에 대한 강압과 부담을 줄이면, 자녀와 좀 더 돈독해지고 건설적인 관계를 다지는 데 도움이 된다. 또한 자녀가 가진 열정의 불을 더 활활 타오르게 하는 효과도 기대할 수 있다. 자녀를 더 행복하고 성공적인 아이로 키우는 데에도 큰 도움이 된다.

자녀의 삶에 개입할 것인지 말 것인지는 사실 고민이라고 할 수도 없다. 인간은 선천적으로 자녀에 대한 사랑을 느끼기 때문에 자녀가 필요로 하는 것이면 무엇이든 해주길 원한다. 부모들은 자녀의 학교 준비물을 사거나 도서관에 데리고 가거나 자녀의 친구들을 만나는 것을 귀찮게 여기기보다는 오히려 즐겁게 생각한다. 자녀의 필요를 채워주는 것이 부모에게는 기쁨이다.

부모의 개입이 자녀의 성취도에 미치는 영향

모든 학부모가 학교의 학부모 활동이나 모임에 참여할 수 있는 것은 아니다. 학부모-교사 회의, 학부모 초청의 밤 같은 특별한 경우에나 겨우 시간을 내서 학교에 찾아가는 게 대부분이다. 아이의 숙제를 봐줄 시간적 여유가 없는 부모도 있고, 인내심이 부족해서 숙제를 봐주지 못하는 부모도 있다. 많은 시간을 들여 자녀의 삶에 개입하지 못한다고 걱정할 필요는 없다. 자녀의 학교생활에 부모가 참여할 수 있는 방법은 이외에도 많기 때문이다. 그런 방법 역시 자녀의 내적 동기를 자극하고 성취도를 높이는 데 도움이 된다.

댄스빌 연구 이후 몇 년이 흐른 뒤에, 교육 개혁자들은 학부모의 개입이 학교 교육 개선에 결정적인 역할을 한다고 주장하기 시작했다. 그래서 나는 자녀의 학습에 부모가 참여할 수 있는 여러 가지 방법을 자세히 검토해보았다. 부모의 다양한 개입이 자녀의 성취도와 배움의 의지에 미치는 영향은 얼마나 되는지도 궁금했다.

나는 동료들과 함께 뉴저지 교외의 한 학교 교구를 찾아가 6학년에서 중학교 2학년까지의 학생들과 부모 300명, 교사 18명에게 설문조사를 실시했다. 학생들에게는 부모가 학교 활동에 참석하는지와 숙제를 도와주는지, 그리고 그들의 학교생활을 포함해서 전반적인 자녀 생활에 대해 부모가 얼마나 알고 있는지 질문했다. 학생들은 답변을 읽고 '매우 그렇다'에서부터 '전혀 그렇지 않다'까지 해당되는 등급에 표시했다.

우리는 또한 가정에서 이루어지는 학습 활동에 대해서도 알아보았다. 부모는 시사문제에 대해 자녀와 얼마나 자주 대화를 나눌까? 자녀와 함께 영화관, 극장, 박물관을 얼마나 자주 방문할까? 또 자녀와 같이 책을 읽는 부모는 얼마나 될까?

자녀의 생활에 부모가 개입하면 자녀의 내적 동기 자극과 학교에서의 성취도 향상에 긍정적인 영향을 미친다. 단순히 자녀에게 관심을 가지고 자녀와 학교생활에 대해 대화를 나누는 것만으로도 자녀가 자기 삶에 책임감을 갖게 하는 데 도움이 된다. 부모가 학교 행사에 참가하고 가정에서 지적인 자극을 제공하면 아이는 자신감을 갖게 되고, 학교생활을 스스로 잘 통제한다. 자신이 학교생활을 잘 통제하고 있다는 느낌은 자신감과 함께 성취도를 높이는 원동력이 된다.

이번 연구 결과, 매우 유용한 사실을 알게 되었다. 부모가 자녀에게 직·간접적으로 학교의 중요성을 알려주면, 열심히 공부하고 성공적으로 학교생활을 하려는 동기를 자극할 수 있다. 또한 부모가 자녀를 매우 사랑하고 있으며 자녀가 부모에게 대단히 중요한 존재임을 표현하면 자녀의 동기를 자극하고 독려하는 효과가 있다.

자녀의 삶에 개입하는 방법은 다양해서 선택의 폭이 넓다. 그러니 다른 부모들이 하는 대로 '전부 다' 따라 하지 못한다고 죄책감을 느낄 필요는 없다. 또한 많은 시간을 자녀의 학교에서 보내는 다른 어머니들을 부러워하거나 화낼 필요도 없다.

자녀의 학교생활에 개입하는 법

자녀의 학교생활에 개입한다는 것은 우선, 자녀가 학업에 충실한지 살펴보고 추가적인 도움을 필요로 하는지 알아본다는 의미이다. 또한 자녀의 성적과 시험 점수가 의미하는 바를 살펴본다는 의미도 포함된다.

자녀가 초등학생일 경우에는, 성적표를 통해 자녀의 성적과 학업 수준에 신경을 쓰고 담임선생님과 협력하여 자녀가 교과 과정 진행에 맞추어 제대로 공부할 수 있도록 돕는 것을 개입이라고 할 수 있다.

정기적으로, 가능하다면 전화보다는 직접 학교로 찾아가서 담임선생님과 면담을 하면 자녀에 대한 교사의 기대치를 높일 수 있다. 학교 개혁을 위한 아넨버그 협회 the Anneberg Institute for School Reform의 지역사회 참여 프로그램 수석위원인 앤 T. 헨더슨 Anne T. Henderson은 이렇게 말했다.

"부모가 자녀에게 많은 관심을 가지면, 교사도 그 아이에게 더 높은 기대를 갖게 됩니다."

아이의 담임선생님을 찾아가 아이의 학습 속도에 대해 상담하면서 이런 질문을 해보는 것도 좋다.

"혼자서 오랫동안 해야 하는 과제를 아이가 잘하고 있나요?"

"아이가 어느 과목을 제일 잘 배우나요?"

"규율이 더 필요하거나 반대로 줄여야 할 필요가 있나요?"

이런 식으로 담임선생님과 자녀의 학습에 효과적인 방안에 관해 논의하면 학교 측과 부모가 자녀를 위한 최선책을 함께 이끌어낼 수 있는 좋은 기회가 될 것이다.

만약 아이가 학교에서 돌아와 이렇게 말한다면 어떨까?

"담임선생님이 너무 싫어요. 내일부터 학교 안 갈래요."

"교실에서 무슨 문제가 생기기만 하면 항상 내가 범인으로 몰려요."

이런 상황에서 제일 먼저 해야 할 일은 가능한 한 많은 정보를 모으는 것이다. 일단 아이에게 이렇게 물어본다.

"무슨 일이 있었는지 차근차근 설명해보렴. 그런 일이 한 번 있었던 거니, 아니면 매일, 계속 있었던 거니?"

만약 심각한 문제가 있다고 판단될 경우 담임선생님과 면담 약속을 잡는 게 좋다. 선생님과 함께 문제 해결책을 찾아낼 수도 있고, 그렇지 못할 경우 교장선생님이나 상담선생님을 찾아갈 수도 있다. 또는 다른 학부모를 만나서 이와 비슷한 경험을 한 적이 있는지 물어볼 수도 있다.

어떤 학교는 부모가 학교에 찾아오는 것을 반기지만, 어떤 학교는 그다지 반가워하지 않는다. 부모가 학교에 찾아오는 데 대한 학교 측의 태도는 부모의 개입 정도에 큰 영향을 미칠 수밖에 없다. 학교 측에서 요구할 때만 부모가 학교를 방문하는 것을 원칙으로 고수하는 학교가 많은데 이론적으로는 모든 학교가 '부모와 교사의 파트너십'을 지향하는 것이 이상적이다. 그래야 부모가 자녀의 필요를 채워주고 효과적인 도움을 줄 수 있기 때문이다.

자녀를 돕고 지지한다는 말에는 다양한 교육 프로그램과 우수반 수업을 찾아본다는 의미도 포함된다. 학교 교육 제도 내에서 자녀를 잘 지도하고 인도하려면 영재반, 특수 프로그램, 명문학교, 외국어 특화 교육이나 미디어 테크놀로지, 건강, 과학, 예술 등의 주제별 프로그램 같은 현행 교육 제도를 잘 찾아보고 자녀가 적당한 교육을 받을 수 있도록 도와주어야 한다.

또한 부모는 진학 관련 정보를 수집해서 자녀의 진학을 잘 인도해주어야 한다. 부모가 교육 시스템에 대한 정보를 많이 알수록, 자녀에게 더 유리하다. 이러한 정보를 취득하는 한 가지 방법은 선생님과의 면담 시간을 활용하는 것이다. 또 다른 방법으로 학교 운영에 적극적으로 참여하는 다른 학부모들과의 인맥을 활용할 수도 있다.

단 다른 부모로부터 정보를 얻을 때는 PPP를 자극하지 않는 현명한 소수의 학부모만 선별해서 만나는 지혜가 필요하다.

자녀가 성장할수록 적게 개입해야 할까?

자녀가 성장할수록 부모가 자녀 생활에 개입하는 방식 역시 바뀌어야 하고, 학교를 찾아가는 횟수도 줄여야 한다. 하지만 담임선생님과의 긴밀한 관계는 계속 유지해야 하며, 아이의 생활도 끊임없이 주시해야 한다. 특히 아이들이 중학교로 진학하는 시기는 부모의 개입이 다른 어느 때보다 중요하다.

중학교 진학은 아이들에게 엄청난 변화이며 대단히 어려운 시기이다. 많은 아이가 이 시기를 힘들게 보낸다. 초등학교 때 한 교실에서 같은 친구들과 한 분의 담임선생님께 지도를 받으며 편안하게 학교생활을 했던 아이들이, 어느 날 갑자기 과목에 따라 교실을 바꾸어 다녀야 하고, 과목마다 다른 선생님을 만나야 하기 때문에 대단한 변화라고 할 수 있다. 또 과목별 선생님은 초등학교 담임선생님과는 달리 맡은 수업만 하기 때문에 친분을 유지하기도 어렵다.

초등학교에 비해 중학교는 규모도 더 크고, 더 관료적이며, 학생들이 지켜야 할 규율도 더 엄격하다. 학교 공부도 갑자기 어려워지고, 선생님들도 초등학교 선생님보다 훨씬 까다롭고 엄하게 성적을 매긴다. 게다가 어떤 선생님은 객관적인 점수가 아닌 순수한 노력만으로도 좋은 성적을 주기도 한다. 이러니 아이들이 혼란스러울 수밖에 없다.

또 사춘기 시절이라 친구관계도 복잡해진다. 어떤 아이들은 점심시간에 어느 탁자에 앉아 점심을 먹느냐에 따라 친구를 울릴 수도 있다는 사실에 적응하지 못해 어리둥절해한다.

이러한 엄청난 변화 속에서, 성적이 급속히 떨어지거나 자부심이 추락하는 아이들도 있고 나름대로 잘 적응하는 아이들도 있다. 그렇다면 방황하는 아이들과 적응하는 아이들 중 어느 쪽이 더 연약할까? 나는 이 시기에도 부모가 자녀의 삶에 개입하면 급격한 변화를 겪는 아이들의 어려움과 고민이 줄어들 것인지 궁금했다.

그래서 209명의 아이들과 부모, 선생님을 대상으로 조사를 실시했다. 이들은 표본으로 선정된 60개 가정에 속하는 참가자들로, 이 가정의 아이들은 연구 조사 과정 중에 중학교로 진학했다. 부모가 자녀의 삶에 얼마나 개입하는지 그 정도를 측정하기 위해 나는 부모, 선생님, 아이들에게 두 번의 설문조사를 실시했다. 조사는 아이들이 초등학교 6학년일 때 봄에 한 번 실시했고, 이듬해에 다시 실시했다.

설문지에는 다음과 같은 질문이 들어 있었다.

- 부모가 학교 활동과 교사 면담에 얼마나 자주 참가하는가?
- 부모는 자녀의 현재 생활에 대해 얼마나 자주 이야기를 나누는가? 그리고 얼마나 자주 도서관에 데리고 가는가?
- 부모는 성적표가 나오는 시기, 자녀가 학교에서 참가하는 활동, 자녀의 반 친구들 이름을 알고 있는가?

또한 부모가 자녀의 자율을 독려하는지 여부도 함께 조사했다. 마지막으로 아이들의 담임선생님을 찾아가서 실험에 참가한 아이들의 성적과 학교생활에 대해 알아보았다.

대부분 중학교로 올라간 후 읽기와 수학 성적이 떨어졌다. 모든 아이가 그런 것은 아니었고, 부모가 학교 활동이나 교사 면담에 참가한다고 해서 이러한 상황이 방지되는 것도 아니었다.

그런데 어머니들이 직접 학교 공부를 봐주고 관리하면서 자녀의 학교생활에 개입한 경우, 아이들의 읽기 성적은 떨어지지 않은 것으로 나타났다. 이런 식의 개입, 즉 자녀가 어떻게 생활하는지, 집에 아이가 읽을 만한 책이 충분히 있는지 항상 파악하고 있으며 자녀와 여러 가지 주제로 종종 토론을 벌이는 등의 방식으로 부모가 개입하면 자녀의 학업 성취도와 태도에 엄청난 변화를 초래한다. 부모가 자녀를 지지하고 후원하는 가정의 아이들은 자부심이 쉽게 무너지지 않는다.

우리는 6학년일 때와 중학생이 되었을 때 부모가 자녀의 자율을 얼마나 장려하는지 측정해보았다. 조사 결과, 자녀의 자율에 대한 부모의 태도 역시 개입만큼이나 중요하다는 사실을 알 수 있었다. 부모가 더 적극적으로 개입할

수록 자녀의 성적이 더 좋았고, 부모가 자녀의 자율을 존중할수록 중학교에서 불량한 태도를 보이거나 학습에 문제가 발생하는 비율도 줄어들었다. 초등학교에서 중학교로 진학하는 과도기에 부모가 자녀의 자율에 더 많은 관심을 보이면, 아이들은 자신의 가치를 소중히 여기고 학교생활을 성공적으로 할 수 있는 방법을 스스로 깨닫게 된다.

이러한 자각과 자부심은 중학생이 되면서 부모가 자녀를 통제하려는 경향이 강해지면 급격히 줄어드는 양상을 보인다. 아마 부모도 당황해서 자녀의 변화에 통제적인 방식으로 반응하는 게 원인이 아닐까 추정된다. 통제적인 방식으로 자녀를 대하는 부모의 아이들 중에, '어머니는 항상 나에게 어떻게 행동하라고 말씀하신다.' 또는 '아버지는 내가 아버지 방식대로 살기를 원하신다.' 같은 문항에 동의한 경우가 많았다.

이 시기에 부모가 자녀의 자율을 장려하면 그 효과가 유난히 강력하게 나타나는데, 중학교라는 새로운 환경이 한 요인이라고 생각한다. 중학교에서 학생들에게 요구하는 바가 초등학교 때와 완전히 다르기 때문이다. 중학교 선생님들은 아이들이 초등학생의 모습에서 벗어나 좀 더 '성숙한 모습'을 보여주기를 기대한다. 중학교에 올라가면 아이들은 스스로 숙제를 해야 하는 것은 물론 합창단이나 지역 사회 봉사 등의 과외 활동까지 해야 한다.

부모가 시키는 것만 하고 부모가 하라는 방식대로만 초등학교 시절을 보냈던 아이들에게 중학교에서 요구하는 새로운 조건에 맞추어 숙제와 공부를 한다는 게 쉽지 않은 것은 당연하다. 그렇다 보니 제시간에 과제를 제출하지 못하기도 하고, 체계적으로 공부하기도 힘들어한다. 이런 아이들 중에는 교실에서 제멋대로 행동하는 경우도 있다. 아마도 가정에서 부모의 통제를 받을 때 그런 식으로 반응할 것이다.

부모가 자녀를 사랑하는 마음으로 개입하면 자녀의 감정적인 안정과 행복감에 어떤 영향을 미칠까? 중학교 학생들을 대상으로 한 또 다른 연구 조사 결과를 살펴보면, 부모가 자녀의 생활에 깊숙이 개입하는 동시에 자율을 존중해주는 경우, 아이가 우울증과 근심에 빠지는 비율이 낮았다. 또 학교생활에서 문제를 일으키거나 비행을 저지르는 비율도 낮았다. 따라서 나는 자녀의 생활에 슬기롭게 개입하고 자녀의 자율을 존중하면 자녀의 마음 건강도 증진시킬 수 있다고 결론 내렸다.

가정환경에 따라 개입의 정도도 달라야 할까?

그렇다면 10대의 경우는 어떨까? 10대 후반일 경우 독립을 준비하는 나이라는 점을 감안할 때, 부모의 개입이 자녀에게 미치는 영향은 아무래도 미미하지 않을까?

이를 알아보기 위해 심리학자이자 작가로 활동 중인 템플 대학의 래리 스타인버그Larry Steinberg는 위스콘신과 캘리포니아의 고등학생 6,400명을 대상으로 연구 조사를 실시했다. 그는 사회, 경제, 인종적 환경이 다양한 학생들을 실험 참가자로 모집했다. 부모와 함께 사는 학생, 편부모 가정 학생, 이혼 가정 학생, 다문화 가정 학생, 도시 출신, 시골 출신 등 학생들의 배경은 매우 다양했다. 실험 참가 학생들은 두 종류의 설문지를 1년 간격으로 두 번 작성했다.

첫 번째 설문지를 통한 조사에서는 부모의 개입에 중점을 두었다. 10대들은 문제가 생겼을 때 부모의 도움을 얼마나 의지할까? 스타인버그가 작성한 설문지의 문항 몇 가지를 소개하면 다음과 같다.

- 부모님이 학교 프로그램에 참여하거나 자녀의 학업 진행 상황에 관심을 기

울이는가?
- 부모님은 자녀가 출전한 스포츠 경기나 연주 무대 등을 관람하는가? 또는 자녀가 어떤 활동을 선택할지 고를 때 도움을 주는가?
- 가족이 함께하는 재미있는 활동이나 이벤트를 얼마나 자주 하는가?

학생들은 GPA Grade Point Average(평점)와 함께 숙제하는 데 보내는 시간, 수업 시간에 얼마나 집중하는지 등을 연구원들에게 보고했다. 1년간의 조사에 참가한 학생들 중 부모가 자녀의 생활에 적극적으로 개입하는 학생들이 그렇지 않은 부모를 둔 학생들보다 더 높은 GPA 점수를 받았다.

또한 스타인버그는 학생들에게 부모가 자녀의 자율을 존중하는지에 대해서도 질문했다. 그는 부모가 학생들에게 어느 정도 결정권을 허용하는지, 자녀 스스로 문제를 해결할 수 있도록 부모가 도와주는지 궁금했다. 그래서 다음과 같은 문항을 설문지에 포함시켰다.

- 부모님과 어떤 문제로 논쟁을 벌일 때, 부모님으로부터 '너도 나이가 더 들면 이해하게 될 거야!'라는 식의 대답을 얼마나 자주 듣습니까?

자녀의 생활에 적극 개입하면서 자율도 인정하는 부모를 둔 학생들의 성적은 다른 학생들의 성적보다 더 많이 올랐다. 이를 다르게 표현하면, 부모가 민주적인 방식으로 자녀의 삶에 개입하는 것은 무작정 개입하는 것보다 더 강력한 효과를 볼 수 있다.

스타인버그는, 이 연구가 '10대들은 부모의 영향을 별로 받지 않는다!'라는 통설을 반박하는 결과를 보여준다고 주장했다. 저소득 가정의 10대들이 부유한 가정의 10대들보다 삶의 장벽을 더 높게 느끼기 때문에 부모의 개입이 더 많은 영향을 미치리라 생각하는 사람이 많다. 하지만 이번 연구 결과에 의하면, 자녀의 자율을 장려하는 부모의 태도는 경제적인 환경에 상관없이 모든 학생에게 강력한 영향력을 미친다.

자녀가 지쳐도 꾸준히 시키는 게 좋을까?

매트 데이비슨은 미국 테니스 협회에서 주관하는 USTA 동부 연안 부문에서 순위권에 올라 있다. 매트는 8살 때부터 일주일에 5~6일은 테니스 훈련을 실시했다. 고등학교 1학년 때 그는 지역 상위 랭킹 10위 안에 들겠다는 자신의 목표를 달성했다.

9월 어느 날 밤, 매트는 어머니 조이스가 있는 부엌으로 들어와 대뜸 이렇게 말했다.

"내일 테니스 훈련에 가고 싶지 않아요."

그러고는 냉장고를 열어 아이스크림을 꺼내며 한마디 더 덧붙였다.

"더 이상 테니스가 재미있지 않거든요."

조이스는 놀란 표정으로 아들을 바라보았다. 그런 어머니를 보며 매트가 말을 이었다.

"테니스 대신 학교 연극 오디션을 볼래요. 다음 주에 연극 배역을 정하는 오디션이 있어요. 거기에 등록하고 싶어요."

당시 매트는 고등학교에 입학한 지 얼마 되지 않았다. 매트의 고등학교에는 연극부가 있었는데, 테니스부와는 달리 연극부는 남학생과 여학생이 함께 활동했다.

조이스는 가슴이 철렁 내려앉는 것 같았고 속이 쓰리기 시작했다. 조이스는 당시의 심정을 이렇게 말했다.

"그동안 테니스에 쏟은 시간과 에너지를 생각하니 너무 속상했어요. 게다가 매트는 테니스에 재능이 있었거든요. 솔직히 매트에게 '지금 테니스를 그만두면 USTA 명부에서 네 이름이 제외될 거야. 3개월 동안 토너먼트에 출전하지 않으면 지역 대회에 나갈 수 없어!'라고 소리치고 싶었지만 저는 애써 입을 다물고 아무 말도 하지 않았어요."

조이스의 남편인 스튜어트도 아들의 결정을 듣고 크게 당황했다. 스튜어트는 아들이 테니스에 대한 흥미를 아예 잃어버릴까 봐 걱정했다. 게다가 조이스는 매트의 테니스 코치도 걱정이었다. 코치는 그동안 매트에게 많은 기대를 걸고 열심히 훈련을 시킨 분인데 매트의 결정을 들으면 엄청 화를 내실 게 분명했다. 조이스와 스튜어트는 아들에게 그만두기 전에 최소한 코치에게는 이를 알려야 한다고 말했다.

매트의 코치는 매트의 말을 듣고 이렇게 대답했다.

"좋아, 네가 그렇게 연극을 해보고 싶다면, 나도 반대하지 않겠다. 하지만 연극을 하더라도 달리기나 웨이트 트레이닝까지 그만둘 생각은 아니겠지? 몸매가 망가지는 건 너도 원하지 않을 테니까. 사실 나도 네가 테니스를 그다지 즐기지 않는다는 걸 전부터 알고 있었다. 테니스에 재미를 느끼지 못한다면 계속 할 이유가 없지. 하지만 네게 재능이 있다는 건 알아둬. 재능을 그냥 낭비하고 싶지는 않겠지? 언제든 테니스를 다시 하고 싶다면 문은 항상 열려 있다는 것만 잊지 마라."

매트는 연극에서 역할을 맡게 되었고 방과 후에 연극 연습에 참가했다. 대사는 몇 줄 되지 않았지만, 그래도 매트는 매일 오후 연극반으로 향했다. 그의 친구 몇몇은 매트처럼 배우 역할을 맡기도 했고 무대 뒤에서 일하기도 했다. 매트는 연극반 파티에 초대를 받아 참여하면서 이제야 고등학교 생활을 즐긴다는 기분을 느꼈다. 연극반에 들어간 이후 매트는 주말에만 테니스를 쳤다.

어느덧 2월이 되었을 때, 매트가 이렇게 말했다.

"이런, 벌써 테니스 시즌이 다 되었네. 당장 준비해야겠어. 엄마, 일주일에 몇 번이나 연습에 갈 수 있어요?"

매트는 곧장 테니스 훈련에 돌입했고, 전에 테니스 훈련에만 매진할 때보다 훨씬 즐겁고 열정적으로 훈련에 임했다. 조이스는 만면에 미소를 띤 채 나에게 이렇게 말했다.

"잠시 테니스 훈련을 쉰 건 정말 잘한 일이었어요. 그때 매트는 너무 지쳐 있었던 거예요. 지난 3개월 동안 매트에게 연극을 그만두고 테니스를 계속하도록 강요하지 않은 건 정말 다행이었어요. 매트가 테니스를 그만두지 않기를 간절히 바랐거든요. 하지만 그건 부모가 결정할 사안이 아니었지요."

어느 활동이든 아이 자신의 흥미와 관심에 따라 그 강도를 조절하면서 참여해야 한다. 물론 함께 활동하는 타인에 대한 책임감과 의무에 대해서도 가르칠 필요가 있지만, 아이가 지쳐서 포기하지 않도록 휴식을 취하게 하는 지혜도 필요하다.

부모가 아이와 밀접하고 친근한 관계를 계속 유지하고 있다면, 아이는 자신이 지치거나 쉬고 싶을 때 부모에게 솔직하게 말할 것이다. 자녀가 쉬겠다고 하면 부모는 불안해지고 실망감도 느끼겠지만, 휴식 여부와 휴식 시기를 결정하는 것은 부모가 아니라 자녀임을 잊지 말고 자녀의 의견을 존중해야 한다.

아이의 자율을 존중하며 개입하는 법

내 아들 잭이 6학년 때의 일이다. 잭은 집에 돌아오자마자 과학 전시회 안

내문을 나에게 내밀었다. 작은 글씨가 빼곡하게 적힌 두 장의 안내문을 든 잭의 표정은 다소 겁에 질려 있었다.

"세상에, 이거 보통 일이 아니네! 하다가 중간에 지쳐버리겠다. 시간도 너무 오래 걸리고, 만들기도 너무 어렵겠는데."

내 말을 들은 잭은 기대하는 표정으로 나를 바라보며 이렇게 말했다.

"걱정 마세요. 한 번에 한 단계씩 차근차근 하면 할 수 있을 거예요."

그날 밤, 나는 잭에게 물었다.

"이걸 어떤 식으로 준비하면 좋겠니?"

나는 잭에게 두 가지 중에서 '선택'할 수 있게 했다. 한 가지는 대부분의 작업을 잭이 혼자서 하되, 문제가 발생했을 때 또는 모르는 게 있을 때에만 부모의 도움을 구하는 방식이었다. 나머지 하나는 처음부터 끝까지 부모가 옆에서 함께 작품을 준비하는 방식이었다. 나는 잭에게 둘 중 한 가지 방법을 고르라고 했다.

그러자 잭은 처음 시작할 때에는 같이 하다가 마지막 부분은 자기 혼자서 마무리를 지어보겠다는 방식을 제안했다.

"좋아. 그럼 먼저 어떤 것을 선택할지부터 정하자. 이번 작품에서 너는 무엇을 공부하고 싶니? 알아보고 싶은 과학 관련 주제 없어?"

잭은 어떻게 해야 할지 잘 모르겠다고 했다. 그래서 우리는 몇 군데 과학박물관의 홈페이지를 둘러보면서 출품작 아이디어가 될 만한 내용이 있는지 살펴보았다.

"풋볼, 야구 카드, 영화 뭐 이런 것들과 관련된 작품을 준비하면 어떨까?"

나는 잭이 평소 관심을 가지고 있는 분야라면 좋겠다고 생각했다. 잭이 좋아하는 분야 위주로 생각해보자고 내가 제안하자, 잭은 여러 가지 주제를 생각해냈다. 그러다 잭이 이렇게 소리쳤다.

"아! 영화 찍는 사진기가 어떻게 작동하는지 알아보고 싶어요. 그걸 작품 주제로 할래요."

이후 잭과 나는 어떤 식으로 출품작을 준비할 것인지 계획을 세웠다. 우리가 만들 작품은 카메라 옵스큐라였다. 이것은 작은 구멍으로 빛을 모아 뒷벽에 비치게 하는 상자인데, 외부 경관을 위아래가 뒤집힌 이미지로 보이게 할 수 있었다.

다음 날, 나는 선생님이 주신 출품작 만들기 안내문을 잭에게 읽어주었다. 그리고 잭에게 물었다.

"좋아. 그럼 네 가설부터 들어볼까?"

잭과 나는 몇 분 동안 이야기를 나누었다. 샌프란시스코 과학관 홈페이지에서 찾은 자료에 의하면 일단 커다란 판지 상자가 필요했다. 나는 잭이 '자율적으로 문제를 해결하도록 돕기' 위해 이렇게 물었다.

"어디에서 큰 판지 상자를 구할 수 있을까?"

처음에 잭은 난감한 표정을 지었다. 잠깐 생각한 후 잭은 이렇게 대답했다.

"알았다, 피코 거리에 있는 상점 뒤에 가면 있어요. 냉장고를 파는 가게라서 가게 뒤에 가면 큰 상자가 많아요."

잭은 친구의 도움을 받아 커다란 상자를 가게에서 얻어와 우리 집 마당으로 가져왔다. 나는 출품작을 만드는 내내 잭에게 먼저 질문을 던졌다.

"작은 구멍은 어떻게 만들 거니?"

그러자 잭은 얼음 깰 때 쓰는 송곳을 가져오겠다고 했다. 나는 얼음 깨는 송곳을 가지러 달려가는 잭에게 이렇게 소리쳤다.

"가져올 때는 뛰면 안 된다. 뾰족한 부분은 아래로 향하게 들어야 해."

그 주 토요일, 나는 잭과 함께 사진기 가게에서 빛에 민감한 인화지를 구입했다.

잭이 다른 친구들은 어떤 작품을 만드는지 궁금하다고 말했을 때, 나는 경쟁의 불안감을 떨쳐버리려고 안간힘을 썼다. 경쟁 때문에 불안하기는 잭과 나 모두 마찬가지였다. 그래서 우리는 이번 작품을 만들며 실험하는 과정에서 많은 것을 배울 수 있다는 사실에만 집중하기로 마음먹었다.

"잭, 우승하느냐 마느냐 문제는 신경 쓰지 않기로 하자. 과학 전시회를 여는 목적은 배우는 데 있어. 이렇게 만드는 과정을 통해서… (그다음 문장이 기억나지 않아서 나는 얼른 학교에서 보낸 안내문을 힐끗 쳐다보았다.) 어… 그러니까… 빛의 굴절과 우리 눈이 어떻게 사물을 보고 인지하는지 과학적인 원리를 알 수 있잖니. 게다가 화학도 배울 수 있어. 빛이 인화지 위에서 화학적 변화를 일으킨다잖니."

우리는 방석을 준비했다. 잭이 혼자서 판지 상자에 구멍을 내고, 거칠게 잘라낸 상자 가장자리를 말끔하게 가위로 정리할 때까지 그저 구경만 하면서 기다리는 건 생각보다 힘들었다. '내가 잘라냈다면 훨씬 더 깔끔할 텐데.' 그뿐이 아니었다. 원래 판지에 '작은' 구멍을 내야 했지만 잭은 '작지 않은' 구멍을 내버렸다. 그래서 실수한 구멍을 테이프로 막고 다시 뚫어야 했다.

'잭이 혼자 하도록 계속 놔두면 진짜 형편없는 작품이 나올 게 분명해. 다른 아이들 작품은 다 근사하고 멋질 텐데…. 특히 아버지가 록히드(미국의 우주항공기 제조 회사 이름—옮긴이)에 다니는 아이들은 정말 대단한 작품을 만들어 올 거야. 이런 식으로 만들어 가면 잭의 선생님께서 어떻게 생각하실지 걱정이네. 심사위원들은 또 어떻고? 다른 부모들은 잭의 작품을 보고 뭐라고 소곤댈까?'

나는 이런 생각들을 떨쳐버리기 위해 무던히도 애를 써야만 했다. 게다가 나는 인내심이 그다지 좋은 편이 아니다. 자제심을 잃기 전에 다른 곳에서 마음을 진정시켜야 했던 적이 한두 번이 아니었다. 당장 잭을 옆으로 비키게 하고 내가 만들기를 주도하고 싶은 충동, 잭에게 지시를 내리고 싶은 충동, 아예 내가 직접 만들어주고 싶은 충동이 들 때마다 나는 충동을 억제하느라 진땀을 흘렸다.

어쨌든 전체적으로 보았을 때 잭의 작품은 성공적으로 완성했다고 할 수 있었다. 잭에게 이번 작품에 대해 기억나는 게 무엇이냐고 물었더니, 이렇게 대답했다.

"제일 어려웠던 점은 상자 안을 어둡게 만드는 것이었어요. 다 만들고 나서 제 작품이 실제로 카메라처럼 작동했을 때 얼마나 기뻤는지 몰라요!"

잭의 말을 듣고 나자 내가 대신 해주고 싶은 충동을 억누르고 잭이 주도적으로 작품을 만들 수 있게 돕기를 잘했다는 생각이 들었다.

내가 너무 지나치게 아이의 삶에 개입하는 걸까?

대중매체는 부모를 비난하는 글을 자주 보도한다. 아니, 거의 '정기적으로' 보도한다고 해야 할 정도다. 예를 들어, 2005년 《타임》 2월호 표지에는 '교사들은 어떤 학부모를 싫어하는가'라는 제목이 대문짝만 하게 찍혀 있었다.

2005~2006년에는 가족의 문제를 상세히 다룬 기사가 유난히 많았다. 이는 바로 자녀의 주변을 끊임없이 '떠도는' 소위 '헬리콥터 부모'에 관한 기사였다. 대중매체와 언론에서는 대다수의 부모를 지나치게 간섭하는 어머니, 자녀를 과잉보호하는 아버지라고 몰아세웠다.

그러나 자녀의 삶에 부모가 개입하는 데 '과잉 개입'이라는 건 없다. 자녀에 관한 일에 부모가 너무 과도하게 도와주거나 후원한다고 말할 수는 없다. 자녀의 삶에 개입할 때 부모가 지켜야 할 과제는 단 한 가지, 최대한 개입하되 동시에 자녀의 자율을 존중해야 한다는 점이다. 즉 '건전한 개입'과 '침범'은 전혀 다른 것이다.

수많은 연구 결과를 살펴보면, 부모가 자녀를 후원하면 할수록 자녀가 느끼는 행복감도 커지고 성취도도 높아진다고 한다. 부모의 강도 높은 개입은 강도 높은 자부심과 조화를 이루어야 한다. 그래야 자녀는 부모와 건강한 관계를 맺고 있다는 안정감을 갖게 된다.

초등학생 자녀를 둔 부모와 면담 조사를 실시했을 때 부모가 자녀의 삶에 더 깊게 개입할수록, 다시 말해 자녀와 보내는 시간이 많고 자녀가 무엇을 하며 좋아하고 싫어하는 건 무엇인지 잘 알수록, 그런 가정의 자녀는 성적이 더 우수하고 학교에서 학습 장애나 행동 장애를 보이는 경우도 더 낮은 것으로 나타났다. 재차 강조하지만 자녀의 자율을 침해하거나 통제하지 않는다면, 자녀의 삶에 부모가 적극적으로 개입하는 것을 '과도하다'고 말할 수 없다.

빡빡한 스케줄 속에서도 아이가 행복할 수 있을까?

부모가 자녀를 빡빡한 스케줄로 혹사시킨다고 비난하는 경우를 종종 본다. 사교육에 투자할 돈이 많아서 자녀를 쉴 틈도 없이 이 학원에서 저 학원으로 억지로 돌린다는 것이다. 부모가 가져보지 못한 기회를 자녀에게 제공한다는 이유만으로 부모를 비난하기도 한다.

물론 아이들도 자유롭게 놀면서 쉴 수 있는 시간, 몽상에 잠기고, 취미생활을 하거나 친구들을 만날 시간이 필요하다. 부모라면 자녀가 행복하고 만족한 생활을 하는지 항상 주의 깊게 살펴보고 자녀의 스트레스를 최소화하기 위해 노력해야 한다. 자녀를 치열한 경쟁 세계 속으로 밀어넣으며 대학 입학이라는 부담을 안겨주어서도 안 된다.

그러나 자녀에게 가능한 한 많은 기회를 주는 것은 비난할 일이 아니다. 아이가 그런 기회를 즐겁게 받아들이기만 한다면 건전한 개입이라고 할 수 있다. 무엇이든 '자녀가 좋아하기만 하면' 많이 가르친다고 나쁠 건 없다.

예일 대학의 심리학자 조셉 L. 마호니 Joseph L. Mahoney도 이와 관련된 연구를 검토한 결과 위와 같은 결론을 내렸다. 마호니가 검토한 자료에 의하면, 방과 후 과외 활동에 참여하는 어린 학생들 중 3~6%의 아이들이 일주일에 최대 20시간을 과외 활동을 하는 데 보내고 있었다.

그런데 일반적인 예상과는 달리 방과 후 과외 활동을 하는 어린이들은 그렇지 않은 어린이들보다 심리적으로 더 건강한 것으로 나타났다. 뿐만 아니라 과외 활동에 많이 참여할수록 아이들이 느끼는 행복감도 같이 높아지는 것으로 나타났다.

또한 조직화된 활동에 참가하는 아이들이 그렇지 않은 아이들에 비해 학교 공부 면에서도 더 우수하고, 비행을 저지르는 비율도 낮았으며 부모와의 관계도 더 돈독한 것으로 드러났다.

한 심리학자는 마호니의 연구 보고서를 검토한 후 이렇게 말하기도 했다. "일반적으로 사커맘 soccer mom(자녀를 방과 후 여러 가지 과외 활동에 데리고 다니느라 정신없이 바쁜 엄마— 옮긴이)은 자녀를 제대로 돌볼 줄 알아서, 방과 후 활동 계획을 유익하게 잘 짠다. 비단 사커맘뿐만 아니라 자녀에게 스포츠, 음악, 춤, 연기 등 새로운 취미 활동을 시켜주려는 부모 모두가 그렇다고 생각한다."

물론 부모는 자녀의 자율에 관심을 기울여야 하고 방과 후 활동을 자녀가 스스로 선택할 수 있게 해주어야 할 것이다. 아이가 원하지 않는데 억지로 피아노 학원에 보내거나 야구가 싫다는 아이를 어린이 야구 리그에 보내서는 안 된다. '부모가 억지로 시켜서' 또는 '좋은 대학에 가기 위해' 배우는 것은 큰 효과가 없으며 오히려 아이의 스트레스를 가중시킬 수 있다.

지금까지 자녀의 내적 동기와 성취도를 높이고 행복감을 키워줄 수 있는 현명한 개입의 방법에 대해 살펴보았다. 다음 장에서는 규율을 통해 아이의 자신감과 자율을 키워주고 내적 동기를 높일 수 있는 방법을 알아보겠다.

자녀의 삶에 친근하게 개입하는 노하우

자녀의 생활에 개입한다는 것은 절대 쉬운 일이 아니며, 자녀가 성장할수록 더 어려워진다. 자녀의 생활을 아는 것 자체가 쉽지 않기 때문이다. 자녀의 삶에 친근하고 거부감 없이 더 잘 개입할 수 있는 몇 가지 방법을 배워보자.

가정에서 자녀와 시간 보내기
자녀가 부모의 도움을 원할 때, 자녀와 함께하고 있을 때에는 집안일이나 회사일은 머릿속에서 밀어내고 자녀에게만 정신을 집중해야 한다.

- 자녀에게 둘만의 시간을 보내며 함께할 수 있는 활동을 선택하게 한다.
- 자녀에게 부모의 취미를 알려주고, 자녀의 취미도 물어본다. 자녀가 유난히 재미있어하는 것이 무엇인지 물어보면 흥미로운 대화를 나눌 수 있을 것이다.
- 아이가 '스스로 시도해보게' 한다. 아이 자신의 방식으로 하도록 지켜보고, 도움을 요청하기 전에는 아이를 가르치려 하지 않는다.
- 아이가 좋아하는 게임을 같이 해보자. 아이가 좋아하는 음악을 함께 듣는 것도 좋다. 부모가 좋아하는 것은 아니더라도 아이와 함께 시간을 보낸다는 데 의의를 둔다.
- 같이 텔레비전을 시청해도 좋은데, 특히 재미있는 이야깃거리가 될 만한 프로그램이면 더욱 좋다. 아이와 함께 책을 읽거나 영화를 본 후 서로의 생각을 나누는 것도 좋다.

자녀의 학교생활 물어보기
학교에서 어떻게 지냈는지 물어봐도 자녀가 별 대답을 하지 않는다면, 구체적으로 질문을 하는 게 좋다.

- 오늘 학교에서 무엇을 배웠니? 수업한 내용 중에 제일 재미있었던 건 뭐니?

- 쉬는 시간에 뭐 했니?
- 누구랑 노는 게 좋니? 그 친구가 좋은 특별한 이유가 있니?
- 점심시간에 누구랑 같이 밥 먹었니?

자녀의 일상생활에 관심 갖기

함께 산다 해도 많은 대화를 나누지 않으면 자녀가 어떻게 살고 있는지 모를 수도 있다. 자녀의 생활이 궁금할 때는 다음의 방법 등을 이용해보자.

- 자녀가 친구를 집에 데려오면 반갑게 맞아준다. 아이들이 놀 거리를 준비해주고, 간식도 마련해둔다. 자녀의 친구를 식사에 초대하는 것도 좋다. 그리고 아이들이 하는 이야기를 주의 깊게 듣는다.
- 자녀가 악기를 연주할 때에는 자리에 앉아서 진지하게 감상해준다. "난 이 곡이 정말 마음에 드는구나." "엄마를 위해 그 곡을 연주해주겠니?" "네가 드디어 감정을 실어서 곡을 연주하게 된 것 같구나." 같은 말로 자녀를 격려하는 것도 잊지 말아야 한다.
- 자녀가 좋아하는 스포츠가 무엇인지, 어떤 운동선수를 좋아하는지, 좋아하는 연예인은 누구이며, 왜 좋아하는지 물어본다.

자녀의 숙제 도와주기

자녀의 숙제를 도와주는 데도 나름의 노하우가 필요하다. 자녀의 나이에 따라 숙제를 도와주는 방법도 조금씩 달라져야 한다.

- 자녀가 초등학생이라면 숙제가 있는지, 숙제할 때 부모의 도움이 필요한지, 숙제를 다 했다면 확실히 끝낸 것인지 아이에게 물어서 확인한다.
- 가끔 자녀의 숙제를 확인한다. 부주의해서 틀린 부분이 있다면 자녀에게 다시 해볼 것을 권유한다.
- 자녀가 숙제를 제대로 이해하지 못한다면, 자녀에게 설명해주거나 선생님께 아이가 도움을 필요로 한다는 사실을 말씀드린다.
- 독후감 숙제가 있다면, 같이 도서관에 가서 여러 책을 읽어보고 어떤 교훈을 얻었는지, 책이 왜 재미있는지에 대해 토론해본다. 교훈적인 내용의 책뿐 아니라

재미만을 위해 읽는 책을 고를 수도 있다.
- 자녀가 중학생이라면, 숙제가 무엇인지 그리고 숙제를 다 했는지 확인한다. 아이가 무엇을 배우고 있는지 알아볼 겸 가끔씩 아이의 숙제를 확인해본다. 때때로 자녀에게 '엄마가 숙제를 도와줄까?'라고 물어보는 게 좋다. 단 부모의 도움을 받도록 강요하는 것은 금물이다.
- 자녀에게 친구들과 스터디 모임을 만들어 집에서 같이 공부해보라고 제안한다. 자녀의 친구들이 올 때는 반드시 집에 어른이 있어야 한다는 점을 잊지 말자.
- 자녀가 고등학생이라면, 도와달라고 요구할 때만 자녀의 숙제를 봐준다.
- 선생님과 문제가 있거나 특정 과목을 유난히 어려워할 경우, 부모가 나서서 문제 해결을 돕는다. 자녀가 문제의 핵심을 정확히 이해할 때까지 잘 물어봐야 한다. 이때 주의할 점은 자녀가 말하는 중간에 자르지 말아야 한다는 것이다. 자녀가 하는 말의 의미를 부모가 정확히 이해했는지 스스로 확인해보는 자세가 필요하다.

대회에 나가는 자녀 도와주기

각종 대회를 준비하는 자녀를 위해 부모가 도와줄 수 있는 방법은 많다. 다음과 같은 말이나 제안을 해주자.

- 대회 우승은 두 번째 목표로 삼는다.
- 대회에 나가 그동안 갈고닦은 실력을 뽐낸다는 사실 자체를 즐기도록 노력한다.
- 심사위원들의 심사평에 때로는 마음이 상하겠지만, 그래도 자신에게 도움이 되는 유용하고 흥미 있는 정보로 받아들인다.
- 대회를 통해 배울 수 있는 점을 생각해본다.
- 자신의 경쟁자가 심사위원들로부터 높은 점수를 받은 이유를 이해할 수 없더라도, 또는 우승자보다 차점자의 실력이 더 좋아 보이더라도, 이를 이해하고 받아들일 수 있어야 한다. 왜냐하면 과감하고 창의적인 면이 부족했더라도 기술적인 면에서 더 우수했을 수도 있기 때문이다.

Nurture Dilemma

아이가 안전하고 건강하게 자라려면 규칙과 감독이 필요하다. 규율은 부작용을 최소화하면서 자녀를 올바르게 지도할 수 있는 방법이다. 아이의 자율을 침해하지 않으면서 규율을 지키게 하려면 자녀와 함께 규율을 세워야 한다. 또한 그것을 지키지 않았을 때 어떻게 할지도 아이와 함께 미리 정하는 것이 좋다. 그러면 부모가 시키지 않아도 자녀 스스로 책임감을 가지고 해야 할 일을 하게 된다.

Chapter 07

규율을 통해
아이의 동기를 자극하라

　　　　　　자녀의 생활에서 경쟁이 날로 치열해지고 있는 요즘, 부모의 불안감과 근심의 해결 방법을 규율에서 찾아볼 수 있다. 우선 규율은 자녀 스스로 유능하다는 것을 알게 해준다. 이 사실을 잊지 않도록 부모가 끊임없이 떠올리는 게 좋다. 그러면 자녀에게 강압을 행사하고 부담을 주고 싶은 충동을 이기는 데 도움이 된다.

　어른도 그렇지만 아이들도 스스로 능력을 갖추고 있다는 느낌보다 내적 동기를 더 강하게 자극하는 건 없다. 자신이 잘하는 일을 할 때 그 일이 즐거워지지 않는가? 규율은 자신이 잘하고 있다는 기분을 느끼게 하면서 결과적으로 내적 동기도 키워준다. 게다가 자녀가 느슨하고 해이해지지 않는 데 도움이 될 뿐만 아니라 맡은 일에 최선을 다하도록 도와주기도 한다.

　규율에는 규칙만 있는 게 아니라 정보, 기대감, 지침, 결과에 대한 책임감과 피드백까지 포함되어 있다. 이러한 방법들은 부모와 자녀가 올바른 선택을 할 수 있는 위치에 서게 해준다. 규율을 통해 자녀는 자신의 행동이 초래할 결과를 알게 되고, 다음 단계 행동을 실행하기 전에 일단 멈추고 심사숙고하게 된다.

심리학자들은 오래전부터 아이가 안전하고 건강하게 자라려면 규칙과 감독이 필요하다고 강조해왔다. 이는 사실이다. 규율은 부모가 부모로서의 권위를 지키는 동시에 자녀가 문제에 빠지지 않도록 자녀를 지키는 방법이다.

아이들에게 규율이 필요한 중요한 이유가 또 있다. 규율은 아이에게 자신의 행동이 중대한 결과를 낳을 수도 있음을 가르쳐준다. 또 규율은 아이가 처한 상황과 환경을 예상할 수 있게 하고, 어떤 일이 생기면 어떤 결과가 나올지 알 수 있게 한다. 그리고 아이들 자신이 세상에 영향을 미치는 존재임을 알려준다. 이를 통해 아이들은 자신이 능력을 갖추고 있다는 느낌, 즉 자신감을 갖게 된다.

규율은 아이의 자신감을 키워준다

댄스빌에서 내가 면담을 실시한 가족들은 규율이 잘 세워진 가정에서부터 규율이 거의 없는 무질서한 가족까지 매우 광범위했다.

어떤 부모는 자녀와 정한 규칙이 명확했고 자녀에게 기대하는 바도 확실해서 언제 숙제를 해야 하는지, 언제 잠자리에 들어야 하는지, 언제 자기 방을 청소해야 하는지 부모와 자녀 모두 확실하게 인지하고 있었다. 이런 가정은 맡은 책임을 다하지 않았을 때의 결과에 대해서도 대단히 명확했다. 아이는 '숙제를 하지 않으면 내일은 밖에 나가서 놀 수 없어.' 또는 '내 방을 청소하지 않으면 오늘 밤에는 텔레비전을 시청할 수 없어.'라고 스스로 생각하고 자신이 해야 할 일을 알아서 하는 모습을 보였다.

반면 규율이 거의 없거나 아예 없는 가정도 있었다. 한 가정을 예로 들어 보겠다. 이 가정의 부모는 자녀와 규칙을 정하지 않았다. 그래서 언제 숙제를 해야 한다든가 언제 잠자리에 들어야 하는지에 대해 정해진 게 전혀 없었고, 그런 규칙의 필요성 자체도 이해하지 못했다. 당연히 가정생활은 매우 혼란스러워서 아이들은 잘 시간이 훨씬 지난 후에 숙제를 안 했다며 그제야 가방을 뒤적이기 일쑤였다. 물론 이런 가정의 아이들은 학교생활도 그다지 모범적이지 못했다.

그렇다면 가정의 규율은 자녀가 자신감을 갖는 데 어떤 영향을 미치며 또 어떤 차이를 낳을까? 이를 알아보기 위해 나는 어린이들에게 다음과 같은 질문을 던졌다.

- 학교에서 좋은 성적을 받는다면, 왜 그런 일이 생기게 된 것일까?
- 일반적으로 좋거나 나쁜 일이 생긴다면, 왜 그럴까?

아이들은 '내가 열심히 노력했기 때문에'나 '내가 그 일을 잘하기 때문에' 또는 '왜 그런지 잘 모르겠다' 중에서 하나를 선택했다. 부모가 명확하고 일관성 있는 규율을 세운 가정의 자녀일수록, 스스로 성공과 실패를 통제한다고 느끼는 경향이 강했다. 아이들은 규율을 통해 세상이 어떻게 돌아가는지 배운다고 할 수 있다.

자신이 어떻게 행동하면 어떤 결과가 나오는지, 그래서 어떻게 행동할 것이 기대되는지에 대한 명확한 감각을 가정에서 익힌 아이들은 학교 공부와 과외 활동에서도 그 감각에 맞게 공부하고 행동했다.

하지만 규율을 제대로 갖추지 못한 가정의 아이들은 무력하고 할 수 있는 게 없다는 느낌을 갖는 경향이 강했다. 이런 아이들은 어떻게 해야 성공하는지 전혀 감을 잡지 못했다. 왜 좋거나 나쁜 일이 생기느냐는 질문에 대해 이 아이들은 '왜 그런지 잘 모르겠다'는 대답을 가장 많이 선택했다. 가정생활에 규율이 잡혀 있지 않고 만사를 우발적으로 결정하고 행동하다 보니, 아이들은 바깥세상이 위험하다고 느꼈다. 그 결과 세상에서 자신이 무기력하다고 느끼게 된 것이다.

규율과 통제는 다르다

혹시 규율과 통제가 비슷하다고 생각하는 사람이 있을지도 모르겠다. 지금까지 자녀의 자율을 인정해야 한다고 수없이 강조하더니, 이제 와서 '통제'를 '규율'이라는 용어로 은근슬쩍 바꾸어 자녀를 통제하라는 것처럼 보일 수도 있다. 얼핏 봤을 때 규율이 통제와 비슷하게 보일 수도 있다. 규율이라는 단어를 떠올릴 때 자녀를 강압적으로 교육할 목적으로 사용하는 상이나 벌이 생각날 수도 있다.

하지만 지금 내가 논의하고 있는 종류의 규율은 확고하면서도 편안하고, 다양한 아이들의 성격과 상황에 맞출 수 있다. 한마디로 부작용을 최소화하면서 자녀를 올바르게 교육시킬 수 있는 방법이다. 이를테면 규율은 10%의 스판덱스가 혼합된 면섬유에 비유할 수 있다. 그런 옷감으로 만든 옷을 입으면 옷이 몸에 맞춰지기 때문에 매우 편안하다. 옷감을 짤 때 스판덱스를 넣든 안 넣든, 다시 말해서 자녀의 자율을 존중하든 안 하든, 부모는 이런 옷감으로 옷을 만들듯이 규율을 세울 수 있다. 규율은 순전히 만드는 사람 나름이라는 말이다.

이제 자녀의 자율을 존중하고 격려하면서 규율을 세울 수 있는 방법에 대해 알아보겠다. 이를 지혜롭게 실천하면 자녀의 분노와 저항만 초래하는 자녀와의 알력 싸움을 피하는 데 도움이 될 수 있다.

아이와 함께 규율을 세워라

PPP의 손아귀에 사로잡히면 부모는 불안감에 휩싸인다. 자녀의 중요한 시험이나 오디션이 있는 날이면 긴장해서 에너지를 소모하게 되는데 이 에너지를 규율 세우는 일로 이동시킬 수 있다.

규율을 세우는 방법에 대한 예시를 소개하겠다. 자녀가 피아노와 바이올린을 배우려고 시도했다가 포기한 적이 있다고 하자. 그런데 이번에는 기타를 하겠다고 나섰다. 부모는 언제 그만둘지도 모르는데 레슨비와 악기 비용을 낭비하고 싶지 않다. 그러면서도 아이가 좀 컸으니까 이번에는 오랫동안 배울지도 모른다는 기대감도 든다. 자녀의 기타 연습을 격려하고 싶은데, 어떻게 규율을 세우면 좋을까? 자녀가 바이올린과 피아노를 포기했을 때 느꼈던 불만을 자녀 앞에서 표출하지 않으면서 규율을 세우려면 어떻게 할까?

자녀가 학교에 가거나 정기 검진을 받는 등의 문제는 아이에게 좋다, 싫다 선택의 여지가 있을 수 없다. 대신 중요도가 비교적 떨어지는 일을 결정할 경우라면 자녀와 부모가 모두 동의할 수 있는 규율을 세울 수 있다. 규율을 정할 때 아이를 참여시키면, 즉 어떤 일을 구체적으로 결정할 때 자녀가 자율적으로 결정할 수 있게 하면, 아이가 규율을 지킬 가능성이 더 높아지고 아이에게 지키라고 말하기도 더 쉬워진다.

아이에게 기타를 사주는 문제에 대해 부모는 이렇게 말할 수 있다.

"이번에는 악기를 사지 말고 빌리는 게 좋겠다. 그리고 네가 평소에 기타 연습을 할 때만 레슨을 받는 걸로 하자."

자녀와 규율을 함께 세우려면 이런 식으로 대화를 시작하면서 마지막에 한마디만 덧붙이면 된다.

"네 생각은 어떠니?"

아이가 동의하면, 일주일에 연습을 몇 번 할 것인지 물어본다. 연습 시간과 레슨 시간에 대해 아이의 의견과 부모의 의견이 일치할 때까지 대화를 계속한다. 대화할 때 '정보'를 제공해주면 좋다.

"매일 연습하면 실력이 굉장히 빨리 늘게 될 거야. 아마 너 자신도 놀랄걸."

이런 식으로 아이에게 언제, 얼마나 오랫동안 연습을 할 것인지 선택권을 준다. ('반드시' '해야만 한다!' 같은 표현은 피하는 게 좋다.) 말할 때는 이런 식으로 표현해보자.

"연습을 네 방에서 할까, 아니면 거실에서 할까?"

"네 생각에는 연습 시간이 20분이 적당할 것 같니, 30분이 적당할 것 같니?"

상황에 따라 협상을 진행해야 할 수도 있으니 이런 식으로 토론을 마무리하는 게 좋다.

"좋아. 그렇다면 토요일만 제외하고 일주일 내내 한 번에 20분씩 거실에서 연습하는 걸로 결정한 거 맞지?"

이러한 과정이 항상 매끄럽게 진행되는 건 아니다. 예를 들어 아이가 이렇게 반응할 수도 있다.

"엄마가 일하는 동안에는 연습하기 싫어요. 저는 엄마가 제 연주를 들을 때 연습하고 싶어요. 로라네 엄마는 로라가 연습할 때마다 옆에서 들어준다고요."

그러면 아이의 입장과 감정을 잘 이해하고 있다는 것을 보여준다. 그러고 나서 합의를 이끌어내도록 노력한다. 이를테면 나중에 엄마가 들을 수 있도록 연습할 때 녹음을 할 수도 있고, 아니면 저녁에 퇴근한 후에 엄마 앞에서 연습할 수 있도록 저녁에 할 숙제를 미리 해놓기로 조정할 수도 있다.

아이가 피아노 연습을 할 때 옆에 앉아서 듣기가 괴롭거나 그럴 만한 여유가 없다면, 아이에게 매번 연습할 때마다 들을 수는 없으니 일주일에 한두 번

요일을 정해서 그날만은 엄마가 연습할 때 옆에 있기로 타협할 수도 있다.

일단 아이가 연습을 시작하면, 아이를 격려하는 피드백이 필요하다는 점을 잊지 말자.

"지난 일주일 동안 네 실력이 얼마나 좋아졌는지 너는 아마 상상도 못할걸. 어제 엄마가 들어보니까 정말 많이 좋아졌더라. 아주 잘하던데."

이렇게 규율을 세워놓으면, 혹시 자녀가 다시 게을러질까 봐 걱정된 나머지 연습하라고 소리를 지르거나 다른 방식으로 연습을 강요하고 싶은 충동을 억제하는 데 도움이 된다. 부모와 아이가 규율을 정하고 이를 지키지 않았을 때 초래되는 결과에 서로 동의하면 아이에게 소리 지를 필요가 없다. 왜냐하면 아이가 지키고자 만든 규율이고, 아이 스스로 이에 동의했기 때문이다. 부모는 큰 소리로 명령을 내리는 대신, 아이와 합의하에 만들어진 규율을 믿고 의지하면 된다.

처음부터 쉽게 되지는 않을 것이다. 아이에게 억지로 시켜야 즉각적인 결과를 얻을 수 있고 또 그래야 속이 편하다고 느끼는 부모가 많기 때문이다. 자녀를 통제하고 싶은 욕구가 다시 살아날까 봐 두려울 때나, 눈에 보이는 결과를 얻으려면 시간이 오래 걸린다는 걱정이 앞설 때면 규율이 자녀의 능력을 키워주고 내적 동기를 자극해준다는 사실을 마음속으로 계속 떠올리자. 규율을 따르다 보면 자녀 스스로 최선을 다하는 결과를 낳을 것이다.

자녀가 무슨 일을 해야 할 때는 언제, 어떻게 할 것인지 자녀 스스로 정하게 한다. 자녀와 부모의 생각이 많이 다를 때는 타협할 수도 있다. 예를 들어 "네 취침 시간은 밤 9시야. 엄마가 그렇게 정했으니까 지켜!"와 같이 일방적으로 통보하는 대신, 자녀와 마주 보고 앉아서 왜 밤늦게까지 깨어 있고 싶은지 이야기를 나누고, 부모가 생각하는 적당한 취침 시간을 자녀에게 이야기해준다. 그리고 서로가 원하는 취침 시간의 중간 시간대에서 합의를 본다.

아이가 언제, 어디서 숙제하길 원하는지 등도 아이와 논의한다. 아이가 정한 약속대로 숙제를 하지 않을 경우 어떻게 할지에 대해서도 함께 정한다.

규율을 정한다는 건 사실 많은 시간이 소요될 뿐만 아니라 쉽지도 않다. 하지만 그만한 가치가 있다. 왜냐하면 규율은 자녀에게 자기 행동은 자신이 책임져야 한다는 책임감을 가르쳐주기 때문이다. 또한 부모와 자녀 사이의 불화와 충돌도 막아준다. 부모와 자녀 모두가 서로의 입장과 생각을 이해하기 위해서 마음을 열고 대화로 풀 수 있는 기회를 제공하기 때문이다.

타협하는 것보다는 원칙을 지키는 게 나을까?

앞서 소개한 예시에서 자녀와 규율을 정할 때 협상과 타협을 해야 한다고 언급했다. 개인적으로 나는 내 아이들과 '타협'할 때 내가 무기력한 겁쟁이라는 느낌이 들곤 했다. 아이들은 타고난 변호사라는 말이 있다. 내 아들 잭 역시 부모와 논쟁하기를 좋아했고, 내가 아이와 너무 많이 타협하는 게 아닌가 하는 걱정이 들 때도 종종 있었다.

"엄마, 초콜릿 케이크 한 조각 더 먹어도 될까요?"
"안 돼. 벌써 두 조각이나 먹었잖니."
"작은 조각 하나만요."
"안 된다니까. 그러다 배탈이 날 수도 있어. 넌 이미 아이스크림도 큰 그릇으로 한 그릇 먹었잖아."
"한 입만 더 먹을게요."
이런 식의 대화가 계속되다 보면 나는 항상 타협으로 대화를 마무리했다.
"알았어. 반 조각만 더 먹어. 하지만 그걸로 끝이야."

이런 타협은 나를 지치게 만들었고, 끝까지 내 입장을 지키지 못하고 아이와 타협했다는 죄책감에 시달려야 했다.

동기 심리학에 대해 공부하기 시작하면서 내가 잭과 타협했던 게 그렇게 잘못된 행동이 아니었음을 알게 되었고 죄책감에서도 벗어날 수 있었다. 나는 원칙적인 문제는 절대로 타협을 하지 않았는데, 알고 보니 완고함은 그다지 좋은 양육 방법은 아니었다.

결과가 예측 가능하도록 일정한 규칙을 세워놓으면 아이가 자신의 행동이 초래할 결과를 인지하는 데 도움이 된다. 마찬가지로 부모의 유연성 역시 자녀에게 도움이 된다. 모순되는 말 같지만 삶은 원래 대단히 복잡한 것이다. 서로 논의해서 합의사항을 바꾸는 방법은 자녀가 배워야 할 유익한 기술 중 하나라고 할 수 있다.

부모는 항상 최고의 권위를 갖고 있다. 그러나 자녀의 주장이 일리가 있을 때 자신의 권위만 세우지 않고 합리적인 의견에 동의한다고 해서 부모의 권위가 약해지는 것은 아니다. 그렇다고 해서 자녀가 서로 합의한 규칙을 지키지 않을 때 그럴 수도 있다며 무조건 용인하라는 뜻은 아니다. 아장아장 걷는 어린 아기일지라도 부모가 아기와 잘 타협하는 모습을 보이면 아기 역시 부모의 융통성을 보고 배운다는 사실은 잊지 말자.

연구 조사에 따르면, 타협을 통해 아이들은 자신의 의견을 표현하고 남의 관점을 이해하는 법을 배운다고 한다. 주고받는 방법을 잘 배운 아이들은 다른 친구들과 원만하고 건전한 교우 관계를 유지할 수 있다. 이는 매우 복잡한 사회적, 사교적인 기술이기 때문에 또래 친구들로부터 배우기 힘들다. 이는 부모로부터 배워야 한다. 단 부모의 권위와 힘으로 부모 자신의 규칙과 기준을 자녀에게 강요하는 것은 바람직하지 않다.

규율을 어겼을 때는 어떻게 할까?

규율을 세울 때는 규율을 지키지 않았을 때의 결과도 정해야 한다. 규율을 세울 때 다음의 중요한 세 가지 사항을 고려하자.

- 규칙을 어겼을 때 상응하는 적당한 결과인가?
- 부모가 그 결과를 받아들일 수 있는가?
- 아이가 그 결과를 수용하는가?

자동차 뒷좌석에 앉은 아이들이 쉬지 않고 서로를 손가락으로 찌르며 싸운다고 치자. 그러면 부모는 '뒷좌석에서 싸우면 운전할 때 신경이 쓰이고 안전 운전에도 방해가 된다는 것'을 설명해준다.

"그래서 규칙을 하나 정해야겠어. 뒷좌석에서는 싸움 금지야. 너희도 이 규칙에 동의하겠지? 누가 먼저 싸움을 시작했든 상관없이 일단 싸움이 나면 둘 다 규칙을 어긴 책임을 지기로 하는 거야. 싸움 금지라는 규칙을 어겼을 때 어떤 책임을 지면 적당할까?"

아이들이 적당한 방안을 얘기하지 못할 경우, 아이들에게 몇 가지 방안을 제시해서 선택할 수 있게 한다.

- 싸움을 그만둘 때까지 자동차를 도로 한쪽에 세워둔다. 그러면 학교에 지각하는 위험을 감수해야 한다.
- 아예 자동차를 돌려서 집으로 돌아간다.
- 자동차를 세우고 둘 중 한 명이 앞좌석으로 옮겨 탄다.
- 학교 가는 동안 자동차 안에서 틀 노래를 선택할 수 없게 한다. 대신 엄마 마

음대로 선택한다.
- 싸움을 한 날 또는 그 주 내내 좋아하는 텔레비전 프로그램을 시청하지 못한다.

이때 부모 자신이 받아들일 수 있는 결과만을 제안해야 한다. 부모가 지각하는 건 절대 용납할 수 없다면 차를 세우는 방안은 제시하지 않아야 한다. 또 아이가 텔레비전 보는 시간이 부모가 쉴 수 있는 유일한 휴식 시간이라면, 텔레비전을 못 보게 한다는 방안 역시 제안하지 않아야 한다.

규율을 세울 때는 마지노선을 정하자

제한이란 자녀가 어느 정도까지 할 수 있는지를 정하는 규칙을 뜻한다. 즉 제한은 한계를 정하는 규칙이라고 할 수 있다.

만약 아들이 부모와 함께 정한 규칙을 지키지 않았다면 부모는 "하지 마라." 또는 "규칙을 지키지 않은 대가를 치러야 한다."라고 말할 수 있다. 다시 말해서 아들이 자신의 행동에 대해 책임질 것을 기대한다는 정보를 아들에게 주는 것이다.

대단히 끈질긴 아이에게 제한을 설정하는 것은 유난히 어렵다. 특히 부모가 피곤에 지쳐 있을 때는 더 어려워진다. 그리고 아이와 논쟁을 벌일 때에는, 아이가 부모의 제한을 기꺼이 받아들일 것인지, 제한을 통해 아이 스스로 유능감을 갖게 될지 의문이 들기도 한다.

아동 심리학자 하임 기노트의 힌트를 참고하면 좀 더 쉬울 것이다. 기노트는 3인칭이 말하는 형식으로 제한을 두면 자녀와의 실랑이를 피할 수 있고 서로 기분이 상하는 일도 방지할 수 있다고 조언한다.

기노트가 추천한 방식은 이렇다. "내(1인칭)가 너(2인칭)에게 소파에서 뛰지 말라고 말했잖아."라고 표현하기보다는 "소파는 뛰기 위해 만든 물건이 아니야."라고 말하는 것이다.

이렇게 말하면 어색한 건 사실이다. 하지만 '내'가 '너'에게 말하는 형식을 피하기만 해도 자녀가 부모의 '통제'를 받는다는 기분을 한결 줄일 수 있다. 또한 자녀가 자신은 무력한 데 반해 부모는 모든 권력을 다 쥐고 있다는 식으로 생각하지 않게 하는 효과도 있다. 좀 더 일반적인 법칙에 따라 상황을 설명하기 때문이다. 그저 사실을 있는 그대로 전달하는 방식이라, 고함이 오가는 싸움을 막을 수 있는 유용한 전략이다.

기노트는 부모가 자녀의 감정을 이해하고 있음을 명확히 표현하면 긴장감을 완화시킬 수 있으니 가능하다면 다른 대안도 제안하는 게 좋다고 조언했다. 예를 들면 이렇다.

"소파에서 뛰는 게 재미있다는 건 엄마도 알아. 정 뛰고 싶다면, 앞마당의 나뭇잎 무더기 위에서 뛰는 건 어때? 아니면 놀이터로 가는 건 어떨까?"

제한이 있는 선택

자녀의 자율을 인정하면서 동시에 제한을 둘 수 있는 좋은 방법은 자녀에게 제한이 있는 선택권을 주는 것이다. 그러면 자녀가 징얼거리며 불평하거나 부모와 실랑이를 벌여 서로가 짜증 나는 사태를 방지할 수 있다.

이런 식으로 자녀에게 선택권을 준다.

"아빠가 낮잠을 자고 있으니까 너무 시끄럽지 않게 노는 게 좋겠다. 시끄럽지만 않으면 어떤 놀이를 하든 상관없어. 텔레비전을 틀어놓으면 아빠가 깰 수 있으니까 안 되겠지? 하지만 블록을 가지고 놀거나 자동차를 갖고 노는 건 괜찮아. 아니면 엄마가 책을 읽어줄 수도 있어. 어느 놀이를 하고 싶니?"

또는 이런 예를 들 수도 있다. "네가 친구들과 쇼핑몰에 가는 건 괜찮아. 하지만 자전거를 타고 가는 건 너무 위험하니까 걸어서 가든가, 아니면 엄마가 태워줄게. 그럼 가도 돼."

아이의 동기를 자극하려면 어떤 피드백을 해줄까?

이번에는 규율에 포함된 피드백에 관해 알아보겠다.

"지난 2주 동안 네 실력이 얼마나 많이 늘었는지 넌 모를걸. 어제 네가 연습하는 걸 들어보니 전과 차이가 많이 나더라. 정말 실력이 많이 늘었어."

규율에서 피드백을 핵심으로 꼽는 이유는 자녀가 자신감을 느끼는 데 직접적인 영향을 미치는 요소이기 때문이다. 뿐만 아니라 자녀의 내적 동기를 자극하는 요소이기도 하다. 스스로 능력이 있다고 느끼면 더 잘하고 싶다는 마음이 들고, 그 결과 스스로를 격려하는 결과를 낳기 때문이다. 반대로 '나는 잘할 수 없다, 잘하지 못한다.'라고 느끼면 실제로 잘하지 못한다. "옷장을 잘 정리했구나. 정리한 방식이 아주 마음에 든다." 같이 정보가 포함된 칭찬은 단순한 칭찬 한마디 이상의 효과를 낳는다.

몬트리올 퀘백 대학의 심리학자 로버트 J. 발레란드 Robert J. Vallerand는 몇 번의 실험을 통해 피드백의 효과를 증명했다. 그의 학생들은 스태빌로미터 stabilometer(안정도 검사기)라고 불리는 기계 위에서 균형을 잡는 게임을 즐겼다. 학생들이 게임을 4번 시도한 후, 발레란드는 각 학생들에게 긍정적인 피드백과 부정적인 피드백을 해주었다.

어떤 학생들에게는 "자네는 선천적으로 균형을 잘 잡는 능력을 타고났군.

균형 잡는 모습만 봐도 알 수 있어."라고 긍정적으로 말해주고 또 다른 학생들에게는 "원래 쉬운 일인데, 자네는 유난히 배우는 속도가 느리군. 좀 최선을 다해서 해보게."라고 부정적으로 말해주었다.

긍정적인 피드백을 받은 학생들은 내적 동기가 더 자극받은 것으로 나타났다. 긍정적인 피드백 덕분에 자신이 잘할 수 있다는 느낌을 받았기 때문이었다. 반대로 부정적인 피드백을 받은 학생들은 정반대의 결과를 보였다.

단 부정적인 피드백이 상대방에게 무능력감을 주지 않고 유용한 조언을 제공하는 경우에는 긍정적인 결과를 낼 수도 있다.

예를 들어보겠다. 노래 연습을 하는 자녀에게 "철길에서 끽끽거리는 기차 소리처럼 들린다."라고 말하면, 자녀의 의지를 살려주기 힘들다. 대신 부정적인 피드백을 하면서도 자녀에게 도움이 될 만한 '정보'를 함께 제공하면 자녀의 의지를 꺾지 않을 수 있다.

"네가 낸 소리는 맞지 않은 것 같아. 전에 선생님이 숨을 들이쉴 때는 빠르게, 숨을 내쉴 때는 천천히 하라고 말씀하신 대로 한번 시도해보지 않을래?"

또는 "아직 맞는 소리를 내는 것 같지 않아. 계속 연습해봐. 몇 번 더 연습하면 될 것 같아."라고 말하면 오로지 부정적인 말만 해주는 것보다 더 좋은 결과를 만들 것이다. 발전에 도움이 되는 정보를 담고 있는 피드백은 자녀에게 할 수 있다는 희망을 주기 때문이다.

아이들이 해야 할 일이나 책임이 과중할 때가 있다. 이를 작게 세분하도록 부모가 도와주고 아이들이 세분된 일을 하나씩 완수할 때마다 잘했다는 피드백을 해주면 좋다. 아이들은 맡은 일을 스스로 해냈다는 자신감과 할 수 있다는 느낌을 받을 것이다.

아이가 보고서를 작성해야 하는 숙제가 있다고 하자. 그러면 부모는 아이가 조사와 개요 정리를 마치고 실질적인 글쓰기에 들어갈 수 있도록 도와줄 수 있다. 이때 아이가 한 단계씩 완수할 때마다 긍정적인 피드백을 해주는 것이다. 이런 식으로 하면 아이는 자신이 보고서를 쓸 수 있는 능력이 있다고 느끼고, 다음 단계에도 할 수 있다는 자신감을 가지고 임하게 된다.

혹시 앞 단계를 제대로 완수하지 못했을 때에는 자녀에게 부족한 점을 조심스럽고 신중하게 지적해주는 것이 좋다. 이렇게 하면 과중한 임무, 모르는 과제를 수행해야 할 때, 아이는 세부적으로 단계를 나누면 자신도 할 수 있다는 믿음을 갖게 된다. 또 한 단계를 끝낼 때마다 자신에게 긍정적인 피드백을 보낼 수도 있다.

엄두가 안 나는 일과 맞닥뜨렸을 때 이를 자신이 해결할 수 있는 작은 덩어리로 나누는 능력은 성인이 된 후에도 유용하게 쓰인다.

모든 자녀에게 똑같은 규율을 정하는 게 좋을까?

대학에서 동기에 대한 과목을 가르칠 때 나는 학생들에게 살면서 자신이 경험한 규율에 대해 글을 써오라는 숙제를 내주었다. 그중 기숙학교에 다녔던 사라가 기숙학교의 규칙에 대해 길게 썼는데 복장 규정, 귀가 시간, 자습 시간에서부터 심지어 의무 체육활동까지 있었다. 사라는 이렇게 적었다.

"나는 그 규칙이 너무 싫었다. 너무 강제적이었고 내가 누군가에게 통제받는다는 기분이었다."

나중에 나는 사라를 불러 면담을 했다. 나는 사라에게 기숙학교에 다녔던 다른 학생들도 사라만큼이나 그런 규칙을 싫어했는지 물어보았다. 그런데 사라는 그런 질문을 받은 게 의외라는 표정으로 나를 쳐다보았다. 기숙사의 친구들이 자신처럼 규칙을 싫어하는지에 대해서 생각해본 적이 없는 모양이었다.

"저랑 제일 친한 친구 한 명은 그런 규칙을 좋아했어요, 선생님."

"그래?" 나는 그 말에 무척 놀랐다.

"그 친구는 굉장히 사교적이었어요. 귀가 시간 이후에 기숙사에서 보내는 시간이 즐겁다고 했어요. 친구들과 다 같이 모여 지내는 시간이 재미있다는 거였죠. 기숙학교 규칙이 굉장히 많았지만, 그 친구는 규칙 때문에 불편하다는 생각은 전혀 하지 않는 것 같았어요."

같은 규칙을 두고 사라와 사라의 친구가 서로 다른 반응을 보인 것처럼, 아이들 역시 같은 규율에 대해 서로 다른 반응을 보이게 마련이다. 어떤 아이들은 규율을 좋아하는 반면, 강압적이라는 이유로 남들보다 민감한 반응을 보이는 아이들도 있다. 자신을 구속하려는 규칙을 최대한 무시하고 지키지 않으려고 뻗대는 아이도 있고, 자신에게 가해진 제한과 규칙에 나름대로 적응하며 그다지 스트레스를 받지 않고 규칙에 따라 생활하는 아이도 있다.

이 두 가지 반응이 섞인 제3의 경우도 있다. 규칙과 제한이 자신에게 유익하다는 사실을 깨닫기 전까지는 이에 반항하다 나중에 규칙을 받아들이고 지키는 경우인데, 최근 나와 면담을 가진 한 법대생이 이에 속했다. 그 학생이 초등학교 때 그의 어머니는 항상 숙제 검사를 했다고 한다.

"그럼 기분이 어땠나요? 엄마에게 검사를 받는다는 사실에 화가 났나요?"

내 질문에 그 학생은 일그러진 묘한 미소를 지으며 대답했다.

"아니요, 엄마가 숙제를 봐주지 않으셨다면 저는 숙제를 끝내지 못했을 거예요. 워낙 산만한 성격이라 숙제를 하는 동안 내내 다른 데 정신이 팔리기 일쑤였어요. 숙제를 끝내야 나가서 놀 수 있었는데, 혼자 했다면 숙제를 끝내지 못했을 겁니다."

똑같은 아이는 한 명도 없기 때문에 자녀의 개성과 성격에 규율을 맞춰 조정하는 것은 대단히 중요하다. 자녀가 미미한 통제나 제한에도 거부 반응을 보인다면, 자녀에게 적용할 각각의 규칙과 기대감의 중요성을 잘 생각해본 후에, 반드시 자녀에게 적용하지 않으면 안 되는 사항에 대해서만 자녀와 규칙을 정하는 지혜가 필요하다.

까다로운 아이라면, 스스로 규칙을 정하도록 유도하는 게 낫다. 물론 자녀 스스로 정한 규칙을 지키지 않았을 경우 어떤 결과가 뒤따를 것인지에 대해서도 스스로 정하게 해야 한다. 아이가 민감한 경우에는 규칙의 의미를 논리적으로 이해할 때까지 잘 설명해야 아이와의 마찰을 최소화할 수 있다.

규율이 자녀에게 자신감을 갖게 해주는 건 맞지만, 여기서 절대 간과하지 말아야 할 점은 규율을 세우고 규칙과 규정을 자녀의 생활에 적용하고 실천하게 만드는 '방식' 역시 대단히 중요하다는 사실이다. 자녀가 자율을 행사할 수 있는 범위가 대단히 좁거나 거의 없다면, 자녀는 자신감을 느끼기 어렵다. 하지만 부모가 민주적이고 자녀의 자율을 존중한다면, 자녀는 자신감을 더 많이 느낄 수 있다.

자녀를 더 성숙하고 책임감 있게 키우려면, 민주적인 방식으로 규율을 정하고 그 규율이 필요한 이유를 잘 설명해줘야 한다. 문제가 생겼을 때 일방적으로 부모가 규율을 정해 문제를 해결하려 하지 말고, 자녀와 함께 규율을 정하면 자녀에게 자신감을 키워줄 수 있다. 그리고 이 자신감은 아이의 내적 동기에 날개를 달아줄 것이다.

규율을 통해 아이의 자율을 키우는 법

규율의 효과는 자녀 스스로 책임감을 받아들이고 부모가 요구하기 전에 해야 할 일을 주도하는 데 있다. 어느 활동이든 규율을 정하면 아이가 스스로 알아서 한다. 일단 이런 방식이 자리를 잡으면 자녀는 나이가 든 후에도 자기 할 일을 스스로 하게 될 것이다.

규율을 정할 때 자녀의 자율을 인정하면서 적절한 규칙과 지침을 정해야 하는 합리적인 이유를 설명하면, 자녀는 나름대로의 논리로 이를 받아들이고 자기 것으로 만든다.

아이에게 책을 읽게 하고 싶을 때

규율을 정해야 하는 이유는 자녀의 입장에서 봤을 때도 당연히 합리적이어야 한다.
"하루에 20분씩 책을 읽어야 대학 입시에서 좋은 점수를 받을 수 있어."
10살짜리 아이에게 이렇게 말한다면 아이는 왜 책을 읽어야 하는지 이해하기 힘들다. 대신 이렇게 말하면 아이가 더 잘 받아들일 수 있을 것이다.
"책을 많이 읽을수록 더 술술 읽게 되고, 더 재미있는 이야기들을 많이 읽을 수 있게 된단다."

아이가 정해진 시간에 일어나도록 지도하고 싶을 때

어릴 때는 부모가 아침마다 깨워주지만 나이가 들면 왜 제시간에 일어나야 하는지, 아이가 이해할 수 있게 설명해준다. 그리고 함께 규율을 정한다.

규율을 정할 때는 몇 시에 일어나는 게 좋은지 대화를 나누어본다. 그리고 부모가 깨워주는 게 좋은지, 알람시계를 맞추는 게 좋은지 자녀에게 선택권을 준다. 자녀가 알람시계로 일어나겠다고 하면, 만약 늦잠을 잘 경우 어떤 결과가 생길지, 또 어떻게 책임을 질 것인지에 대해서도 이야기한다.

맺는 말

아이를 믿고 기다려라

무서울 정도로 치열해지는 경쟁을 보며 걱정과 불안이 엄습할 때, 대부분의 부모는 '당장' 어떤 조치를 취하고 싶은 충동을 느낀다. 내게 이런 고민을 털어놓는 부모가 많다.

"자녀에게 강압을 행사해야 즉각적인 결과를 볼 수 있습니다. 언젠가 아이가 잘하게 되리라는 믿음을 가져야 하는데, 그때까지 기다리기가 쉽지 않아요."

자녀의 잠재력을 신뢰하고 스스로 동기 유발이 될 때까지 기다려야 하는데, 그 동기라는 게 쉽게 모습을 드러내지 않다 보니 이를 참고 기다린다는 게 쉽지 않다. 자녀에게 책임을 넘기는 것 역시 그렇다. 누구나 자녀에게 할 일을 단도직입적으로 '말해주는 게' 훨씬 쉽고 편하다.

나도 억지로 시키지 않고 아이가 스스로 하기까지 기다린다는 게 얼마나 답답하고 힘든지 잘 알고 있다. 딸 앨리슨에게 배변 훈련을 시키려고 금별 스티커 표를 만들었고, 딸이 수영할 때 스톱워치를 들고 시간을 재고 싶은 충동을 느꼈다. 이런 행동이 내적 동기의 가치에 대해 내가 믿는 바와 완전히 상반된다는 사실을 잘 알고 있었는데도 말이다. 문제는 내가 '더 잘해야 한다, 더 잘할 수 있다!'라며 딸에게 강압을 행사하지 않아도 앨리슨이 수영을 열심히 하리라는 확신이 들지 않았다는 점이다. 다행히 딸은 수영을 열심히 하긴 했지만 나는 1년 동안 혼자 고민하고 괴로워한 후에야 이렇게 말할 수 있었다.

"그때 강요하지 않길 잘했어. 그래서 더 나은 결과가 나올 수 있었던 거야."

부모는 원하는 결과를 눈으로 직접 확인할 수 있을 때까지 참을성을 갖고 기다리면서, 기다리는 시간을 즐기고자 노력할 필요가 있다. 나 자신도 아이들을 키우는 동안, 힘들지만 아이의 자율을 독려하고 규율을 함께 세우며 아이들이 마음속 열정을 키울 수 있도록 도와주면서 행복한 결과를 얻었다고 확신한다.

자녀의 생활에 개입하고 자녀와 함께 규율을 만드는 동시에 자녀의 자율을 독려한다는 게 처음부터 쉬울 수는 없다. 하지만 실천하면 할수록 쉬워지고 또 할 수 있다는 자신감도 생길 것이다. 자녀의 자율을 격려하고 불필요한 간섭을 하지 않으면서 자녀와 가까운 사이를 유지하려는 노력이 일단 익숙해지면, 나름대로 요령이 생길 것이다.

자녀와 규칙이나 약속에 대해 이야기를 나누고 그것을 지키는 게 왜 중요한지 충분히 인식시켜주면, 점차적으로 자녀의 자신감과 책임감이 커지고 내적 동기도 자극받게 된다. 또한 자녀와 친근한 사이를 유지하는 데도 유익하다.

처음에는 어렵겠지만 기다리고 노력하는 과정을 통해 자녀를 성공적으로 키우는 성취감을 누리길 바란다.

양육 딜레마

초판 1쇄 인쇄일. 2011년 8월 20일
초판 1쇄 발행일. 2011년 8월 30일

지은이. 웬디 S. 그롤닉·캐시 실
옮긴이. 전은지

펴낸이. 김종길
책임편집. 김아람
편집부. 임현주·이은지·이송이·이경숙·김아람
디자인부. 한지혜·정현주·박경은
마케팅부. 김재룡·박용철
관리부. 이현아

펴낸곳. 글담출판사
등록번호. 2009. 12. 30. 제2009-27호
주소. (132-898)서울시 도봉구 창4동 9번지 한국빌딩 7층
전화. (02)998-7030 팩스. (02)998-7924
홈페이지. www.geuldam.com
이메일. bookmaster@geuldam.com

값 13,000원
ISBN 978-89-92814-41-6 13370
잘못 만들어진 책은 바꾸어 드립니다.

「이 도서의 국립중앙도서관 출판시도서목록(CIP)은
e-CIP 홈페이지(http://www.nl.go.kr/ecip)에서 이용하실 수 있습니다. (CIP제어번호: CIP2011003370)」